MAGIC STOCK MARKET

魔法股市

均线实战技巧详解

陈 杰◎著

中国经济出版社
CHINA ECONOMIC PUBLISHING HOUSE
·北 京·

图书在版编目（CIP）数据

魔法股市：均线实战技巧详解/陈杰著．
北京：中国经济出版社，2017.3
ISBN 978-7-5136-4595-9
Ⅰ.①魔… Ⅱ.①陈… Ⅲ.①股票交易—基本知识 Ⅳ.①F830.91
中国版本图书馆 CIP 数据核字（2017）第 017575 号

责任编辑　牛慧珍
责任印制　马小宾
封面设计　任燕飞

出版发行　中国经济出版社
印 刷 者　北京科信印刷有限公司
经 销 者　各地新华书店
开　　本　710mm×1000mm　1/16
印　　张　15
字　　数　210 千字
版　　次　2017 年 3 月第 1 版
印　　次　2017 年 6 月第 2 次
定　　价　45.00 元
广告经营许可证　京西工商广字第 8179 号

中国经济出版社　**网址** www.economyph.com　**社址** 北京市西城区百万庄北街 3 号　**邮编** 100037
本版图书如存在印装质量问题，请与本社发行中心联系调换（联系电话：010-68330607）

序言

PREFACE

股票市场就像一个魔术，看上去非常复杂：我们要面对3000只股票，每只股票每天的价格都会变化，从这里找出能上涨的股票非常困难。为此，很多股民每天都在打听各种各样的消息，学习各种各样的技术，但最终的结果却是越炒越复杂，越复杂就亏损越多。

实际上，股票里的原理非常简单，我们只需要几条线和几个简单的交易原则就能弄明白。那些复杂的消息和技术指标，都是没用的东西。在股市中，并不是搞出来一个复杂的系统才能赚钱，相反，越简单的东西越有效。

下面，我们可以先看几条简单的股市操作原则。这些原则都很简单，但是在交易中却非常有用。

止损：不带刹车别上路，没设止损不下单。

一个成功的证券投资者，要么靠头脑聪明、思维敏锐，要么靠股龄长、经验多，要么靠知识渊博、学历高。每种优势发挥到极致，都能在股市上大赚。要说这些投资者共同具备的基础素质，必然是有止损的勇气和决心。

股市是一个赚钱很快、亏钱更快的地方。我们做交易，一定要安全第一、赚钱第二，在交易前一定要先决定退出点。

智慧：认识自己的缺点。

每个人都有很多缺点，如“恐惧”和“贪婪”这些心态，都是赚钱的大忌。成功的投资者承认自己有这些毛病，于是在交易中懂得回避。

巴菲特曾说：在别人贪婪的时候恐惧，在别人恐惧的时候贪婪。恐惧和贪婪是人性，只要是人就克服不了。但只要把它们放到正确的地方，同样能成为赚钱的法宝。

很多散户刚炒股就说：我要克服恐惧和贪婪的弱点，最后的事实证明这只是自作聪明罢了。只要是人类，根本没办法克服这些人性中固有的东西，所以，只能回避。

机会：放弃一些机会，抓住更好的机会。

股市是一个充满机会也充满陷阱的地方。任何看上去很好的交易机会背后，其实都布满了各种陷阱。只有放弃一些机会，才能抓住更好的机会。但如果一心追求利润最大化，最终往往是亏损最大化。

风险：风险并不等于亏损。

风险只是交易的一些不确定性。只有当我们承担交易风险，又没办法有效控制风险的时候，最后才会演变成亏损。风险只要能够有效控制，其背后带来的将会是巨大收益。

决断：看对不赚钱，做对才盈利。

股市就是用钱验证自己判断正确与否的地方。当我们对未来的行情有判断的时候，一定要拿钱去验证一下。赚钱了说明我们判断正确，亏钱了就说明失误了，以后改正就是了。在股市上看对行情什么都不是，只有做对了才能赚钱。

本书的目的，就是教给大家一些简单的分析方法，尤其是均线实战方法，从入门，到进阶，再到精通、优化、超越，把一种方法讲透彻，让读者掌握“一招鲜”的本领，帮助大家在实战中有效应用这种方法。书中70多个炒股案例，辅以K线图，笔者都予以详细解读。通过案例，读者可以把炒股方法和实战融会贯通，更好地练就适合自己的炒股方法。

目录

CONTENTS

第3章 均线进阶——寻找黄金买卖点

第4章 均线精通——一线制胜法

第5章 均线优化——成交量结合均线

第6章 均线超越——天量后的买点

第1章 散户炒股的重大误区

1.1 不要盲目听信别人

散户炒股，十人有九人是亏钱的。要想在股市上不亏钱，首先要找到导致散户亏钱的原因。

笔者认为，散户炒股亏钱最主要的第一个原因就是过分相信别人，喜欢跟着别人的思路来炒股票。具体来说，这种跟随别人炒股的思路包括听信消息、看电视、买软件等。

1.1.1 不要听消息炒股

什么叫听消息炒股呢？具体来说就是散户看到电视上的、网上的一些利好消息，看到这些消息和某只股票有关系，就买入了。

很多新手，包括笔者自己刚进入股市的时候，都是这个样子。看到某个新闻出来一个利好消息，就买入了股票。实际上，很多都是市场上的庄家故意制造利好消息，让散户去接盘的。我们如果看到消息买入股票的话，就相当于在高点上接盘了庄家出货的股票。这也是很多散户最终会买在最高点、卖在最低点的一个重要原因。

知道了这些，我们以后做股票时，一定要学会逆向思维。我们要与正常人的思路相反，也就是说要有反向思维，才能够在股市上真正赚钱。

如图 1－1 所示，梅泰诺（300038）就是一个非常典型的例子。2016 年 8 月 31 日，公司发布公告说重组已经成功，并且将在 9 月 1 日复牌。在正常的思维模式里，重组成功都是利好消息，复牌以后股价能够持续上涨。很多散户都会因为重组成功的消息买入股票。

不过我们从这只股票 9 月 1 日的分时走势可以看到，股价低开后持续

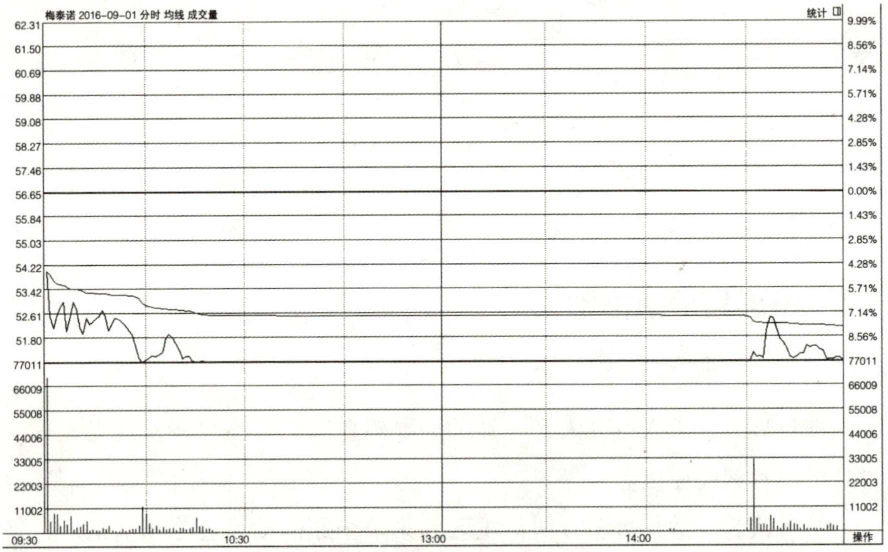

图 1-1　梅泰诺分时走势图

下跌，整个交易日大多数时间都被封在了跌停板上。这就是主力资金正在借助利好消息的掩护高位出货的典型形态。如果我们在这个交易日买入了，很可能就买在了股价的最高点上。

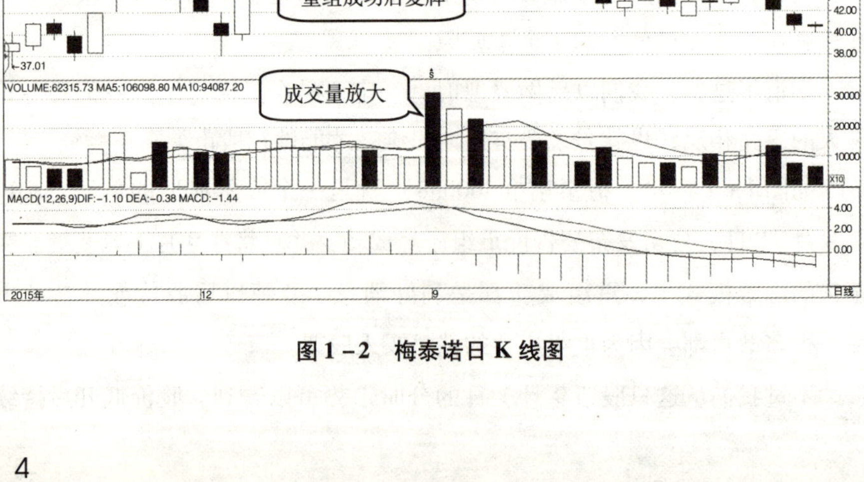

图 1-2　梅泰诺日 K 线图

如图1-2所示，从梅泰诺的K线走势也可以看到，这只股票在停牌之前，股价就已经被抬拉到了很高的位置。重组成功复牌后，已经进入了庄家打压出货的阶段，股价连续下跌。如果我们这个时候买入，以后就只能亏损割肉卖出，完全没有获利机会。

同时，从成交量看，这段时间内成交量大幅放大。这说明大量投资者看到重组成功后，都买进了股票。这些买进股票的投资者就都变成庄家出货的对象。对于这种高位成交量大幅放大的现象，我们后边会有专门的章节进行讲解。

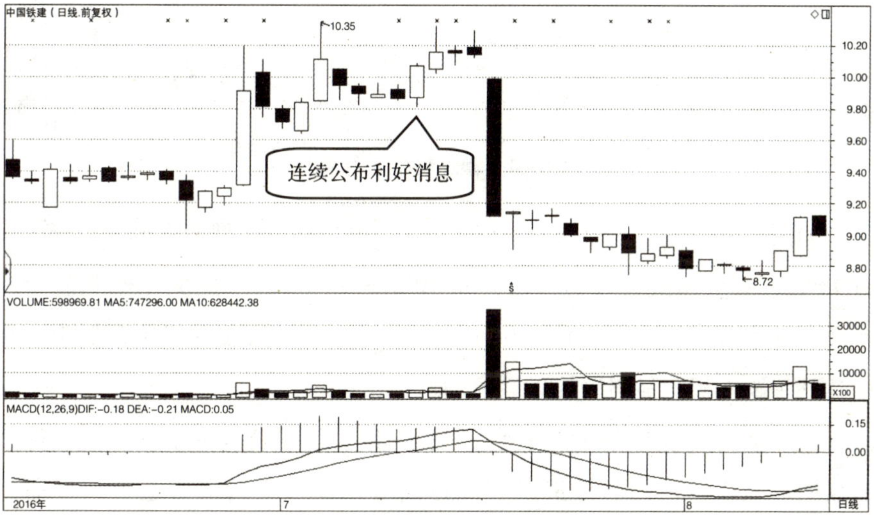

图1-3 中国铁建日K线图

另一个典型的案例是中国铁建（601186），如图1-3所示。进入2016年7月以后，中国铁建连续公布利好消息，包括利润分配、项目中标等。不过到了7月18日，股价还是大幅下跌，一直跌到了跌停板上。

我们从公司的公告可以看到，公司这次跌停是因为7月18日当天，有120多亿元市值的限售股获得解禁。之前所有的利好消息，实际上都是为了这些限售股解禁做的铺垫。如果我们看到有利好消息就买入了股票，那么必然就要在高位接盘这些限售股。

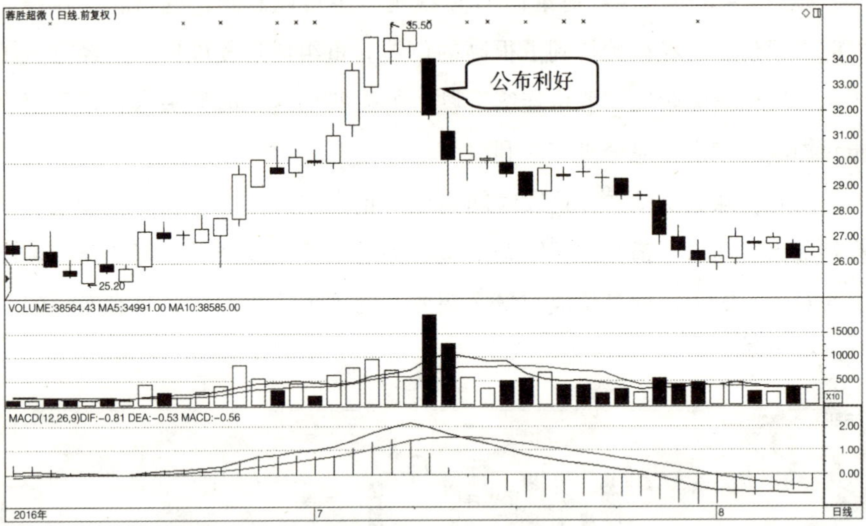

图1-4　蓉胜超微日K线图

如图1-4所示，蓉胜超微（002141）也是一个典型的案例。2016年7月11日，蓉胜超微公告了一份“每10股转增25股”的大比例利润分配预案。这本应该是一个明确的利好消息，不过这一日股价却低开低走，盘中达到了跌停板，最终以接近跌停的价格收盘。

我们从之前的走势可以看到，股价已经经历了持续的上涨行情，这个时候明显是庄家借助利好消息在高位出货，如果我们根据这个利好而买入，就在高位接盘了主力的出货筹码。

如图1-5所示，从蓉胜超微7月11日的分时走势看，也非常有诱惑性。股价低开后，先是快速冲高了几分钟。这几分钟的行情就欺骗了很多散户，让人以为股价将要上涨，纷纷追高买进。一旦追高买进，股价就被向下打压，变成了抛盘销售的对象。

同时，这个交易日股价虽然很早就达到了跌停板，不过一直没有被封死。这就给散户很多想象空间，觉得是不是打压只是庄家在洗盘，于是就会纷纷买入股票。只要有散户买入，庄家很快就会打压股价出货。整个这一天成交量大幅放大，说明虽然买入的散户很多，但是庄家的抛盘同样很多。

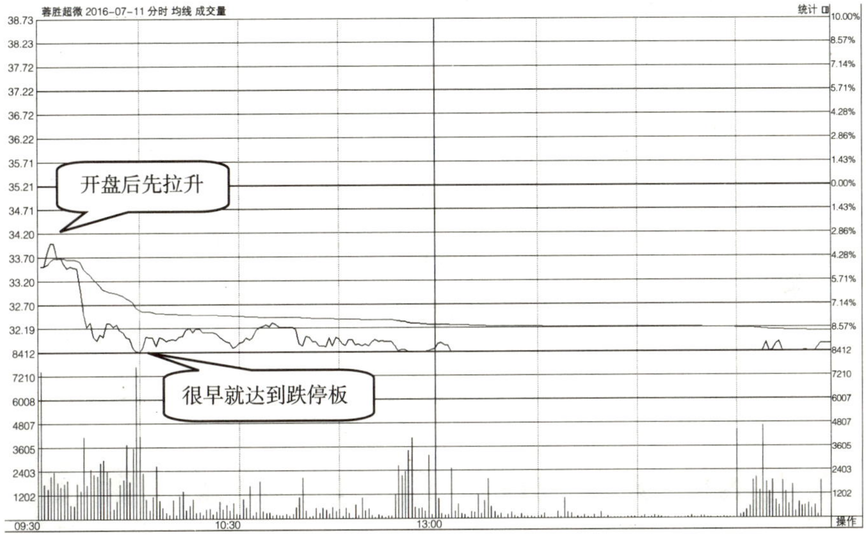

图1-5　蓉胜超微分时走势图

1.1.2　不要看电视炒股

我们身边还有一些散户，特别相信电视或者网络上一些股评家的荐股。这些股评家几乎都和庄家有各种各样的联系，很多股评家甚至本身就是庄家。他们买入一只股票以后，在电视或者网上推荐，很多散户买入，股票价格自然上涨。股价上涨了，就会有更多的人相信他们，买入股票。最后一旦买入的散户多了，股价上涨到一定的水平，庄家肯定是要撤离的。

关于这方面，比较有名的案例是北京首放的汪建中。他本来是一个非常著名的股评家，有很多人喜欢根据他的推荐来买入股票。不过在2008年5月，证监会对汪建中和北京首放立案调查。调查发现他利用自己在股市上的影响，借向社会公众推荐股票的机会，通过“先行买入证券、后向公众推荐、再卖出证券”的手法操纵市场，并非法获利。

自2007年1月至2008年5月，他通过上述手法交易操作了55次，买卖38只股票或权证，累计获利超过1.25亿元。在他操作的股票中，甚至包括工商银行（601398）、中国联通（600050）这样的超级大盘股。单凭自己的荐股就能让这些大盘股股价上涨，也足以看出他在股市上的影响力。

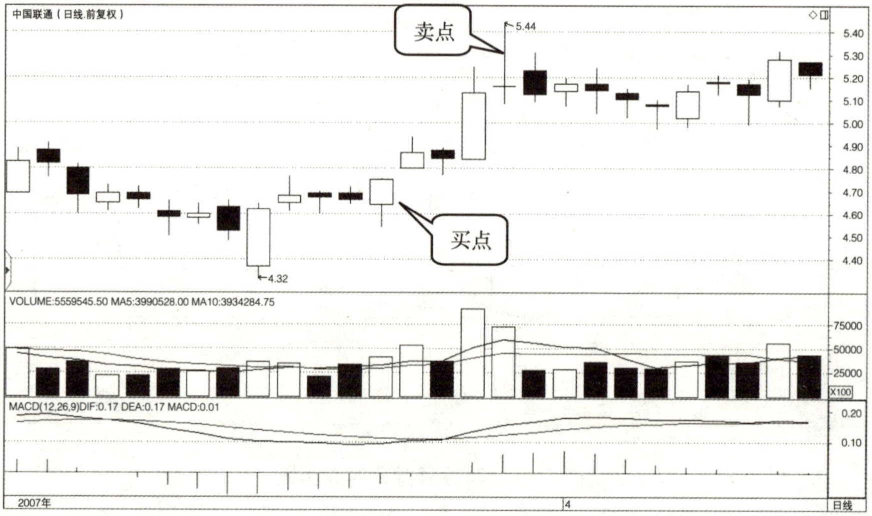

图1－6　中国联通日K线图

如图1－6所示，以中国联通为例，汪建中于2007年3月23日买入中国联通约480万股，成交金额约2500万元。当天晚上，北京首放在首放证券网、新浪网、东方财富网先后发表题为《目标3300点春季攻势全面打响》的报告，力推中国联通。报告将中国联通等股票列为“具备大幅上攻潜力的品种”，建议股民“最好不宜盲目做空，以免踏空”。3天后，汪建中卖出中国联通，获利81.8万元。

历史上还有一个著名的股评家坐庄的案例是青山纸业（600103）。参与这只股票交易的股评家叫赵笑云。赵笑云曾经在一个“南北夺擂”模拟实战中，创造了累计收益率2000%的战绩，一战成名。

如图1－7所示，2000年7月22日，赵笑云买入大量青山纸业后，开始在媒体上宣传，鼓动散户买入。此后他又多次发表文章推荐该股。其中最著名的一句“咬定青山不放松”，让很多老股民至今都记忆犹新。

9月11日，赵笑云再次使用自己“南北夺擂”比赛中模拟盘买入青山纸业，吸引很多散户跟风。不过这个交易日他自己的实盘却在高位大量抛

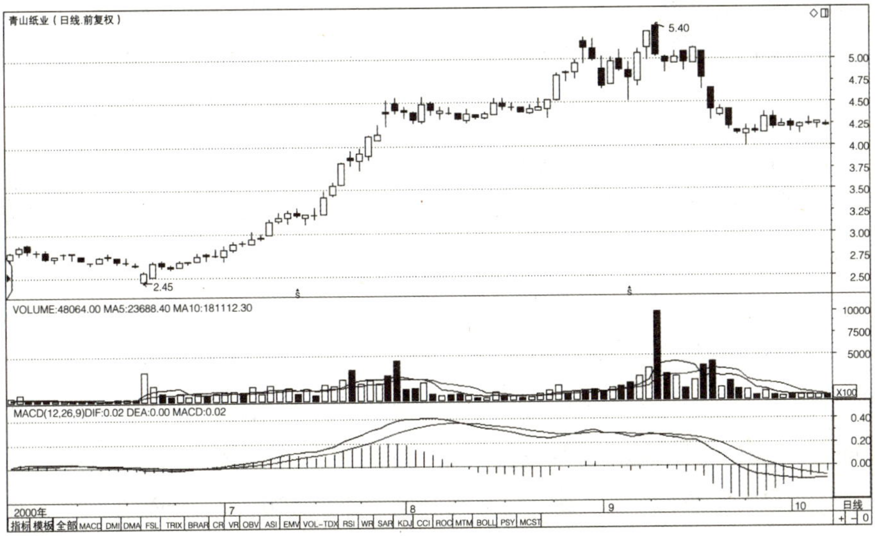

图1-7　青山纸业日K线图

出。最终这个交易日该股换手了25%，股价下跌5%，出货迹象非常明显。自这日之后，该股股价开始一路回落，直到2007年的牛市之前都没能回到那一天的高位。

和跟随股评家的荐股类似，还有很多散户喜欢跟随一些基金买入股票。他们发现基金建仓某只股票后，就觉得这只股票发展前景广阔，未来必然能够上涨，于是就跟风买入。这也不是一种明智的操作方法。

要知道，基金和庄家不一样，他们不是坐庄的。基金建仓股票以后，更多是看中股票未来能够给他们带来分红的收益，并不会过多关注股价涨跌，更不会主动去抬拉股价。所以说我们经常能够看到的现象是：一只股票里，基金跟进得越多，股价就越难被向上拉升。

1.1.3　不要买软件炒股

还有很多散户喜欢根据炒股软件里的提示来买股票。我们开户炒股以后，就经常接到电话，或者有身边的人向我们推荐一些炒股软件。其实这种操作方式也有很大的坏处。

很多软件都会宣称，它可以告诉我们主力进出的情况，甚至能够直接告诉我们买点和卖点。我想告诉大家，这些软件正常情况下都不要相信。因为道理很简单，如果软件真能帮我们赚钱，就算 10 万甚至 100 万元我们都去买，买回来就相当于有了一台印钞机，但这显然是不可能的事情。

我们之前就见过一些软件，在股价下跌以后的低点上，会有一个“买”字出现。以后如果股价上涨了，这个“买”字还在这里。万一股价下跌了，这个“买”字就消失了。

还有的时候，我们会接到一些电话，说是先用软件免费给我们推荐几只股票，过一段时间，如果真盈利了，再收费把软件或者其他什么增值服务卖给我们。这种方式看上去很好，不盈利就不收费，实际上这也是一个陷阱。因为他会同时给很多人打电话，推荐不同的股票。按照概率来算，就算正确的可能性只有一半，那么同时给 8 个人打电话，就总有一个人能够连续三次都赚钱。而我们一旦连续三次赚钱，就会对他的方法深信不疑，买他的软件或者服务。实际上，买进来以后，赚钱的可能性还是随机的。

所以说，靠软件来炒股绝对是一个错误的思路。那些让我们买软件就能够一个月盈利 80% 的，绝对是在骗人。

现在我们知道，靠消息、靠别人、靠软件炒股都是不正确的方法。我们在这里要强调技术的重要性。我们做股票，一定要按照技术来做。技术是领先于消息面或者政策面的，同时它和消息面和政策面又有一个共振的作用。所以，我们炒股票，靠技术是一种很好的方法。

1.2 技术指标的取舍

说到技术，很多人就自然会想到技术指标了，这是很多人都在用的。我们下面就讲如何看待一些常用的技术指标，包括 KDJ 或者 MACD 指标。读完这部分内容以后，我们就坚决不要再用这些技术指标了。

1.2.1 KDJ 指标的钝化

首先我们来看 KDJ 指标。通过几个案例做验证，我们就可以发现这个指标的很多缺陷。在股市上，很多东西都是要靠验证才能证明的。任何一种技术方法，我们只要通过过去的走势做验证，就能够了解它到底是不是真正有用。任何没有经过验证就说自己有效的方法，都只是纸上谈兵的东西，是没有用的。

比如 KDJ 指标中有一个很重要的形态叫作超买和超卖。也就是 KDJ 指标中的 J 线，跌破 0，是超卖状态，说明行情将触底反弹，是买入时机；如果 J 线突破 100，是超买状态，说明行情将见顶回落，是卖出的时机。典型案例如图 1－8 所示。

2015 年 12 月 8 日，光迅科技（002281）KDJ 指标的 J 线跌破 0，这里是买点。到 12 月 17 日，J 线突破 100，这里就是卖点。

案例的这个情况是精心挑选出来的。到了实际操作的时候我们会发现，按照 J 线跌破 0 或者突破 100 来交易，很多时候都是不正确的。

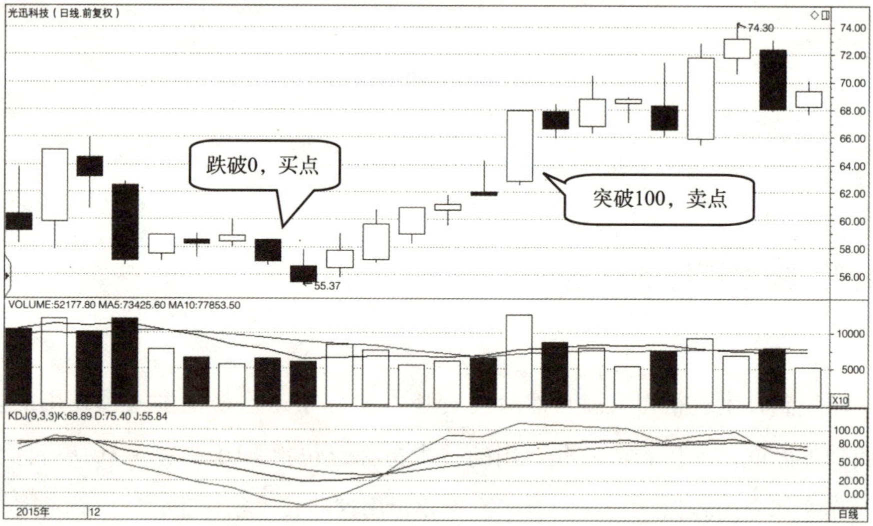

图1-8 光迅科技日K线图

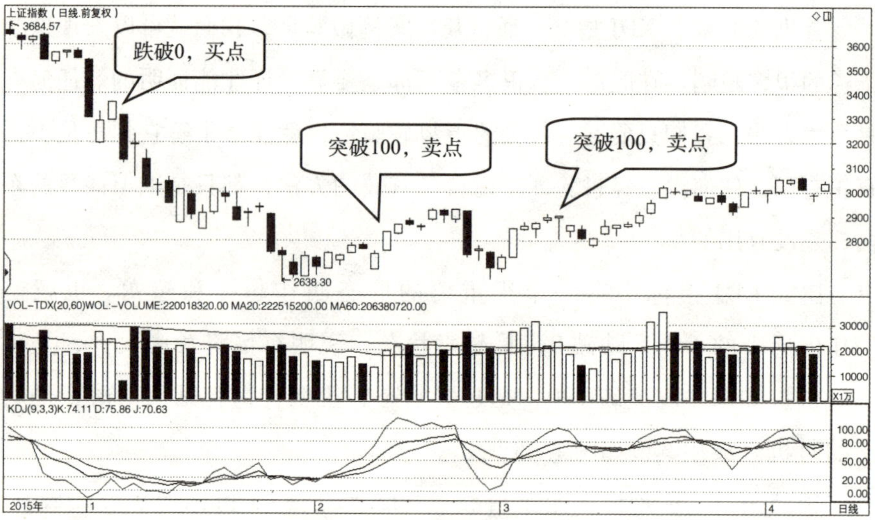

图1-9 上证指数日K线图

如图1-9所示，从上证指数在2016年第一季度的走势可以发现，1月初的时候，J线就跌破了0，不过之后指数还是在一直下跌。如果在这之前我们买入股票的话，很明显后边就会被套牢。

到了2月16日，J线突破100，我们卖出股票。这时卖出的话，我们会失去之后行情继续上涨的收益。

到了3月8日，J线再次突破100。这次卖出可以算是一次正确的信号。

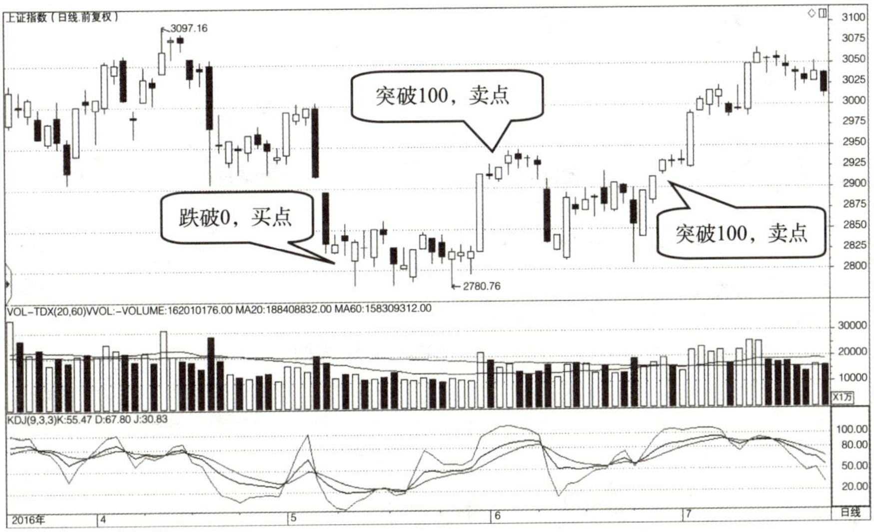

图1-10　上证指数日K线图

如图1-10所示，我们继续观察上证指数在2016年第二季度的走势。5月9日，J线跌破0，形成买点。到了6月1日，J线突破100，形成卖点。这可以算是一次正确的交易。

不过到了6月29日，J线再次突破100，形成卖点。之后就一直在100以上，股价也一直上涨。如果我们29日就卖出股票，会踏空之后的一大段涨幅。

我们再看个股，也是类似的情况。

如图1-11所示，2015年12月17日，山东地矿（000409）KDJ指标的J值就已经突破了100，形成卖点，但其实这才是上涨行情的初始阶段，如果我们早早卖出股票，则要踏空后市的涨幅。

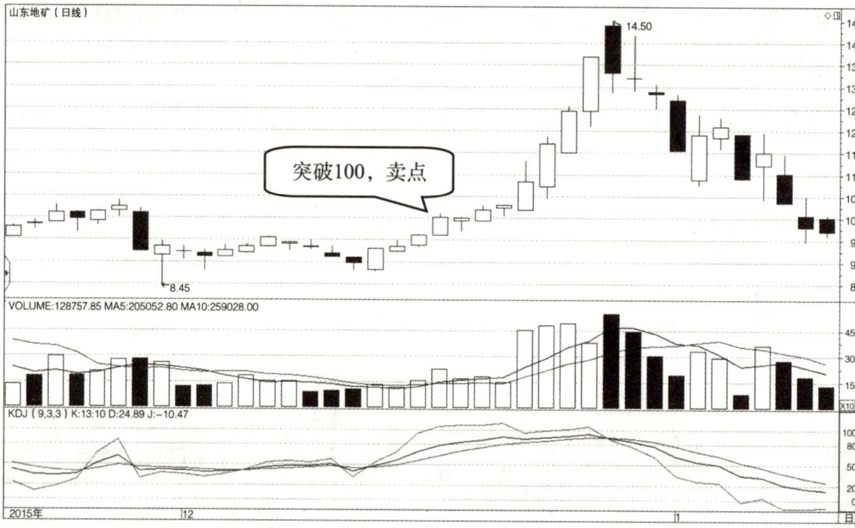

图1-11　山东地矿日K线图

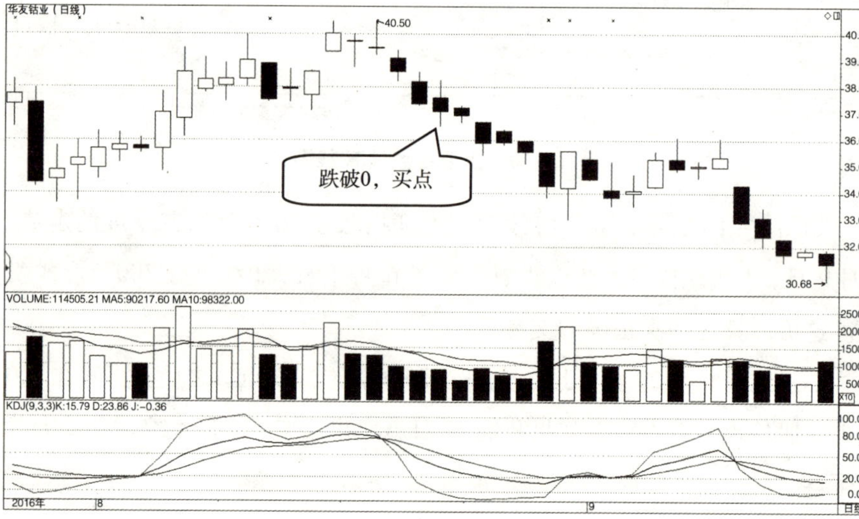

图1-12　华友钴业日K线图

如图1-12所示，2016年8月23日，华友钴业（603799）KDJ指标的J线跌破0，这是一个买入信号。不过我们从随后的走势可以看到，此时却是下跌行情的开始，如果这时买入股票，就完全被套牢在高位了。

从以上几个案例我们能够看出KDJ这个技术指标的缺陷。如果行情持续上涨或者持续下跌，这个指标就会发生钝化，完全起不到作用。

如果我们长期使用这个形态交易就会发现，KDJ指标的这个超买和超卖，对行情判断正确和错误的可能性基本是相当的。这样还不如指标的所有信号都是错的，那样的话我们还能根据指标反向操作。现在这个指标正确和错误的概率基本各占一半，我们根据这个形态操作与随机买卖股票并没有太大区别。

另外，KDJ指标还有一个重要的形态是金叉和死叉。也就是如果K线突破D线，说明行情走强，叫作金叉，是买点。如果K线跌破D线，说明行情开始走弱，叫作死叉，是卖点。我们再观察几个经典案例。

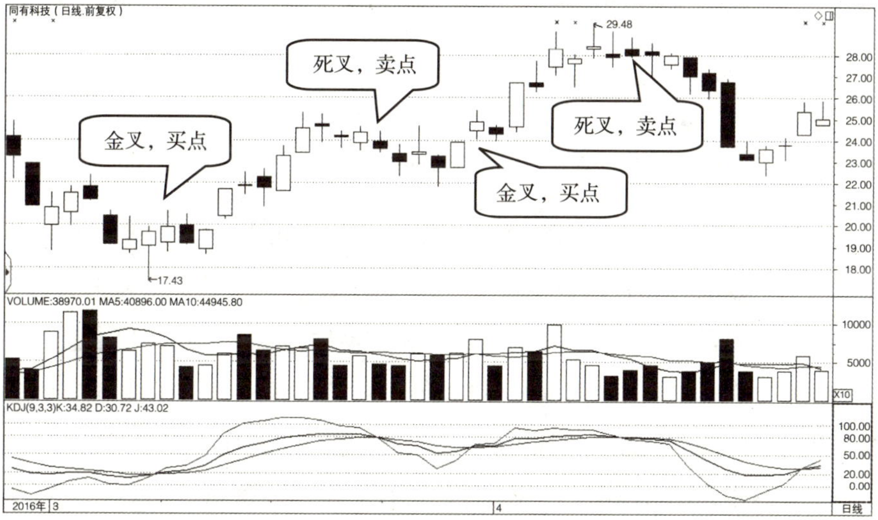

图1-13　同有科技日K线图

如图1-13所示，2016年3月9日，同有科技（300302）KDJ指标形成金叉，这时我们可以买入股票。3月24日，指标在高位形成了死叉，这时我们应该卖出。

3月31日，KDJ再次在高位形成金叉形态，这时我们可以继续买入股票。到了4月13日，KDJ指标形成死叉，这时我们就应该卖出股票。

这个案例是笔者从很多案例中精心挑选出来的理想形态。在实际交易的过程中我们就会发现，金叉、死叉与超买、超卖类似，在很多时候都不是那么有效。

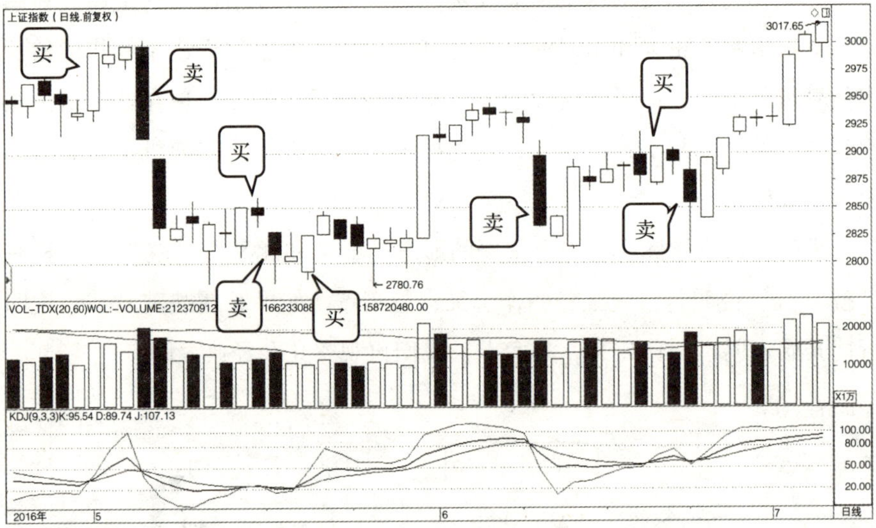

图 1－14　上证指数日 K 线图

如图 1－14 所示，我们继续看上证指数在 2016 年 5 月和 6 月的走势图。我们根据 KDJ 指标的金叉和死叉形态，得到了很多个买点和卖点。长期跟踪下来我们发现，在这段时间的四次交易中，真正给我们带来盈利的交易只有一次，剩余三次都是亏损收场。而且在这次盈利的交易中，因为我们卖出的时候股价已经大幅下跌，利润空间也非常有限。

看到这里我们可以明白，对于 KDJ 指标来说，无论是它的超买、超卖形态还是金叉、死叉形态，如果我们仔细挑选，总能够找到一些非常标准的有效案例，这就是这些指标非常迷惑人的地方，但等到我们真正从客观的角度，随机挑选走势来验证的时候，就会发现这个指标几乎没有什么作用。所以，以后我们再做股票的时候，千万不要再迷信这个指标了。

1.2.2　MACD 指标的错误信号

除了 KDJ 指标外，市场上还有一个用得更多的技术指标，叫作 MACD。这个指标被很多人叫作“指标之王”。实际上，如果我们按照前面的思路来验证就会发现，这也是一个错误的指标。

MACD 指标最典型的应用是金叉和死叉形态。也就是快线 DIF 突破慢线 DEA 的时候，是金叉的形态。DIF 跌破 DEA 的时候，就是死叉的形态。这个指标的标准形态如图 1－15 所示。

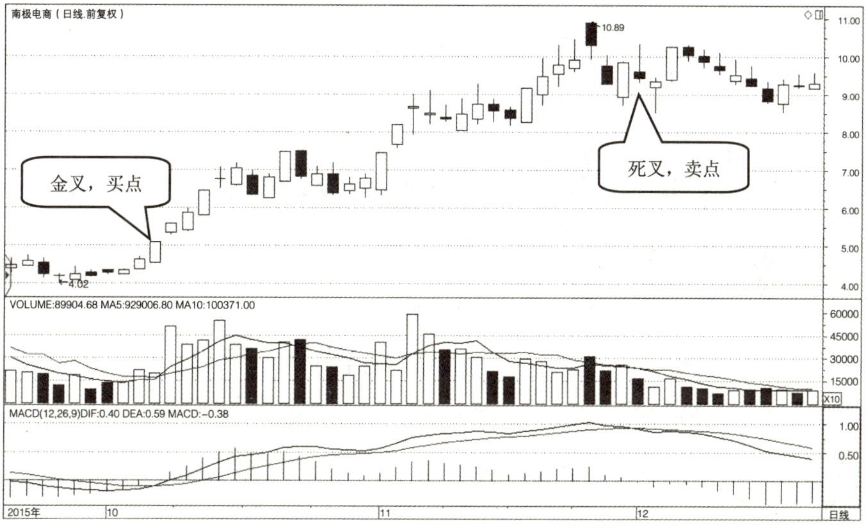

图 1－15　南极电商日 K 线图

2015 年 10 月 13 日，南极电商（002127）的 MACD 指标形成金叉，这时我们可以买入股票。12 月 1 日，MACD 指标形成死叉，这时就是卖出的时机。

这个案例只是一种理想的状态。在实际交易中我们发现，如果对于随机的走势来说，这个指标的形态并没有太大的效果。

如图 1－16 所示，我们继续看上证指数的走势。2016 年 5 月 27 日，上证指数的 MACD 指标形成金叉，这时我们可以买入。7 月 22 日，MACD 指标在高位死叉，这时我们应该卖出。从这段走势看，这个指标是比较有效的。8 月 12 日，MACD 指标形成金叉，是一个买点。到了 8 月 26 日，指标在高位死叉，又是一个卖点。可实际上这次买卖交易的获利空间非常小，并不能说是一次理想的交易。

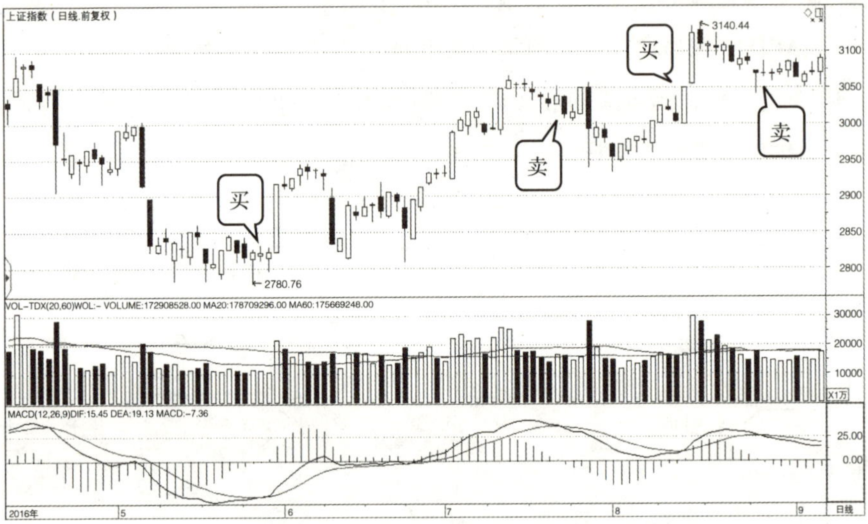

图 1-16　上证指数日 K 线图

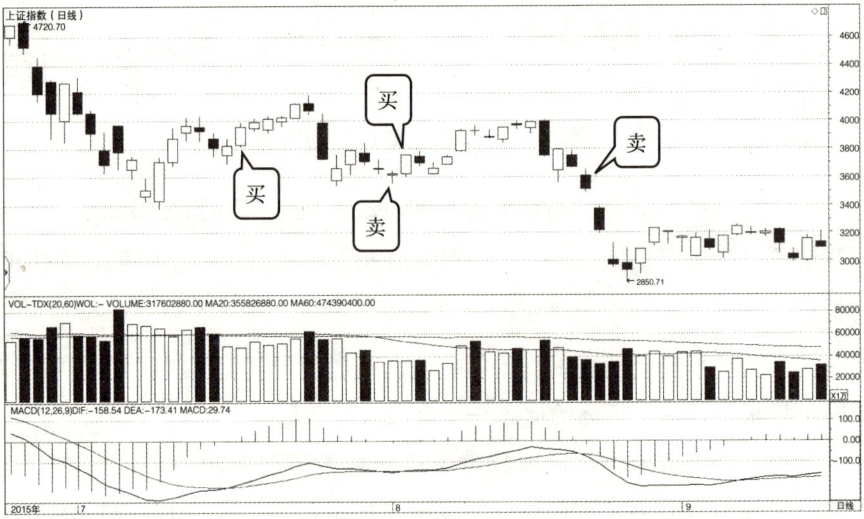

图 1-17　上证指数日 K 线图

如图 1-17 所示，如果说上一个案例的情况还算过得去的话，那这张图里 MACD 指标的表现就完全不及格，两次交易最后都以亏损收场。

通过这几个案例我们可以发现，MACD 指标虽然在一些上涨趋势行情里看上去很好用，但到了持续横盘或者下跌的趋势里，就要差很多。如果从后往前看，这些事情可以看得非常清楚。

在实战中，关键的一点是我们很难知道当前行情到底是上涨、横盘，还是下跌。实际上如果我们清楚了当前的趋势，根本不需要指标就可以操作。MACD 指标本身就是用来判断趋势方向的，所以这就非常鸡肋了。指标本身就是用来判断趋势的，反过来我们还需要先知道趋势才能明确指标是不是有用，这就陷入了一个死循环。所以我们可以说，MACD 指标用法到了实战中，基本没什么作用。

1.2.3 其他常见指标的问题

除了 KDJ、MACD 指标之外，市场上还有很多常见的技术指标，如 RSI，就连它的发明者都不用了。

此外还有一个 SAR 指标，这也是很多股民都在用的指标，它的用法非常傻瓜化。这个指标里有一些红圈和绿圈，只要红圈出来就买进，等绿圈出来就要卖出。不过用实际案例我们就可以发现，这个指标的准确性非常有限，经常让我们买在最高点，卖在最低点。

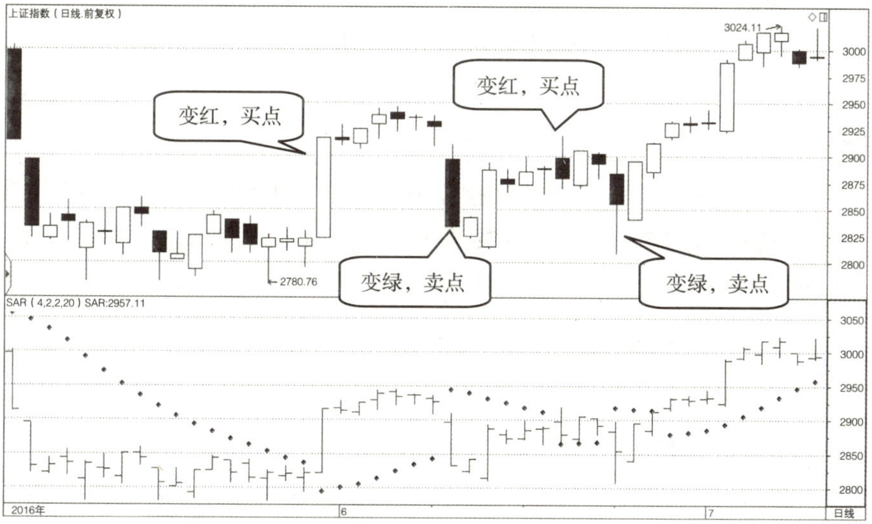

图 1-18 上证指数日 K 线图

如图 1-18 所示，我们通过上证指数这段时间的走势能够看出，SAR

指标变成红圈的时候买入，等到变成绿圈的时候卖出，这种操作方式很难获利。

我们经常可以看到很多股评分析师或者股评家写的文章都是按照KDJ、MACD、RSI、SAR等指标来分析行情。这些内容是完全站不住脚的，我们拿这些指标去找案例验证，可能其中有一两次是对的，但如果这些指标没有80%以上的成功率，我们就不应该去用它。所以看完这部分内容以后，我们就应该远离各种技术指标。

指标都是滞后的，没办法给我们带来确定的收益。利用指标炒股，它的成功率大概也就是50%。这样的成功率跟赌博时猜大小一样。

1.2.4 KDJ季度线的长线操作

下面我们有必要单独了一下KDJ指标。在一些特殊的情况下，这个指标还是比较有用的。

我们大多数股民炒股都是做短线波段，做投机的交易。不过如果你没有太多时间看盘的话，可能就需要做一些长线交易，操作周期在1~3年，甚至更长时间。在这样的情况下，KDJ指标有着独特的作用。

做长线的时候，我们可以在季度K线图里使用KDJ指标。也就是说，这个K线图中每根K线代表股票在一个季度内的走势。我们可以用【F8】去切换K线图的周期。

在季度K线图中，如果KDJ指标中的J线达到0或者0附近的话，我们就可以做长线投资，去买入股票。之后我们可以一直持股几年的时间，等到行情上涨以后再卖出。

如图1-19所示，我们观察上证指数的历史走势可以发现，在1994年第二季度、2002年第四季度、2005年第一季度、2008年第四季度、2012年第一季度，KDJ指标中的J线都分别下跌到了0附近或者0以下，这些时候，我们就可以买入股票。之后持股几年的时间，可以获得不错的收益。

这只是我们操盘的一个小技巧，适合没有太多时间来看盘，准备买入一只股票就几年时间不动的长线投资者来使用。我们大多数人还都是在做

图1－19　上证指数季度K线图

短线投机。在短线交易的过程中，我们还是要靠技术来分析，而不是靠技术指标来买卖。坚决不要看KDJ、MACD等技术指标，很多散户亏损的原因就是因为看了这些东西。

我们在以后的交易过程中，一定要坚决摒弃这些指标，从过去的错误道路上走回来，回到正确的分析道路上来。

我们讲的技术与这些指标不一样。指标都是滞后的，而我们的技术是领先于消息面和政策面的。很多时候我们发现技术上的点位出现了一些问题，比如突破或者跌破，那么过1～2天之后，就会在消息面上体现出来。

我们这本书叫《魔法股市》。实际上股票市场就和魔术一样，看上去是很高深的东西，其实知道了原理以后，就会发现它非常简单。我们越是看KDJ、MACD指标这些干扰的东西，就越是容易犯错误。下面，我们就开始讲一些怎样正确分析的内容。

1.3 庄家操盘的伎俩

当一些股票被庄家操盘的时候，会在走势上显示出来。我们可以通过以下几个方面，识破庄家操盘的伎俩。

1.3.1 集合竞价的诡计

集合竞价每天9点15分开始，是确定开盘价的过程。在这个过程中，很多操盘手就会制造出一些误导散户的烟雾弹。

一只股票在9点15分到9点25分集合竞价的阶段，是一个股价变动很快的时间段。在这个阶段内，庄家会做足功夫，想办法忽悠散户。

例如，一只股票9点15分到9点20分一直是跌停板，散户就会特别紧张，在潜意识里就会有一个当天股价会持续下跌的恐慌情绪。如果到9点25分，真正的开盘价出来，股价没有到跌停板，这些散户就会特别庆幸，可能会着急卖出自己的股票，这样庄家就达到了自己的目的。最后这一天股价能够达到涨停板都有可能。

反过来，如果股票价格在集合竞价阶段就到了涨停板，很多散户就有可能去追高买入。这也是庄家给散户的一些误导。最后庄家可能就会在开盘后抛出股票出货，股价一路下跌。

所以说，虽然我们看到股票在9点15分开始的集合竞价阶段涨停或者跌停，但只要到9点30分真正开盘时，没有涨停或者跌停，都是没问题的，不要去理会集合竞价阶段的走势。万一9点30分真的涨停或者跌停了，那就是真有大行情出现了，也没有办法。

集合竞价阶段的走势不是真金白银的交易，是不标准的，没有太多参考价值，我们没有必要害怕，也不应该因此而陷入疯狂。

1.3.2 F10 里利空和利好的诡计

庄家另一个操盘的伎俩是针对那些喜欢看消息炒股的散户，在 F10 里放一些利空或利好的消息。看消息炒股绝对是一个非常重大的误区。

关于 F10 里的利空或者利好消息，我们可以看几个案例来进行说明。

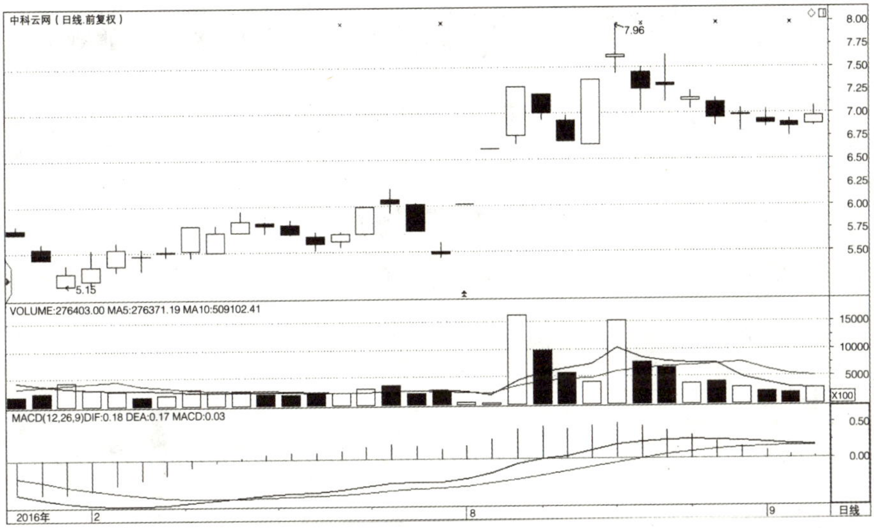

图 1－20　中科云网日 K 线图

如图 1－20 所示，2016 年 2 月 16 日，中科云网（002306）因为重组的消息停牌。到了 8 月 16 日，公司重组失败，复牌交易。按照一般的思路，重组失败的消息属于重大利空，股价会下跌。不过这只股票的庄家却将股票连续向上拉升了三个涨停。如果我们复牌第一天就看到利空消息而卖出了股票，就会踏空这段走势。

如图 1－21 所示，2016 年 3 月至 4 月，星湖科技（600866）因为连续亏损，已经基本确定会被带上 ST 的帽子，也就是被交易所给予退市风险警示。不过在这段时间内，这只股票的价格却被庄家持续拉升，一路上涨。特别是 4 月 27 日，股票更名为“＊ST 星湖”当天，股价还

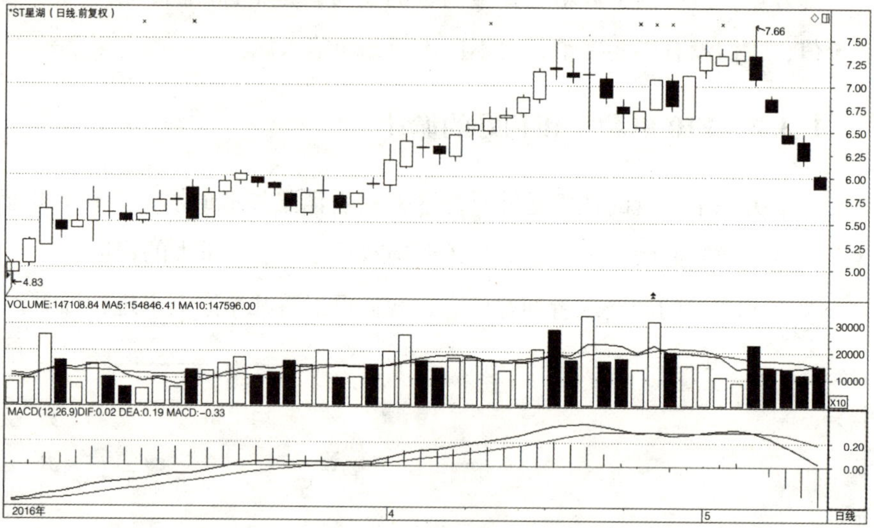

图1－21　*ST星湖（原星湖科技）日K线图

达到了涨停板。如果我们看到利空消息就卖出了股票，就会踏空随后的这段行情。

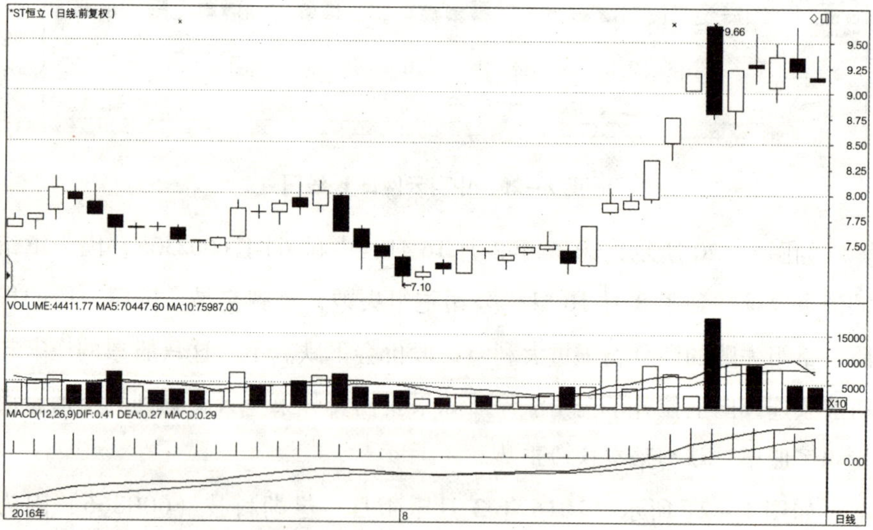

图1－22　*ST恒立日K线图

如图1－22所示，2016年7月，*ST恒立（000622）公告称预计2016

年上半年仍然亏损。到了8月，公司又公告称董事长因为工作原因而辞职。这只股票遭遇了连续利空的打击，但它的股价不仅没有下跌，反而被强势向上拉升。

像以上这种虽然出现了利空消息，股价反而大幅上涨的案例有很多，几乎每天都有。同样道理，那些出现了利好消息，股价反而大幅下跌的股票同样很多。对于这些股票，我们操作的时候不要去看各种消息，只要按照技术去操作它就可以了。只要技术上出现了买入信号，我们就可以买进。很多时候股票因为利空消息，股价下跌，反而是我们逢低买入股票的机会。

很多时候，散户都喜欢看到利好消息就买入，看到利空消息就卖出。实际上庄家在操盘的时候也会利用这一点。利空出现时，庄家就会借机让散户卖出，自己低位建仓，等到利好出现时，就逢高在高位出货。这也是导致我们大多数散户亏钱的一个重要原因。

我们说股市像“故事”就是这个原因。每次股市上涨到牛市的最高点的时候，市场上遍地都是利好，连菜市场的大妈都知道买股票能赚钱。这时候市场必然就是到了最高点。所以说，在牛市行情里，利空消息对我们来说反而是“利好”，可以带来逢低买入的机会。到了熊市里，利空就真的是利空了。

另外还有一点值得我们注意的是，在很多时候，上市公司自己都会通过各种作价的方法来制造利好消息，让散户来买入自己的股票，抬拉股价。

如图1－23所示，2016年7月22日，证监会公布了对大智慧信披违规的调查结果。大智慧在2013年通过承诺“可全额退款”的营销方式，以“打新股”“理财”等为名进行营销，共计虚增2013年度利润1.2亿余元，违反了《证券法》规定。受到这条消息影响，大智慧股价随后大幅下跌。

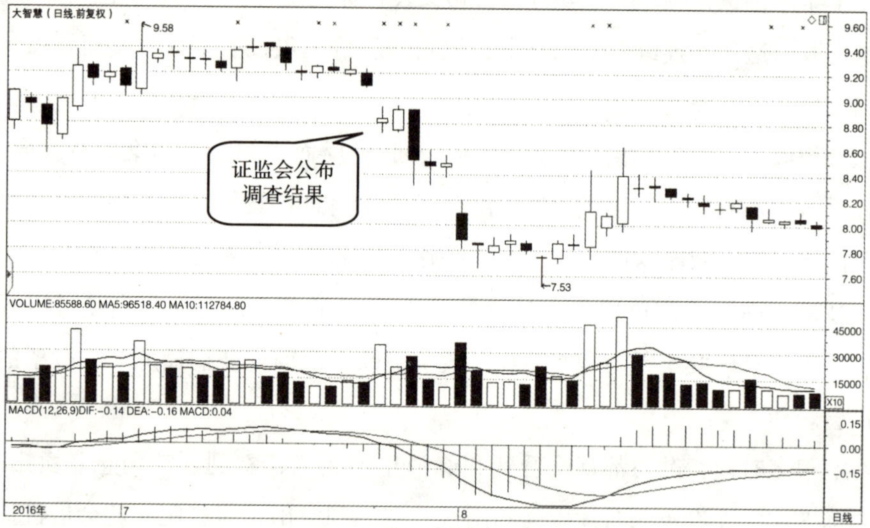

图 1-23　大智慧日 K 线图

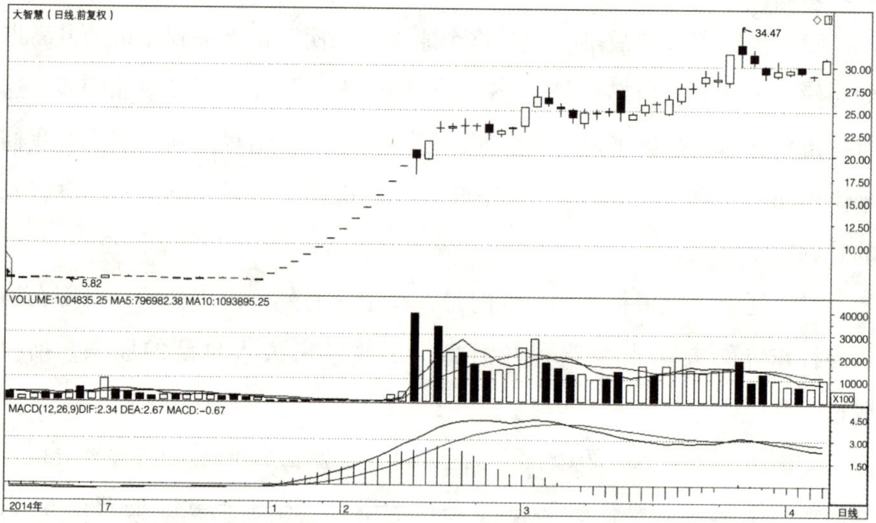

图 1-24　大智慧日 K 线图

如图 1-24 所示，早在 2015 年初，大智慧就成为一家业绩优秀的互联网金融公司，股价大幅上涨。财务造假很可能是大智慧这次拉升计划的一部分，目的就是要吸引散户来买入股票，将股价向上抬拉。

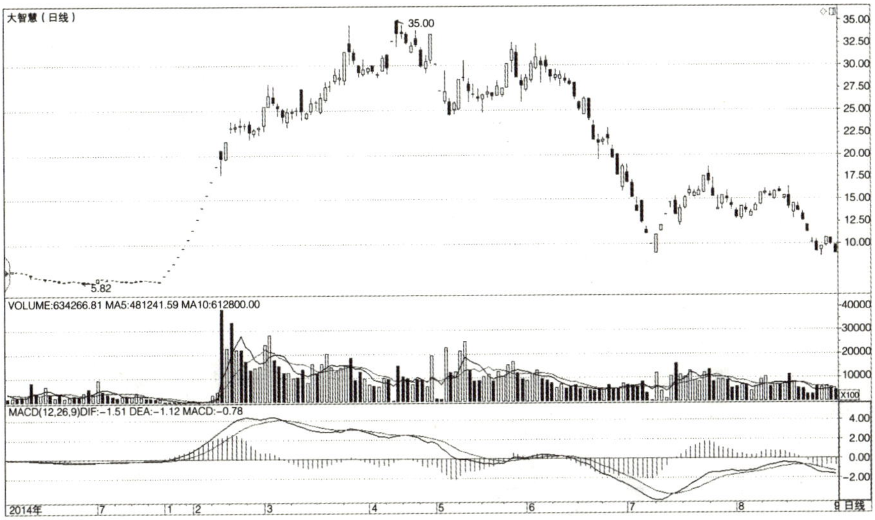

图1－25　大智慧日K线图

如图1－25所示，我们把图1－23和图1－24拼在一起就可以发现，大智慧这轮上涨，基本上属于怎么涨上去，就怎么跌下来的。等到下跌见底时，几乎已经到了上涨行情的起点上。

1.3.3　K线图里的诡计

很多股民炒股喜欢看一些K线图里的形态，如两阴夹一阳、红三兵等。这也不是一种很好的交易方法。因为K线图说到底，很多都是庄家“做”出来的。庄家想要散户买入的时候，就会在K线图里做一些看涨的K线形态；到了想要散户卖出的时候，就会做一些看跌的K线形态。如果我们跟着K线形态去炒股，很容易就会掉到庄家布置的陷阱里。

如图1－26所示，2016年8月9日至11日，巨龙管业（002619）经过持续横盘后，连续三个交易日下跌，收出阴线。这样的形态叫作“三只乌鸦”，是一个典型的K线看跌组合。不过我们从走势图中可以看出，三只乌鸦完成后股价开始了持续上涨的行情。因此我们知道，这个三只乌鸦的形态很明显就是庄家在底部诱惑散户卖出股票的一种伎俩。

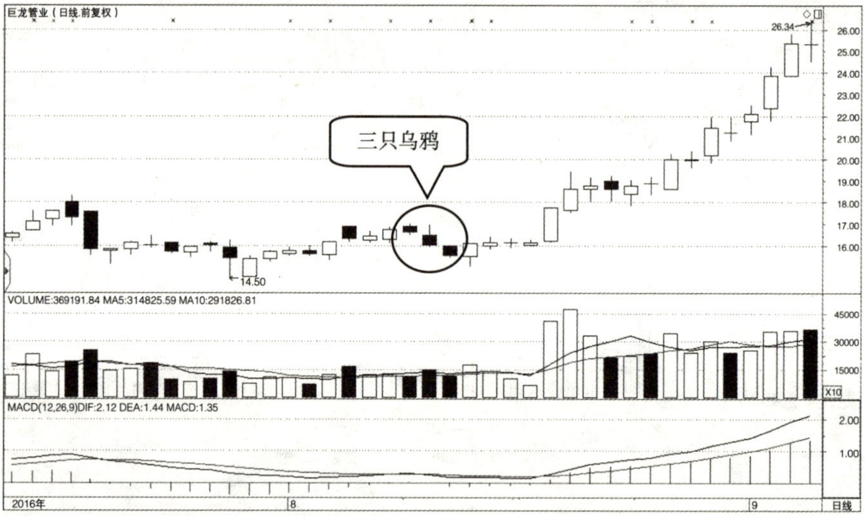

图 1－26　巨龙管业日 K 线图

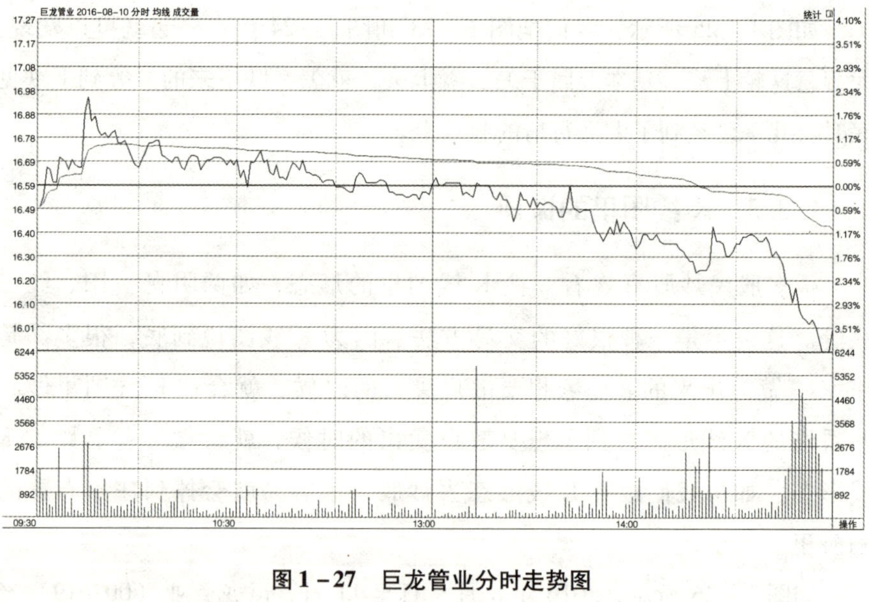

图 1－27　巨龙管业分时走势图

如图 1－27 所示，我们从 8 月 10 日，也就是三只乌鸦中间那根阴线的分时走势图就可以明显看出，尾盘阶段股价被快速向下打压。这明显是庄家在操纵股价，集中在尾盘阶段打压股价进行洗盘的信号。

如图 1－28 所示，2016 年 4 月 13 日至 15 日，建新股份（300107）股价

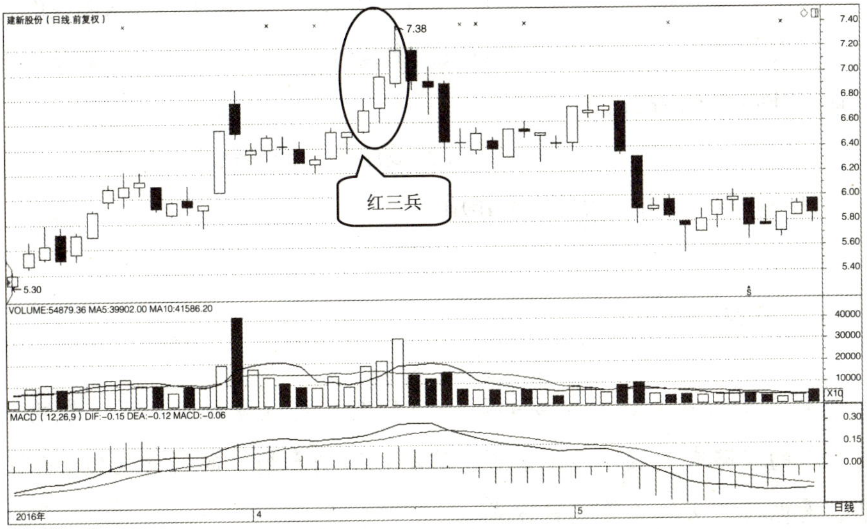

图1-28　建新股份日K线图

在高位形成了连续上涨的三根阳线。这个形态叫作“红三兵”，与三只乌鸦正好相反，是一个看涨的K线形态。不过我们从随后的走势可以看出，这个形态明显也是庄家故意制造出来的，目的是要诱惑散户买入，自己好在高位进行出货操作。经过这个红三兵以后，这只股票的股价持续下跌。

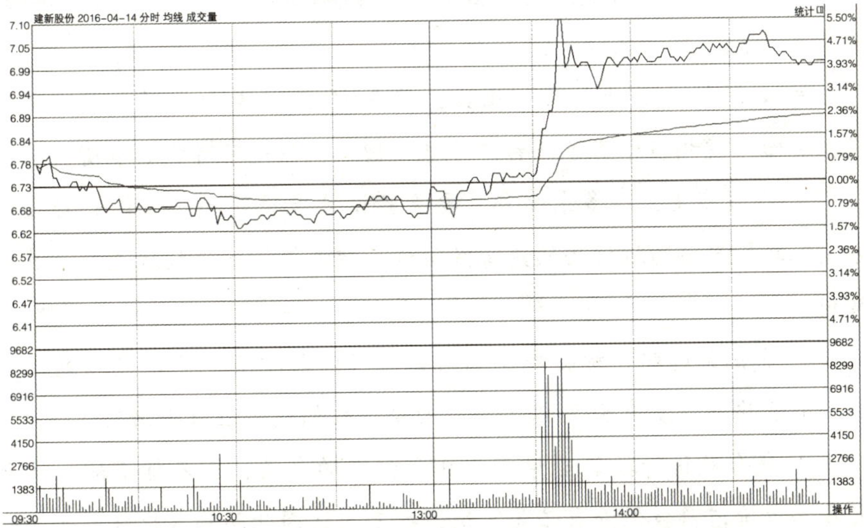

图1-29　建新股份分时走势图

如图1-29所示，我们从4月14日，也就是红三兵中间那根阳线的走势可以看出，股价在盘中阶段被直线向上拉升。这明显是庄家资金在盘中迅速拉升股价上涨的信号。

所以说，K线形态是一种非常容易被庄家控制的技术分析方法，我们在操盘的过程中，并没有太大的作用。

本章要点

- 散户炒股亏钱最主要的第一个原因就是过分相信别人，喜欢跟着别人的思路来炒股。具体来说，这种跟随别人炒股的思路包括听信消息、看电视、买软件等各种方式。
- 我们如果看到消息买入股票的话，就相当于在高点接盘了庄家出货的股票。这也是我们很多散户最终会买在最高点、卖在最低点的一个重要原因。
- 我们以后做股票，一定要学会逆向思维。我们要与正常人的思路相反，也就是说有逆向思维，这样才能在股市上真正赚钱。
- 股评家几乎都和庄家有各种各样的联系，很多股评家甚至本身就是庄家。
- 如果软件真能帮我们赚钱，就算10万甚至100万元我们都去买，买回来就相当于有了一台印钞机。但这显然是不可能的事情。
- 在股市上，很多东西都是要靠验证才能证明的。任何一种技术方法，我们只要通过过去的走势做验证，就能够了解它到底是不是真正有用。
- 我们拿这些指标去找案例验证，可能其中有一两次是对的。但是如果这些指标没有80%以上的成功率，我们就不应该去用它。
- 集合竞价阶段的走势不是真金白银的交易，是不标准的，没有太多参考价值，我们没有必要害怕，也不应该因此而陷入疯狂。
- 很多时候，散户都喜欢看到利好消息就买入，看到利空消息就卖出。实际上庄家在操盘的时候也会利用这一点。利空出现时，庄家就会借机让散户卖出，自己低位建仓，等到利好出现时，就逢高在高位出货。这也是导致大多数散户亏钱的一个重要原因。

- K 线图说到底，很多都是庄家“做”出来的。庄家想要散户买入的时候，就会在 K 线图里做一些看涨的 K 线形态，到了想要散户卖出的时候，就会做一些看跌的 K 线形态。

第2章

均线入门

——移动平均线法则

在第一章，我们讲了散户炒股常规的一些错误。接下来，我们开始讲怎样去纠正这些错误，也就是炒股过程中我们应该遵循的分析技术。

2.1 移动平均线的准确性

第一章已经讲到了，KDJ 指标、MACD 指标、SAR 指标，还有 K 线形态，都不是有效的分析方法。那么我们在实战的过程中，应该按照什么方法来交易股票呢？其实，实战中最有效的是移动平均线（MA），以及之后我们要讲到的成交量指标。

通过线、量，再配合良好的交易心态，我们就能够在市场上获得优秀的交易成绩。

移动平均线和从移动平均线变形而来的 EXPMA 线，在我们实际交易的过程中有着重要的意义。利用这种线来做交易，我们可以获得以下几个方面的好处。

2.1.1 抹平短线随机波动

移动平均线是通过计算一段时间内的平均收盘价而得到的，因此股票如果只是在一两个交易日内突然上涨或者下跌，是不会对移动平均线的波动产生太大影响的。移动平均线这样的特点可以帮助我们避免股价波动产生的一些短期无效信号，提高自己操作判断的准确性。

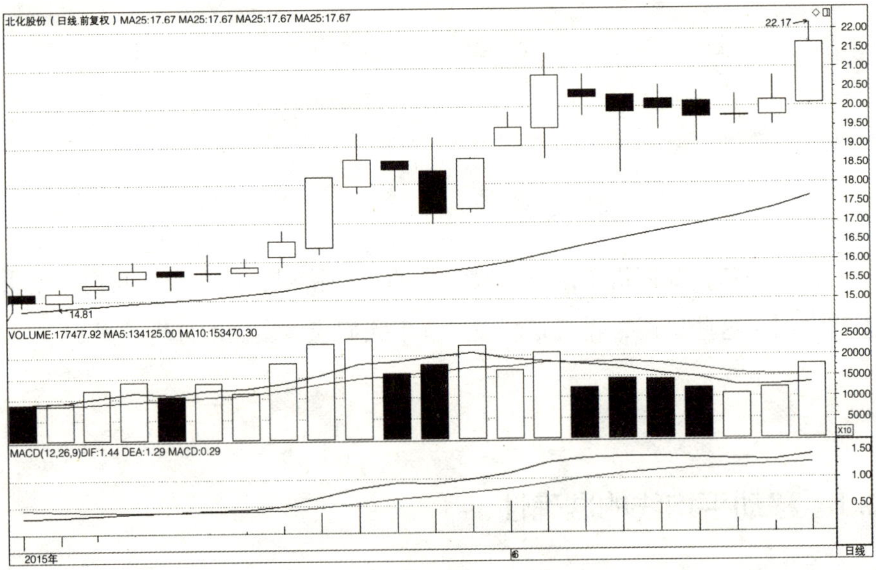

图 2-1　北化股份日 K 线图

如图 2-1 所示，25 日移动平均线是通过计算 25 个交易日内的平均收盘价得到的。2015 年 5 月和 6 月，因为北化股份（002246）股价持续上涨，其移动平均线也进入了持续的上涨趋势中。

5 月底，股价见顶回落一个交易日后开始反弹，弥补了这次回落的跌幅。这样的短暂下跌形态并没有体现在 25 日均线上。我们如果按照均线来交易股票，这个时候就不会因为恐慌而卖出股票。

如图 2-2 所示，2016 年 4 月至 5 月，福成股份（600965）的股价和 25 日均线一直在持续下跌的趋势中。中间股价形成了短暂的反弹行情，之后又继续下跌。同时 25 日均线却没有反弹，而是一直保持着持续下跌的趋势。我们用 25 日均线来分析走势，就可以避免因为这种短暂的反弹而买入股票。

2.1.2　避免庄家骗线

我们已经讲过，庄家会在 K 线形态上制造各种各样的“骗线”来欺骗散户。这些骗线是通过操纵股价在几个交易日内的走势形成的。而对于均

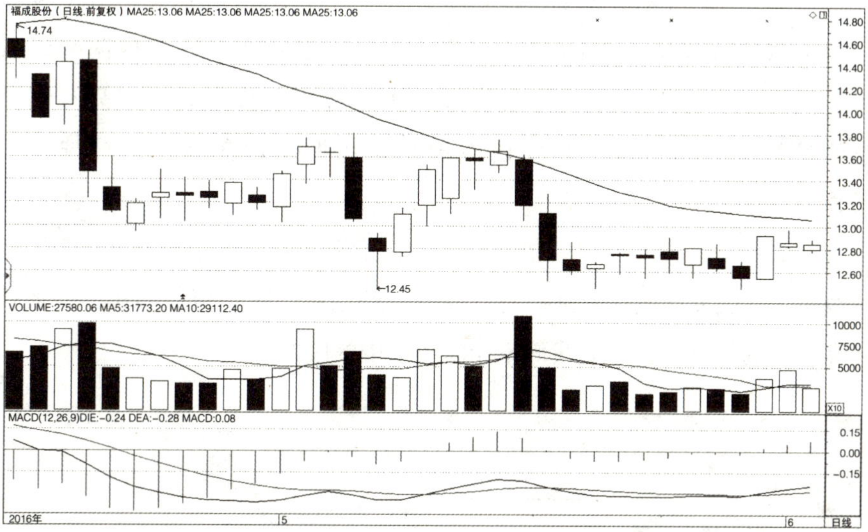

图2-2　福成股份日K线图

线来说，庄家要想影响一条均线的走向，需要连续很长时间来操纵股价的走势，所以很少有庄家会这么做。因此，通过均线指标来买卖股票，可以有效避免庄家骗线的影响。

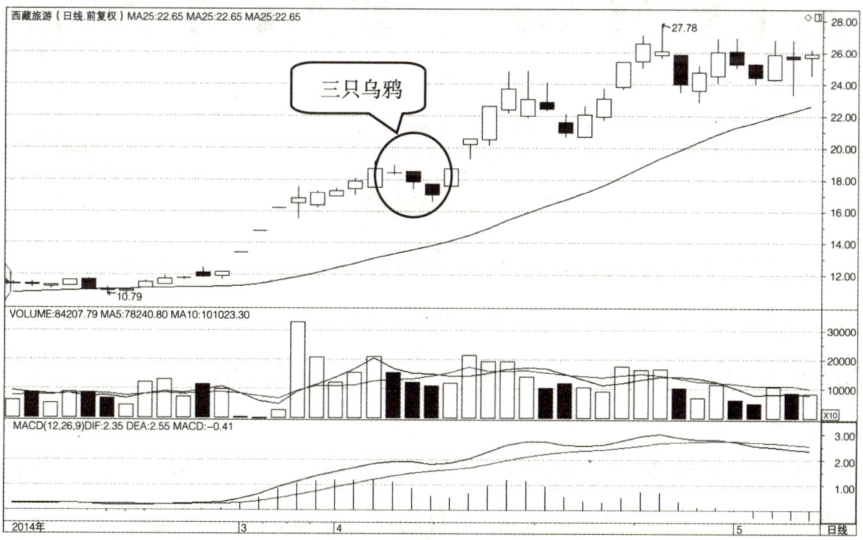

图2-3　西藏旅游日K线图

如图2-3所示，2015年4月7日至9日，西藏旅游（600749）股价上涨的过程中，连续三日回落，形成三根阴线。这三根阴线组成了三只乌鸦形态，是看跌卖出信号。从前后的走势来看，三只乌鸦形态明显是主力的骗线，是要诱骗散户卖出股票，在高位进行洗盘的操作。

从25日均线我们可以发现，该股这三日的下跌并没有跌破25日均线，均线也没有因此而改变上涨趋势。通过均线指标，我们可以明确此时股价还在上涨的趋势中，因此我们不用卖出手中的股票。

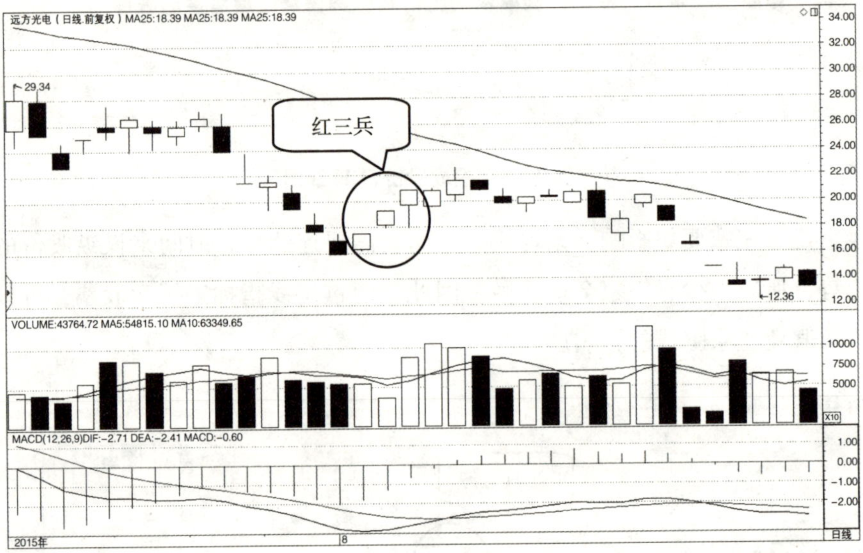

图2-4 远方光电日K线图

如图2-4所示，2015年8月4日至6日，远方光电（300306）下跌过程中连续三日上涨，组成了红三兵的走势。结合这段时间前后的走势，我们可以发现该股的这个红三兵很明显是庄家在诱骗散户买入股票，自己进行出货操作。

从25日均线我们可以发现，在股价反弹的过程中，均线一直处于下跌的趋势，这三根阳线也没能突破25日均线，这就说明行情还在下跌的趋势中。通过这个技术指标，我们就可以避免落入庄家的陷阱中。

2.1.3 掌握趋势动向

均线是一种趋势型技术指标。如果股票的均线一直在上涨，并且股价处于均线上方，多次回落至均线附近都获得支撑上涨，就说明市场处于上涨的趋势中。

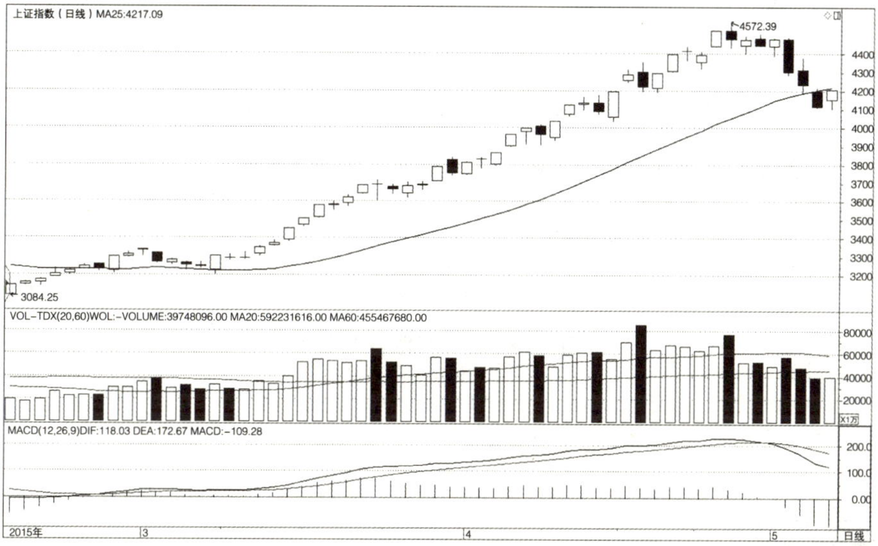

图2-5 上证指数日K线图

如图2-5所示，2015年2月底至4月，上证指数在25日均线以上，明显处于上涨趋势。

如图2-6所示，2016年7月至8月，红阳能源（600758）这段走势就属于一段典型的上涨趋势。

如果均线指标持续下跌，并且股价一直位于均线的下方，每次反弹到均线附近都遇到阻力下跌，就说明市场处于下跌的趋势中。

如图2-7所示，2016年1月至2月初，上证指数在25日均线以下，处于持续的下跌趋势中。

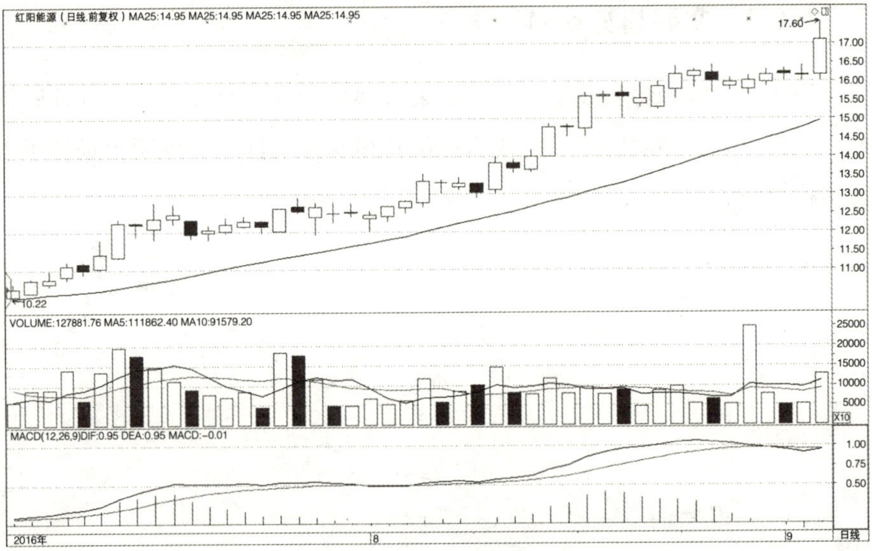

图 2－6　红阳能源日 K 线图

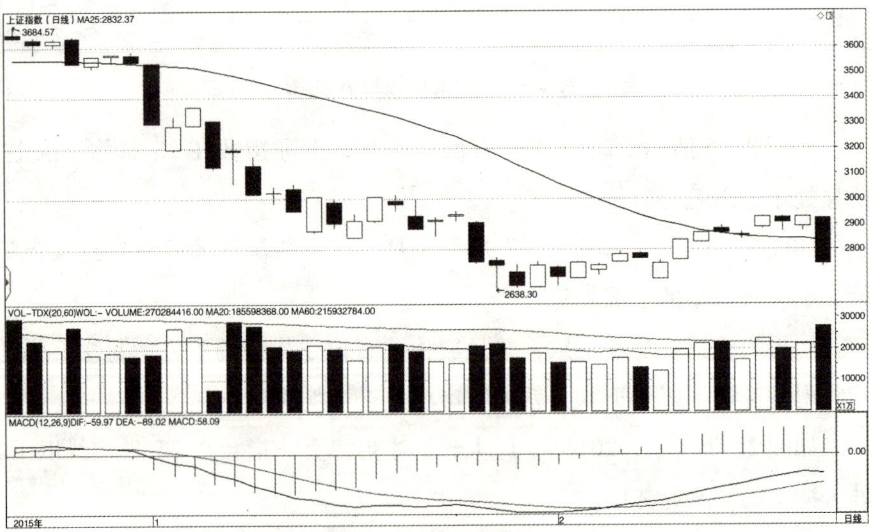

图 2－7　上证指数日 K 线图

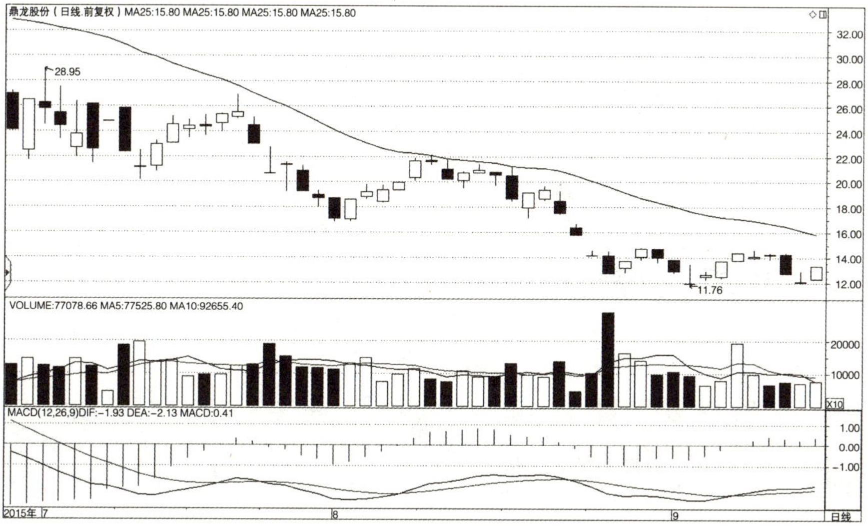

图2－8　鼎龙股份日K线图

如图2－8所示，2015年7月至8月，鼎龙股份（300054）这段走势就属于一段明显的下跌趋势。

把握好股票的上涨趋势和下跌趋势，对我们的实战操作有重要的意义。当股票处于上涨趋势时，每一天股价能够上涨都是大概率的事件，这个过程中我们可以重仓参与股票的买卖交易。相反，如果股价处于持续的下跌趋势中，每一天股价会下跌都是大概率的事件，这个过程中我们一定要注意风险，减少投入市场的仓位。

此外，如果股票由下跌趋势进入上涨趋势，则是我们买入股票的信号。相反，如果股票由上涨趋势进入下跌趋势，则是我们卖出股票的信号。

2.2 寻找短线买卖点

首先我们来看根据均线来进行短线交易，寻找盘中的短线买卖点的方法。这里我们需要用到两条生命线。

2.2.1 一号生命线：EXPMA14

当我们做短线交易时，应该以14日EXPMA线作为一号生命线。

所谓EXPMA，是指利用平滑移动平均算法计算得到的移动平均线。我们可以将它看成是一种均线的变形指标。

所谓“生命线”，是指这条线是股票走势的“生命”。只要走势在这条生命线上方，就是有活力、有生命的；反之，则是没有生气、死气沉沉的。

之所以选择14日EXPMA线，是笔者观察了历史上大量股票走势，总结出来的。在实战中，这条线能对走势形成参照作用，且应用的人不多，不会被主力用来制造陷阱。

在炒股软件的设置里，我们可以将EXPMA设置为副图指标，与美国线走势图叠加在一起，如图2－9所示。

软件中显示的EXPMA指标可能有多条指标线，我们这里只需要让它显示一条，即EXPMA14，因此只要把所有指标线的参数都设成14就可以了，如图2－10所示。

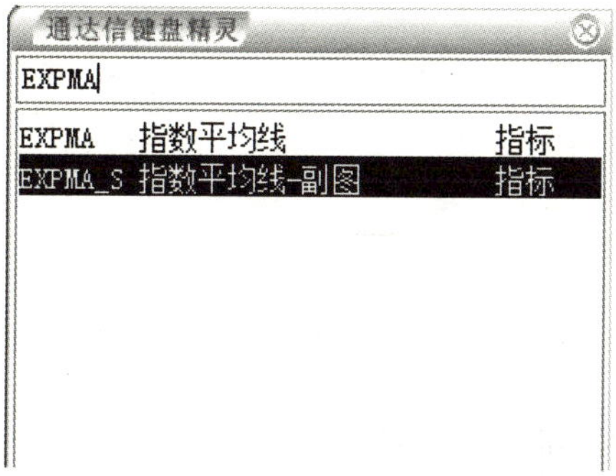

Step1：选择副图EXPMA指标

Step2：选中指标，选择“修改指标公式”

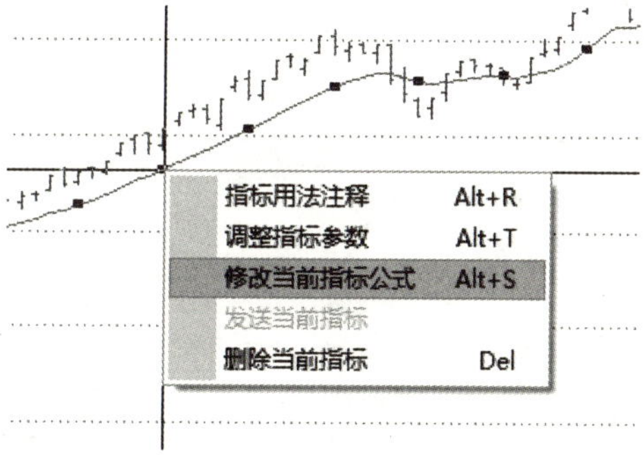

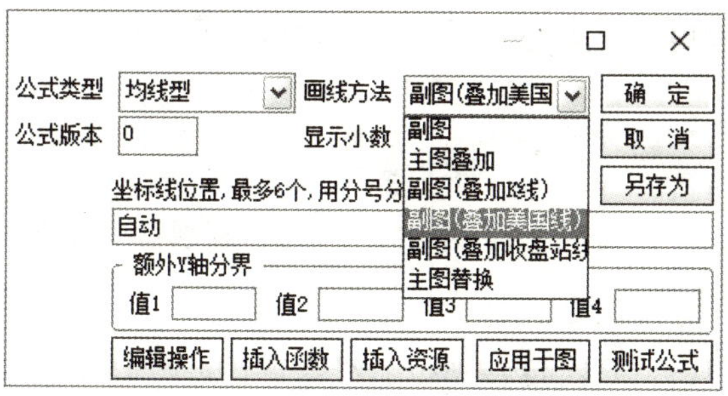

Step3：设置指标与美国线叠加

图 2－9　在副图显示 EXPMA 指标

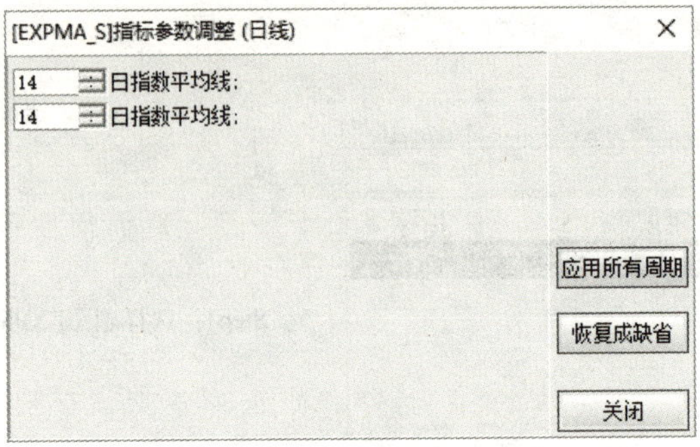

图 2－10　EXPMA 指标参数设置

经过以上设置完成后，我们就可以在走势界面的最下面，看到一号生命线，即 EXPMA14 线，如图 2－11 所示。

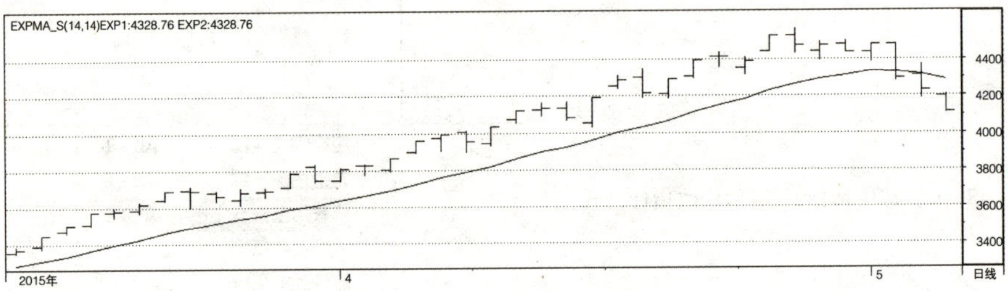

图 2－11　一号生命线：EXPMA14

以上设置方法，是针对通达信软件的。大多数券商提供的免费软件都是以通达信作为内核，因此都适用以上这种设置。如果使用其他软件，设置的方法也是大同小异。

使用生命线时，我们应该谨记八个字：线上低吸，线下高抛。

当股价运行在生命线之上时，每次回落到均线附近获得支撑时都是我们买入股票的时机。

当股价运行在生命线之下时，每次反弹到生命线附近都是我们逢高抛出股票的时机。

2.2.2　二号生命线：25 天均线

为了提高判断的准确性，我们在交易的时候还应该再找出一根二号生命线。在实战交易的过程中，我们应该将这两条线放在一起观察，一旦它们都形成了买入或者卖出的信号，我们就应该积极参与交易。

我们选择的二号生命线是25天均线。在软件中显示25天均线的方法要比EXPMA线简单一些。这是一个主图指标，我们只要在软件里调用指标后设置参数就可以了，如图2－12所示。

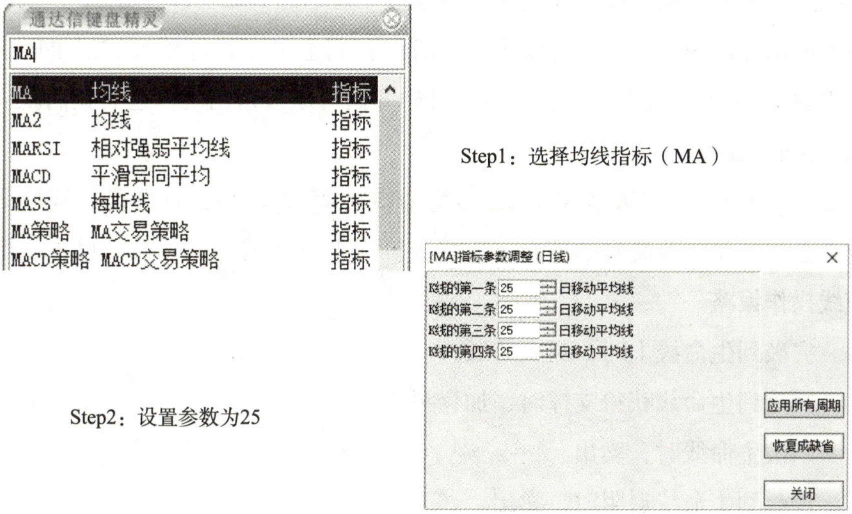

图2－12　设置25天均线

设置完成后，就会在K线走势图里显示一根均线，如图2－13所示。

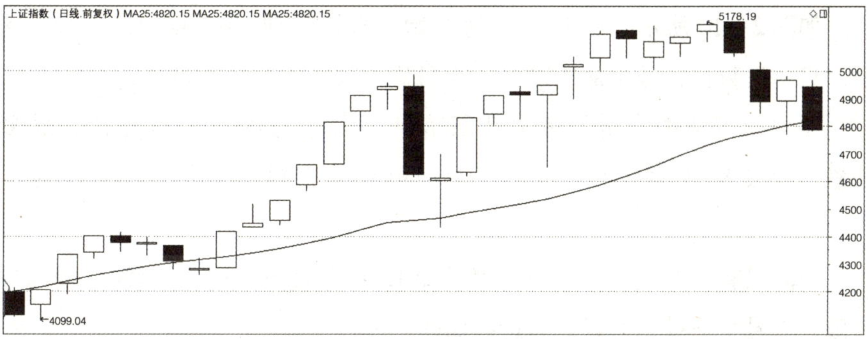

图2－13　二号生命线：25天均线

25是一个非常神奇的数字。《周易》里讲："大衍天数，二十有五。"天阳地阴，单数为阳。如果我们把单数1、3、5、7、9加起来，正好是25。25是我们历史上的宝数。熟悉历史的人应该知道，清朝的乾隆皇帝就藏了25颗玉玺在故宫里，希望清朝能够25代，代代相传。

到了现在的股市上，我们发现25仍然是一个非常神奇的数字。25天均线正好是大机构的操盘周期线。当股价一旦上涨到25天均线以上，就说明大机构开始积极做多拉升股价，这时候我们也可以跟进买入。如果股价下跌到了25天均线以下，就说明大机构开始打压股价出货，这时我们就应该卖出股票。

一号生命线是EXPMA14，二号生命线是25天均线，这两条短线生命线就是我们做短线交易的核心。通过股价与生命线的关系，我们可以制定短线操作策略。

突破到生命线上时，买入持股。

回落到生命线获得支撑时，加仓买入。

跌破生命线时，卖出。

反弹到生命线遇阻时，卖出。

2.2.3 大盘短线走势验证

通过观察上证指数历史上的走势，我们可以发现这两条生命线神奇的地方。

如图2-14所示，从2014年底开始一直持续到2015年中的这段行情中，只要指数在二号生命线以上，我们就可以一直持有股票。

在中间行情中，指数多次都回落到二号生命线上获得支撑，最多跌破一个交易日就马上上涨。每次回落获得支撑时，我们都可以逢低买入。

中间只有一次例外的情况，就是2015年1月30日，股价深度调整后跌破了二号生命线，并且之后持续回落。

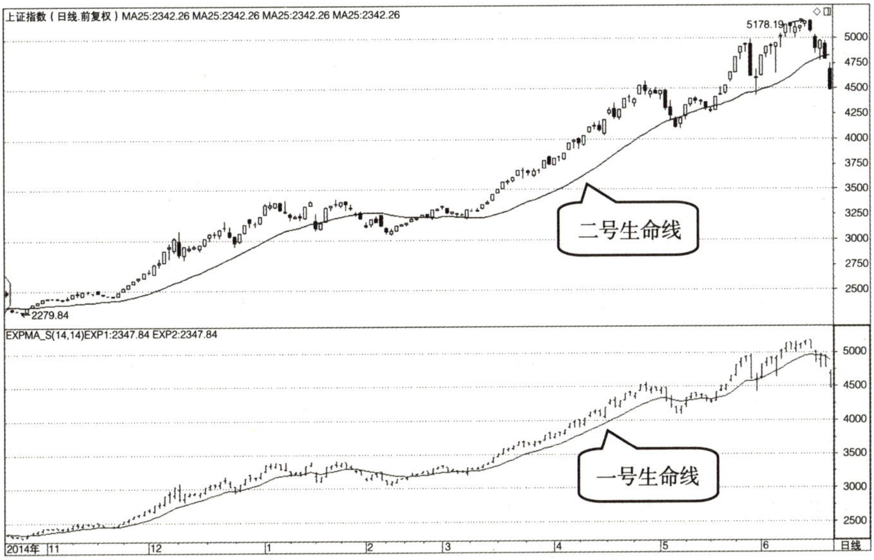

图2-14　上证指数日K线图

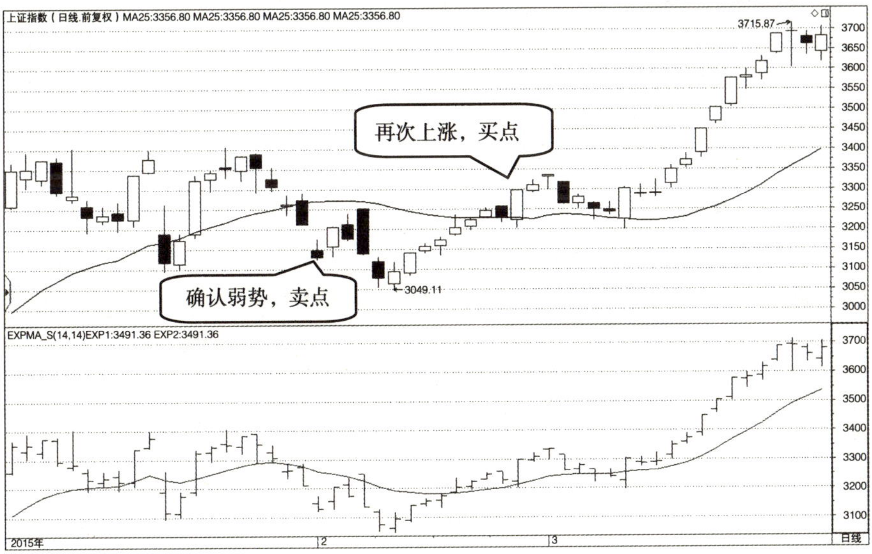

图2-15　上证指数日K线图

如图2-15所示，将这段走势图放大，我们能够看得更清楚一些。2015年1月30日股价跌破生命线后，2月2日继续低开后在底部震荡。这时下面的副图中，股价也已经在一号生命线以下。看到这样的走势，我们有理由相信下跌趋势已经开始，这个时候应该暂时卖出股票，回避风险。

不过随后股价见底后反弹，再次开始上涨。到了2月底，股价重新回到二号生命线以上，并且强势上涨，这个时候我们就可以将卖出的股票再买回来。

通过这段走势，我们可以总结出一个非常重要的操作原则：任何交易方法都有判断失误的时候。当判断失误时，我们应该果断认错并且弥补自己的错误。

就像在这段上涨行情里，股价有5~6次回落到二号生命线位置都获得了支撑，只有这一次形态失败的情况。当我们发现判断错误后，就应该果断将卖出的股票再买回来，否则就会错过随后的一大段上涨幅度。

2.2.4　短线案例一：中国石油（601857）

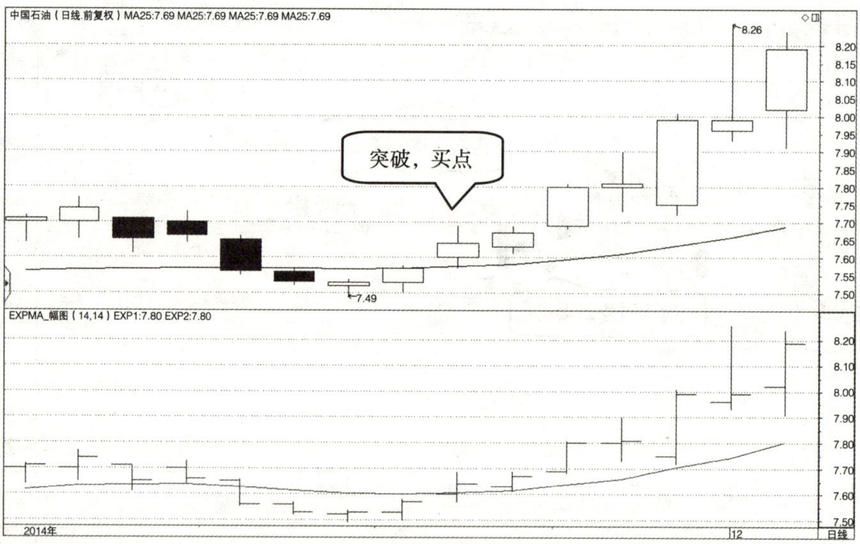

图2-16　中国石油日K线图

如图2-16所示，2014年11月21日（周五），中国石油的收盘价为7.57元，我们发现这一天的二号生命线，MA25的点位正好也是7.57元。

随后一个交易日，即11月24日（周一），中国石油的股价上涨突破了二号生命线，同时在下面的图形里我们也可以看到，这一天股价同样突破了一号生命线。这样的形态就说明行情已经开始上涨，我们可以积极买入股票。

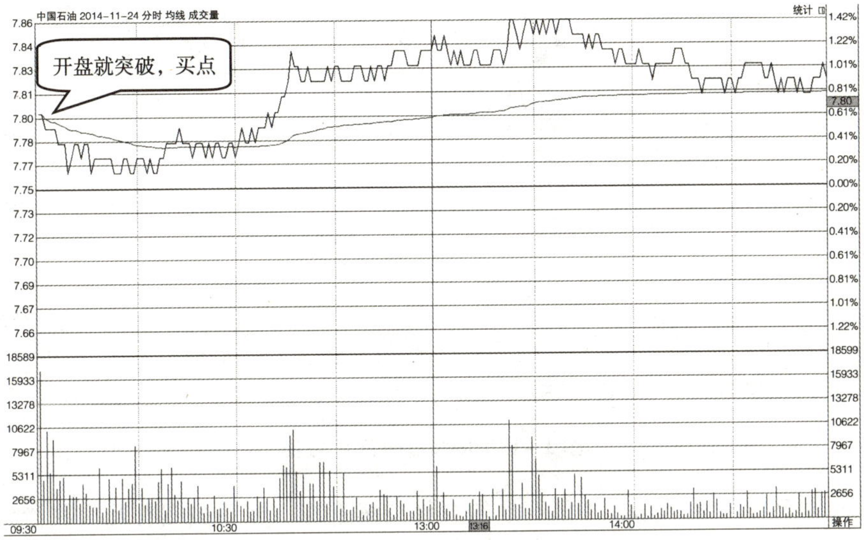

图 2-17　中国石油分时走势图

如图 2-17 所示，11 月 24 日当天，中国石油高开，开盘价就形成了突破。这时我们可以积极买入股票。

从图 2-17 可以看到，这一天刚开盘的时候，开盘价就已经突破了二号生命线，截至收盘时，收盘价也突破了一号生命线。我们就可以在当日收盘前，两个突破都完成的时候买入股票。

在这个案例的买入过程中，有两点需要我们注意：

第一，我们寻找买点和卖点时，要结合两条生命线给出的信号。当两条生命线给出同样的信号时，就是我们交易股票的机会。

第二，我们判断突破或者跌破的形态时，应该观察两个价格，也就是每个交易日的开盘价和收盘价。如果股价开盘时就完成了突破，我们可以在开盘的时候就买入；如果收盘前确认收盘价完成突破，我们就可以赶在收盘前完成交易。除了开盘价和收盘价外，整个股价在盘中交易时段的涨跌对我们并没有太大的参考价值。

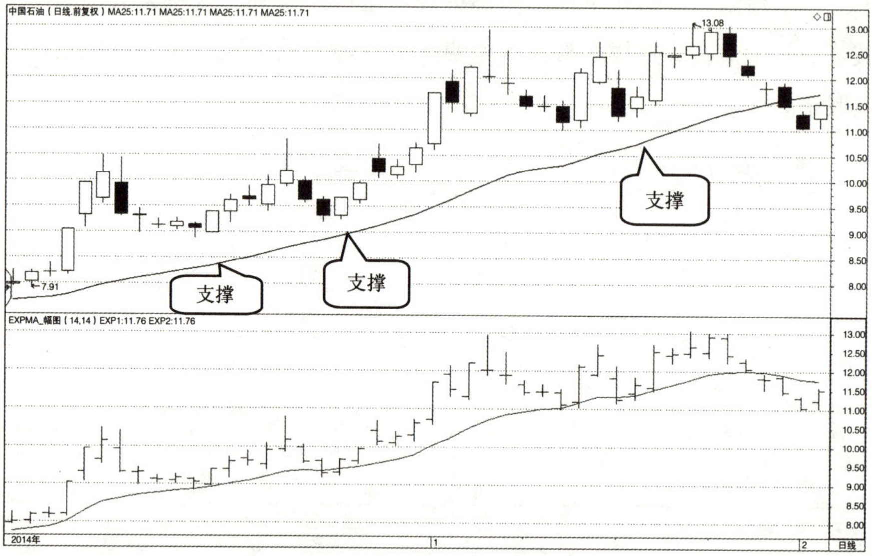

图 2－18　中国石油日 K 线图

如图 2－18 所示，中国石油的股价持续上涨，随后虽然有几次收盘价跌破了一号生命线，不过二号生命线并没有被跌破。这个过程中我们就可以耐心地持有股票，等待行情继续上涨。

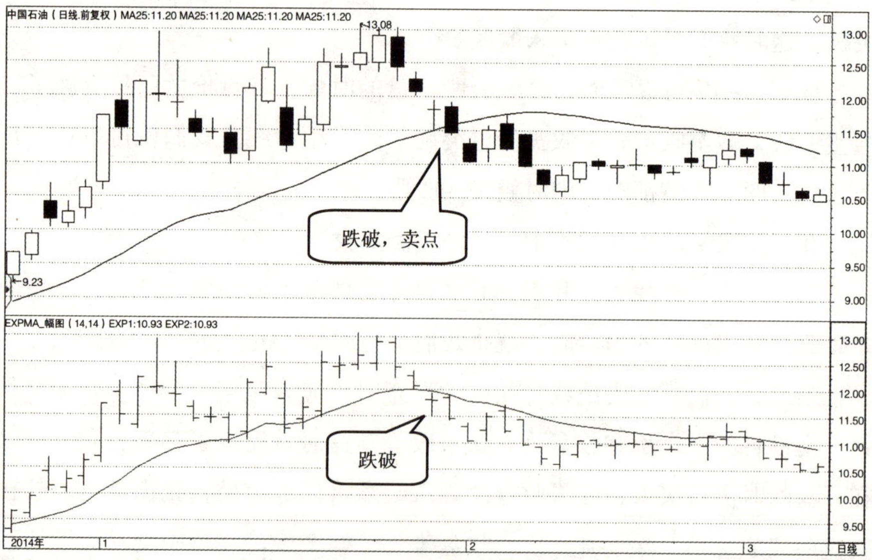

图 2－19　中国石油日 K 线图

如图2－19所示，2015年1月29日，中国石油的开盘价就已经跌破了一号生命线，并且这个交易日收盘时股价都没能向上突破一号生命线。这就是行情开始走弱的一个警示信号。不过这个交易日股价没有跌破二号生命线，我们可以继续持有股票。

1月30日，股价继续下跌，收盘价跌破了二号生命线。这个交易日收盘之前，我们就应该将手中的股票卖出，回避风险。

从图中我们还可以看到，股价跌破二号生命线以后，还有一个反抽的走势。股价反抽到二号生命线就遇阻下跌。这一天股价上涨的最高价是11.74元，二号生命线的点位是11.75元。我们可以看到二者之间只差了一分钱。这个指标的信号相当标准。

这种跌破后反抽的走势可以看成是一种对于下跌趋势的进一步确认。看到这一天股价上涨遇阻的时候，我们如果手里还有股票，就应该尽快卖出。

2.2.5 短线案例二：亚星锚链（601890）

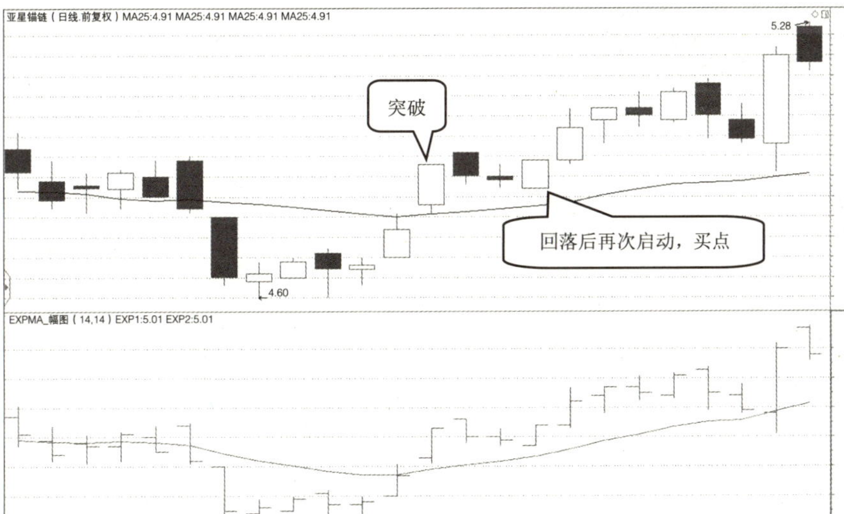

图2－20 亚星锚链日K线图

如图 2－20 所示，2015 年 2 月 16 日，亚星锚链（601890）股价高开后高走。这一天的开盘价已经对一号生命线和二号生命线都形成了突破，随后股价又大幅上涨。因为这个交易日的开盘价已经形成了突破，所以我们可以在开盘阶段就买入股票。等到了收盘的时候，因为股价已经很高，如果还没有买入的话，就不用再追高买入。

这里需要注意的技巧是，在根据生命线买入股票的时候，我们可以沿着生命线来买入。如果股价已经在生命线上方大幅上涨，我们就先不要追高买入。在随后的行情中，股价会沿着生命线上涨，回落到生命线附近获得支撑。每次股价回落到生命线附近获得支撑继续上涨时，都是我们买入股票的时机。

从图中可以看到，2 月 26 日，股价回落到生命线附近获得支撑继续上涨。这个时候我们就可以积极买入股票。

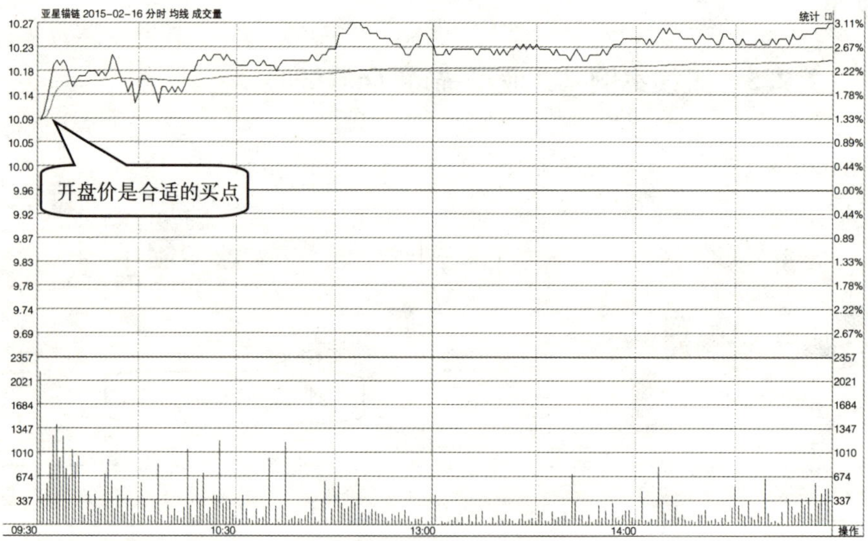

图 2－21　亚星锚链分时走势图

如图 2－21 所示，2 月 16 日这天的开盘价是一个合适的买点。开盘后股价快速冲高，等上涨至高位后已经不适宜再追高买入了。

如图 2－22 所示，2 月 26 日，股价开盘后震荡回落，当回到 K 线图里的生命线附近时，获得支撑上涨，并且在上午收盘前被持续向上拉升。这

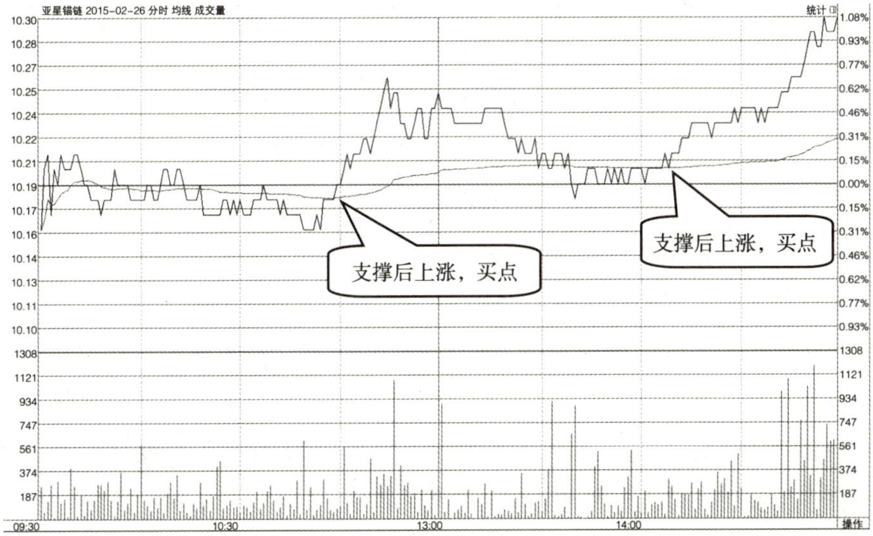

图 2－22　亚星锚链分时走势图

个时候是一个买入股票的时机。当天下午，股价再次回落后获得支撑，又被持续向上拉升。这时就是另一个逢低买入股票的机会。

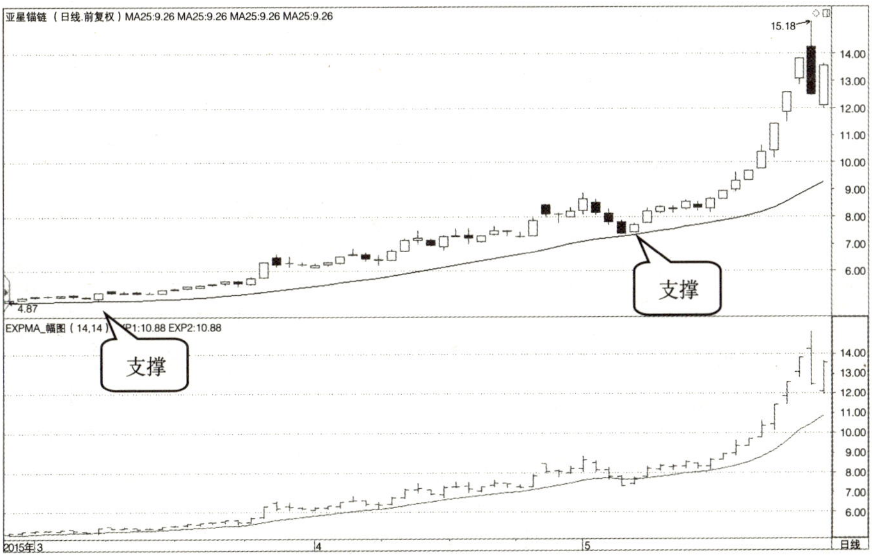

图 2－23　亚星锚链日 K 线图

如图 2－23 所示，随后的行情中，股价沿着两条生命线上方持续上涨。这中间值得我们注意的行情有两次。

第一次是 3 月 9 日。这一天股价低开，开盘价下跌到了 4.98 元，同时一号生命线 EXPMA 这一天的点位是 4.99 元。两者只相差一分钱。这一天盘中，股价最低下跌到了 4.91 元，同时二号生命线 MA25 的点位是 4.90 元。两者同样只相差一分钱。从这一日的走势我们就能再次验证，这两条生命线是非常有效的操盘线。

第二次是 5 月 7 日和 8 日，股价回落后反弹。其实截至 5 月 7 日，股价已经连续三日下跌，形成了三只乌鸦的 K 线组合。不过这一日股票的收盘价是 7.34 元，二号生命线 MA25 的点位是 7.27 元。股价没有跌破二号生命线，我们可以继续持股待涨。随后一日，股价就开始触底反弹。从随后的走势中我们可以看出，庄家连续打压股价的目的很明显是要在高位诱骗散户卖出，进行洗盘的操作。我们根据生命线继续持股，可以有效避免落入庄家的陷阱。

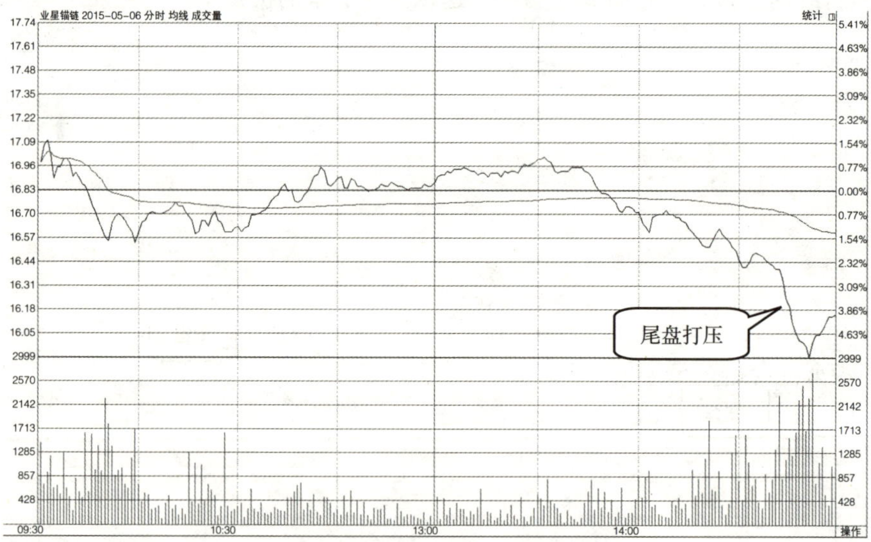

图 2－24　亚星锚链分时走势图

如图 2－24 所示，该图是 5 月 6 日，三只乌鸦中间那个交易日的分时走势图。从该图可以看出，股价在尾盘阶段被快速向下打压，明显是庄家打压股价进行洗盘的迹象。

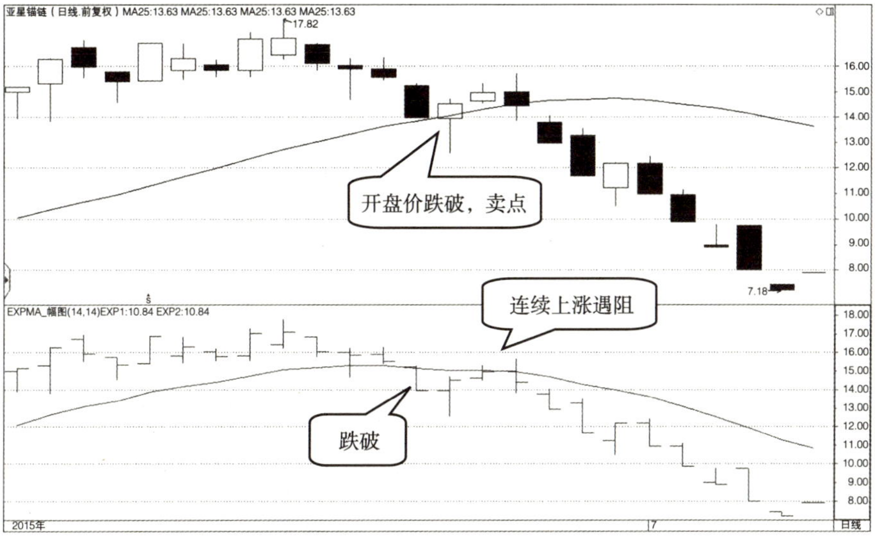

图 2－25　亚星锚链日 K 线图

如图 2－25 所示，股价上涨到高位以后，到 6 月 19 日（周五），收盘价跌破了一号生命线。不过这时收盘价还在二号生命线以上，我们可以继续持有股票。

随后一日，即 6 月 23 日（周二，周一股票停牌），股价低开，开盘价已经跌破了二号生命线。这就说明行情已经走弱，这个时候我们应该卖出股票。

6 月 24 日和 25 日，股价又连续两日反弹。不过 24 日的阳线收盘价为 14. 97 元，这一日一号生命线的值为 15. 05 元。24 日阴线的开盘价为 14. 99 元，一号生命线的值为 14. 96 元。连续两日股价都在一号生命线上遇阻，也验证了行情开始持续走弱的信号。看到这样的信号得到确认，我们就应该尽快卖出手中的股票，结束这次交易。

如图 2－26 所示，6 月 23 日的开盘价就跌破了两条生命线，开盘后股价还持续下跌。这个开盘阶段就是我们卖出股票的时机。

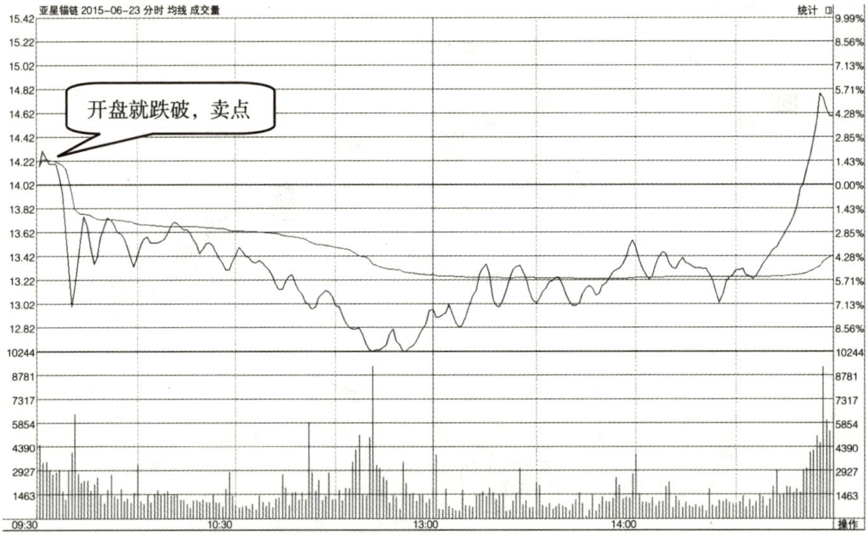

图 2－26　亚星锚链分时走势图

2.2.6　短线案例三：特力 A（000025）

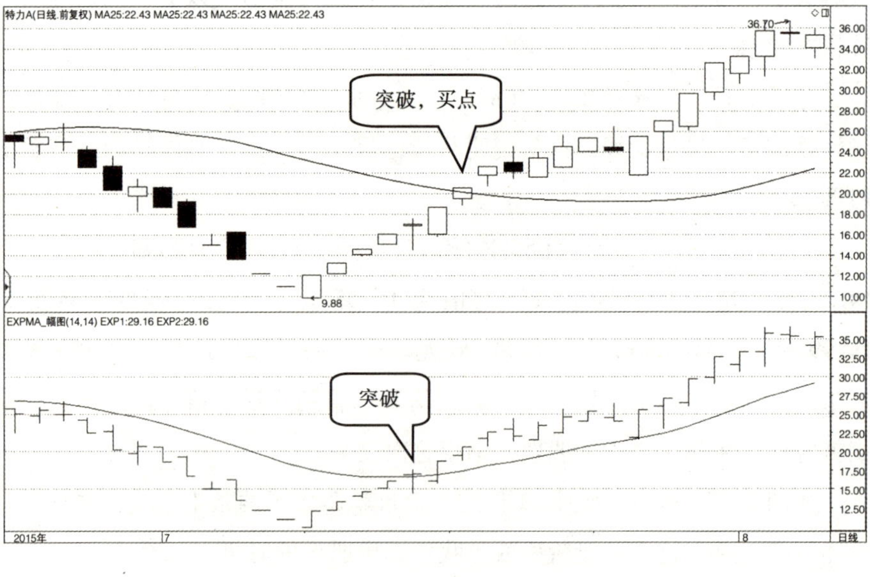

图 2－27　特力 A 日 K 线图

如图2－27所示，2015年7月15日，特力A自底部反弹的过程中，股价对一号生命线形成了突破。不过这时二号生命线还在较高的位置上，我们应该保持观望。

随后股价在一号生命线以上持续上涨。17日，对二号生命线也形成了突破。这样的形态就是行情开始走强的标志。看到这个信号以后，我们可以积极买入股票。

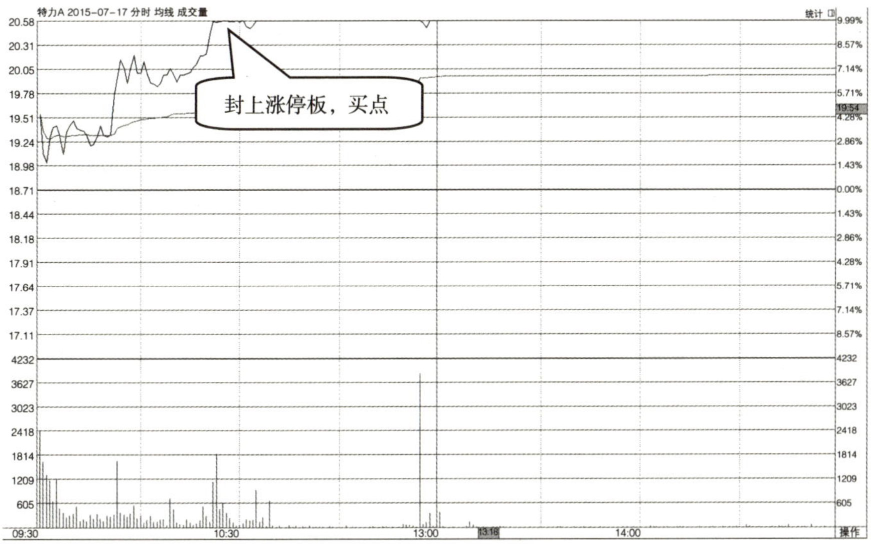

图2－28 特力A分时走势图

如图2－28所示，7月17日，特力A开盘后很快就被封上了涨停板。这个时候股价已经突破了生命线，我们可以积极买进。因为下午有开板的机会，所以这一日只要是挂在涨停板上，肯定能够买进。如果当日盘中没有买进的话，也可以等到下一个交易日开盘阶段，果断买进股票。

如图2－29所示，之后该股股价持续上涨。7月28日，股价大幅低开。这天的开盘价是21.81元，一号生命线EXPMA的值为21.72元。股价正好在生命线上获得了支撑。

进入8月中旬以后，股价开始见顶回落。8月21日（周五），股价跌破了一号生命线。这是行情即将下跌的警示信号。8月25日（周二），股

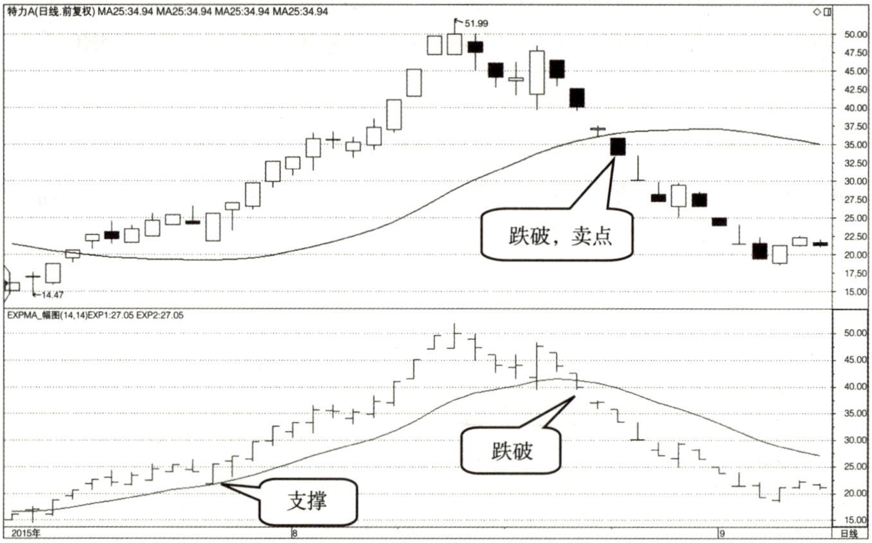

图 2－29　特力 A 日 K 线图

价跌破了二号生命线。这是行情已经完全走弱的信号。此时我们应该卖出手中的股票，回避风险。

图 2－30　特力 A 分时走势图

如图2-30所示，2015年8月25日股价大幅低开时，开盘价已经跌破了生命线。这时我们就应该果断卖出股票。这一日股价虽然跌停了，不过盘中跌停板多次打卡，只要果断卖出肯定能够卖掉。而且这一日卖出的话，虽然损失了一定利润空间，却可以有效防止亏损幅度进一步扩大。

生命线只是表示行情走势强弱的指标。我们看到股价跌破生命线后，可以确定行情已经走弱，应该卖出股票。不过这种行情的变弱可能只是短暂的行情。经过一段时间调整后，行情可能再次走强。当我们发现已经变弱的行情再次走强时，可以将已经卖出的股票再次买回。特力A就是这样的案例。

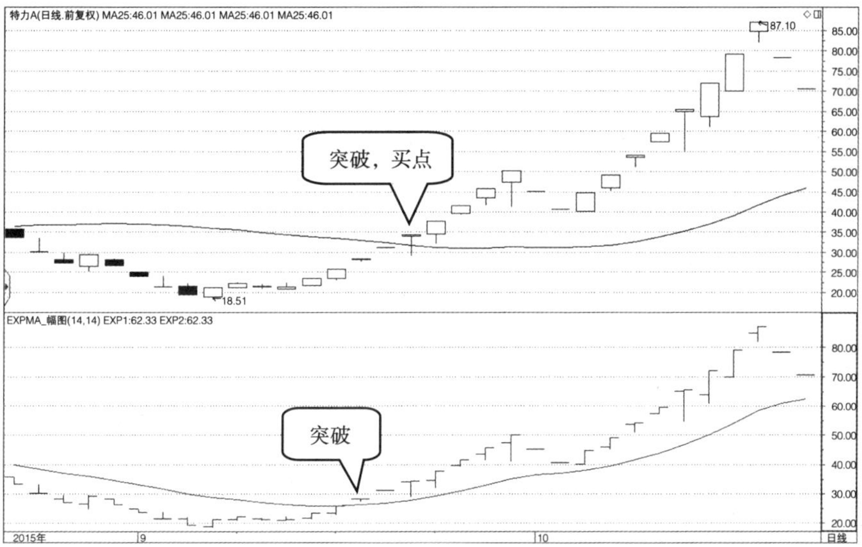

图2-31 特力A日K线图

如图2-31所示，特力A的股价经过调整后见底反弹。9月16日，股价已经突破了一号生命线。18日，股价也对二号生命线形成了突破。这个时候，我们就可以积极买入股票。

如图2-32所示，9月18日的开盘价已经突破了生命线。这一日开盘阶段我们就可以买进股票。随后股价大幅震荡，是庄家的洗盘行为，我们可以不用理会。因为在我们的交易系统里，只需要关注开盘价和收盘价两个位置。盘中剧烈的波动受到庄家影响太大，不是我们需要考虑的内容。

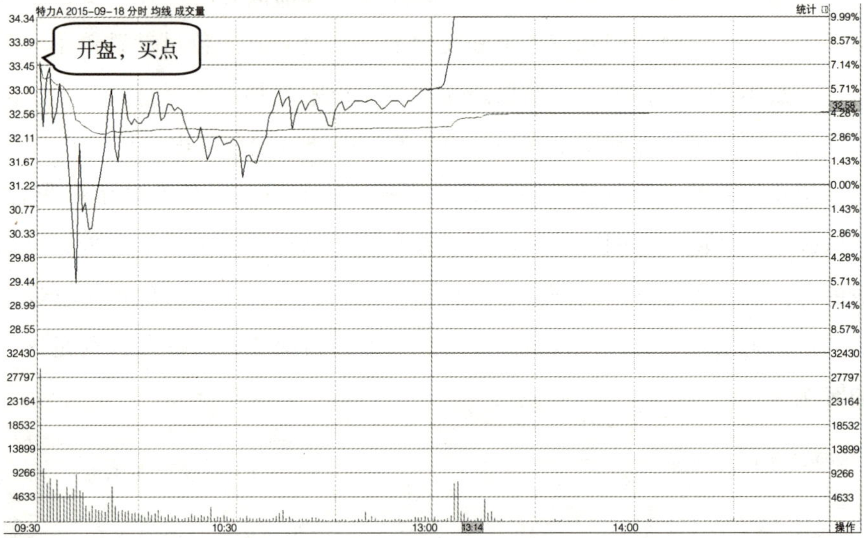

图 2－32　特力 A 分时走势图

当日下午，股价被强势拉升至涨停板上。

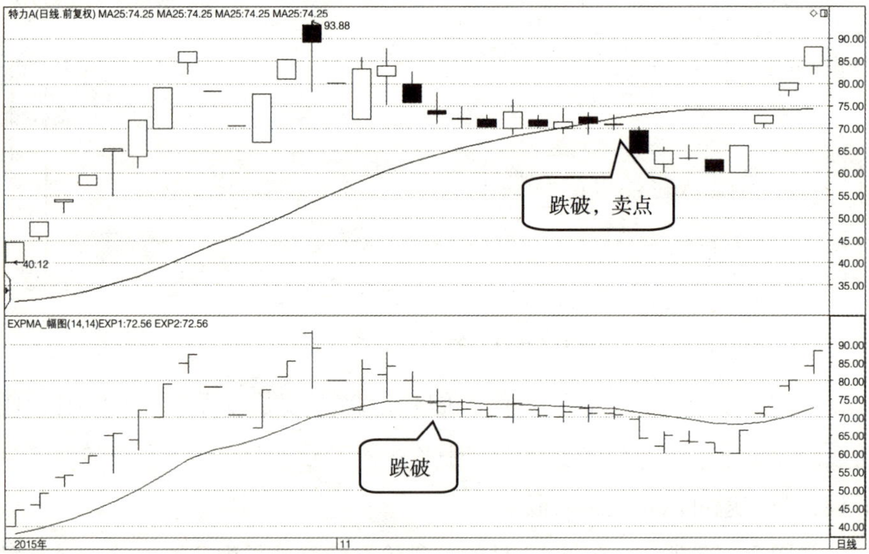

图 2－33　特力 A 日 K 线图

如图 2－33 所示，股价持续上涨至高位后，开始见顶回落。11 月 6 日，股价已经跌破了一号生命线。之后股价一直在高位横盘整理，中间多次遇到了一号生命线的阻力，又获得了二号生命线的支撑。到了11月17日，当股价跌破二号生命线时，标志着行情已经走弱。这时我们就应该卖出手中的股票。

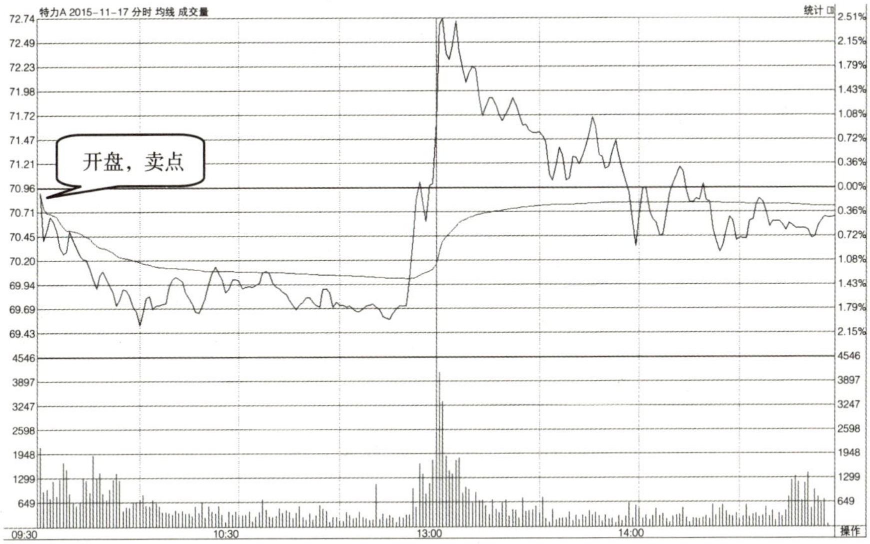

图2-34 特力A分时走势图

如图2-34所示，11月17日的开盘价已经跌破了二号生命线。这个时候是我们卖出股票的时机。虽然当日盘中股价被快速向上拉升，不过到下午收盘前就被打压回原形。这种中午收盘前的快速拉升也是庄家在盘中常用的诱多手法，就是要吸引散户投资者误认为行情还要上涨，纷纷买进股票，庄家好在下午大量抛售股票完成出货操作。我们根据自己的分析方法，看到开盘价已经在生命线以下，就果断卖出股票，可以有效避免这种盘中行情的快速波动。

2.2.7 短线案例四：东方财富（300059）

如图2-35所示，2014年7月底，东方财富（300059）股价短暂突破一号生命线。在这个过程中，二号生命线一直对股价形成很强的阻力作用。所以看到这样的形态时，我们最好保持观望。

直到8月5日，该股的收盘价同时突破了一号生命线和二号生命线。

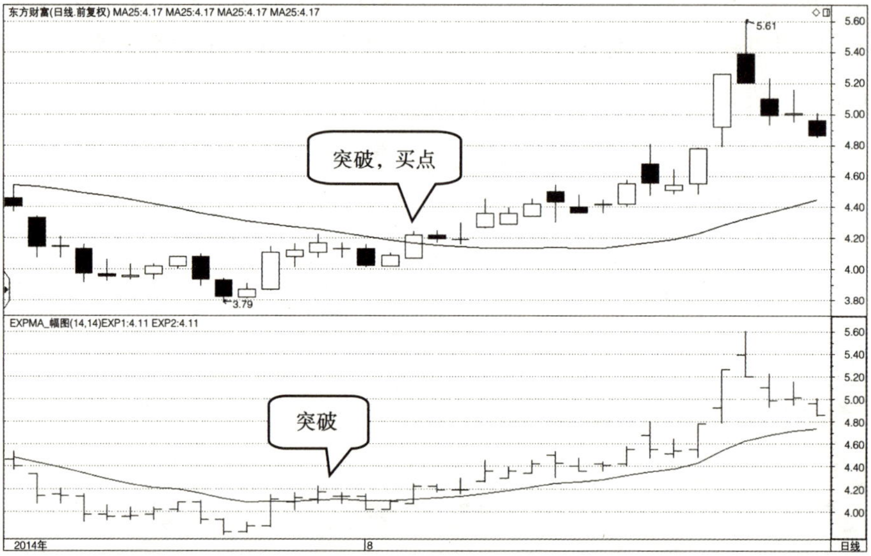

图 2-35　东方财富日 K 线图

这就是一个很强的看涨买入信号。随后一日股价继续在两条生命线上方整理。这时我们就可以积极买入股票。

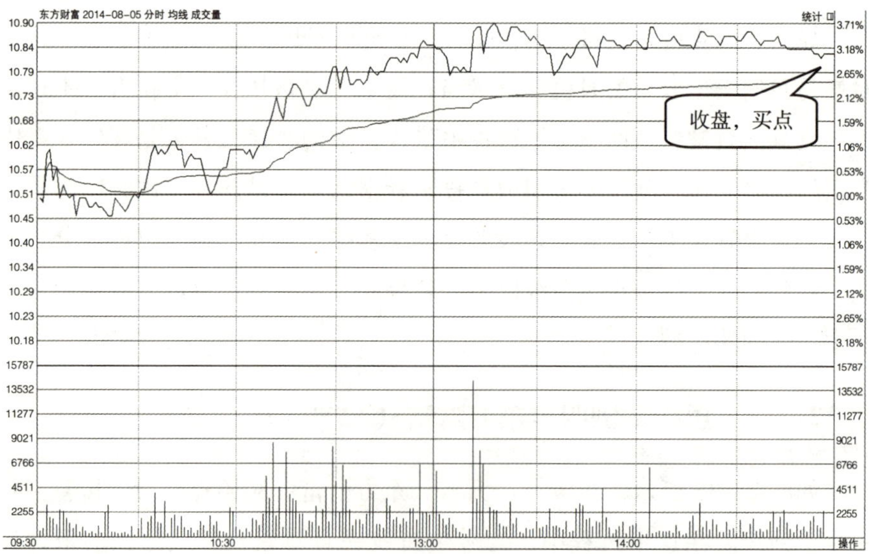

图 2-36　东方财富分时走势图

如图 2－36 所示，8 月 5 日，东方财富盘中持续上涨，收盘前已经站稳了二号生命线以上。因为这是一只深圳上市的股票，有收盘前的集合竞价过程，所以我们可以在收盘前的集合竞价阶段挂高价积极买进股票。

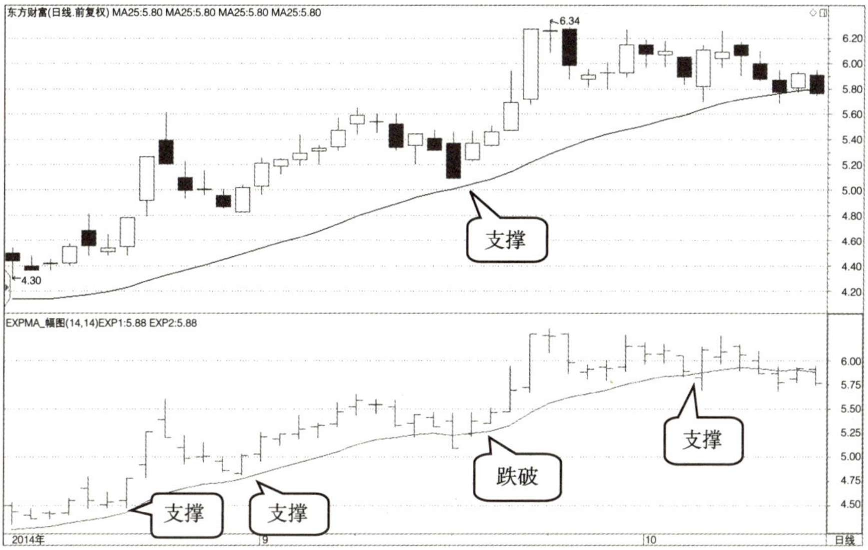

图 2－37 东方财富日 K 线图

如图 2－37 所示，随后该股股价沿着两条生命线持续上涨。多次股价回落时，都在一号生命线上获得了支撑。中间也有一次股价跌破了一号生命线，不过在二号生命线上获得支撑。这个时候我们可以继续持有股票。

如图 2－38 所示，10 月 16 日，股价再次跌破一号生命线。21 日股价又跌破二号生命线。这时我们就应该将手中的股票卖出。不过这之后几个交易日，股价就开始触底反弹。到了 10 月 27 日，股价强势上涨，同时突破了一号生命线和二号生命线。这个时候我们就可以积极买入股票。

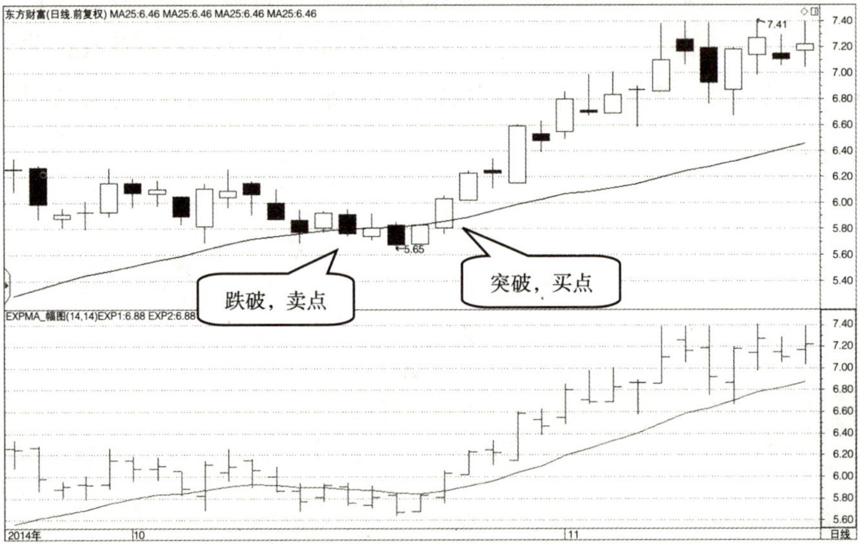

图 2 - 38　东方财富日 K 线图

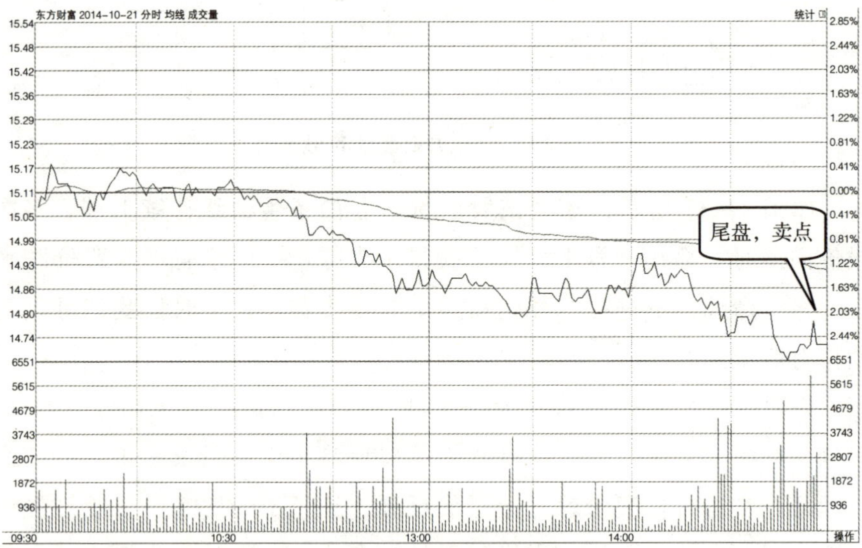

图 2 - 39　东方财富分时走势图

如图 2 - 39 所示，10 月 21 日尾盘阶段，股价经过一日的下跌后已经跌破了二号生命线，虽然有小幅反弹，但是重新回到二号生命线以上几乎没有希望。这个时候我们就应该卖掉手里的股票。

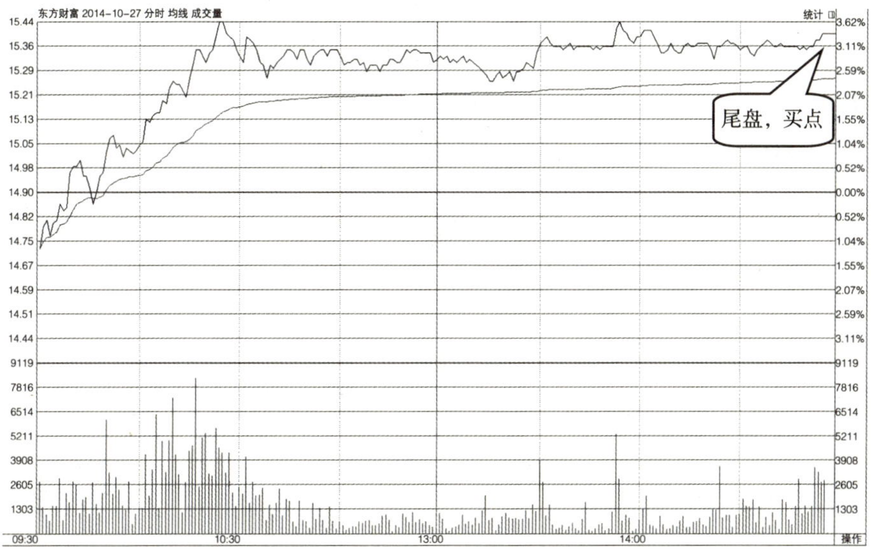

图 2-40　东方财富分时走势图

如图 2-40 所示，10 月 27 日开盘以后，股价持续上涨。从上午 10:30 开始，股价就在高位持续窄幅震荡。这显示了庄家对股价牢牢的控制能力。到这一日尾盘时，股价已经站稳，我们可以在集合竞价之前就积极买进股票。

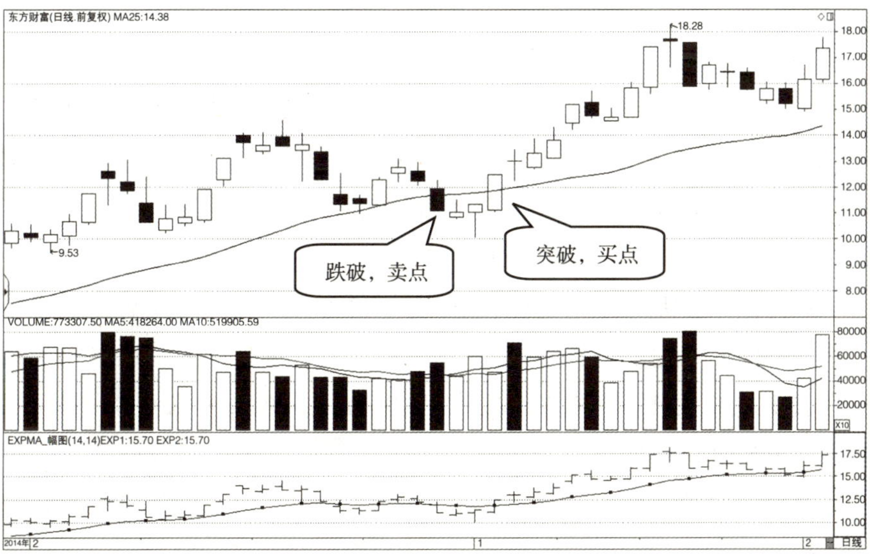

图 2-41　东方财富日 K 线图

如图2－41所示，12月底，再次出现了一次类似的行情。12月30日，当股价同时跌破一号生命线和二号生命线时，我们应该卖出手中的股票。2015年1月6日，当股价强势上涨，同时对两条生命线形成突破时，我们就可以将已经卖出的股票买回，继续持有。

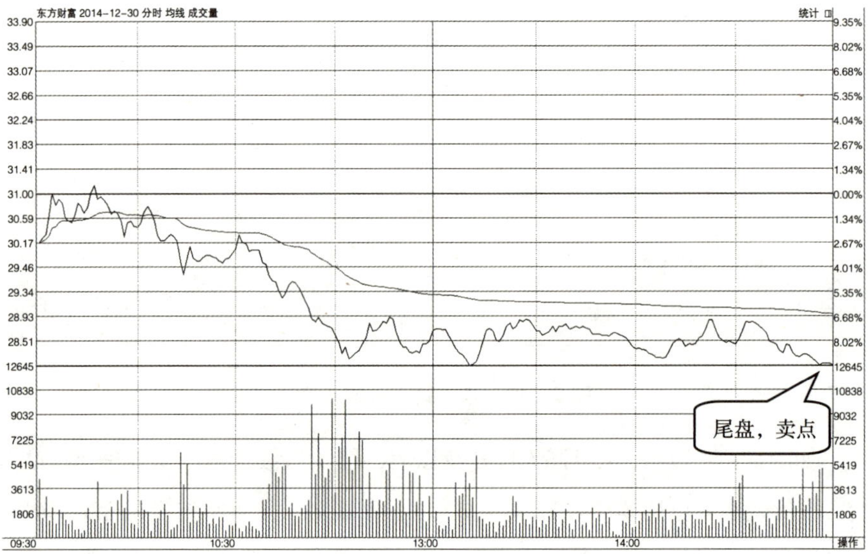

图2－42　东方财富分时走势图

如图2－42所示，12月30日的开盘价是在二号生命线以上的。不过这天盘中股价持续下跌，跌破了生命线。上午收盘前，股价已经开始在底部持续震荡。根据我们的操盘原则，只考虑开盘价和收盘价，所以这个时候盘中，我们可以继续持股。等到尾盘时，股价已经确定在二号生命线以下。这个时候我们就该把手里的股票卖出。

如图2－43所示，1月6日上午，股价上午迅速冲高后曾经突破了二号生命线，不过随后连续上涨遇阻，形成了回落。上午收盘前，股价终于被强势拉升，不仅突破了二号生命线，并且上涨至涨停价位，这一日尾盘时，我们可以积极挂单买入，不过买入的可能性不大。如果没能买入的话，也可以等到下个交易日开盘集合竞价阶段就积极挂高价买入。

通过这样两个图例我们就可以知道，任何技术指标都不可能100%正

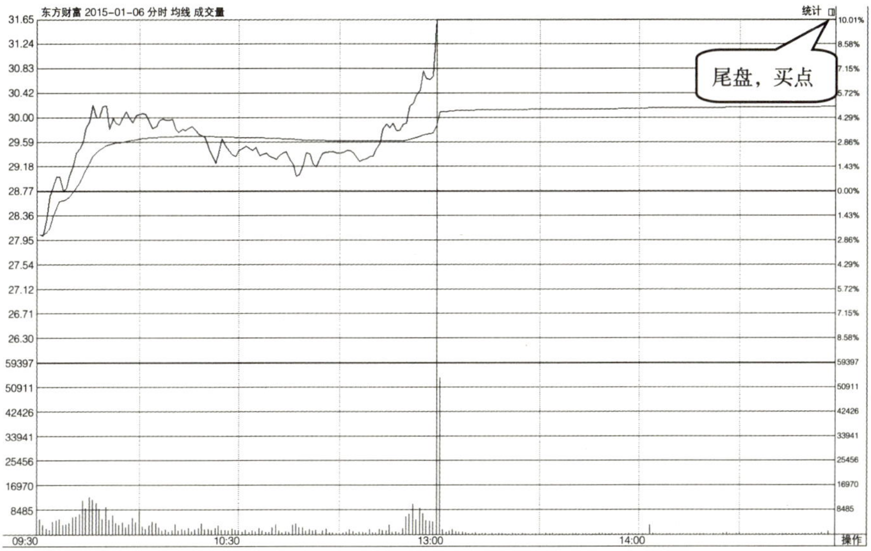

图2-43　东方财富分时走势图

确，我们使用的两条生命线也是一样。这两条生命线可能在高位给我们一个错误的卖出信号，让我们卖出股票，随后股价又持续上涨。面对这样的错误信号，我们只需要在卖出信号出现的时候跟着信号将股票卖出，等到股价继续上涨，买入信号出现的时候再将股票买回来就可以了。通过这个案例可以发现，我们的卖出价格与买回价格之间并没有太大差距。也就是说，我们通过这样的卖出和买入操作，一方面可以充分回避风险，另一方面也不会损失太大的利润空间。

如图2-44所示，2015年5月28日，股价下跌后跌破了两条生命线。这时我们应该将手中的股票卖出。两个交易日后，股价上涨，突破了两条生命线，这个时候我们就应该将卖出的股票再买回。

6月15日，股价再次大幅下跌，跌破了两条生命线，这个时候我们应该将手中的股票卖出。随后股价又形成了小幅的反抽行情。当反抽到生命线附近时遇阻回落。随后行情持续下跌，相当长一段时间内都没有再形成买点。

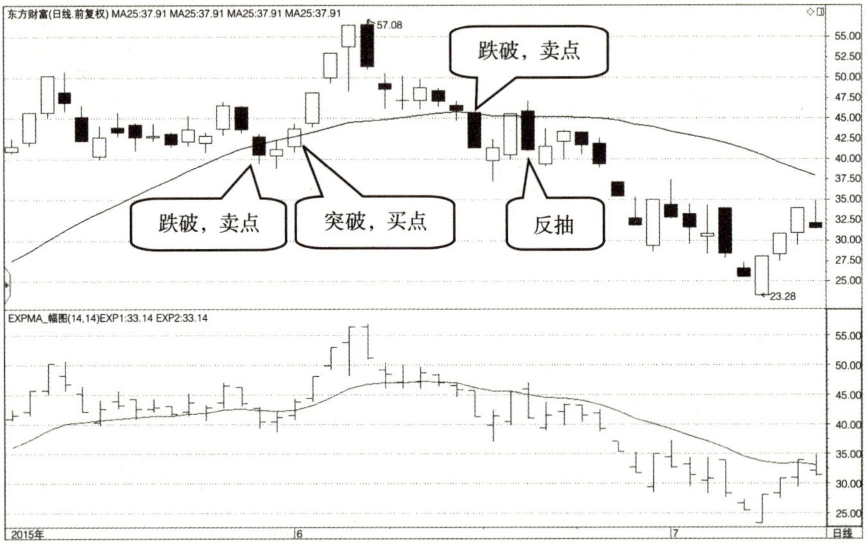

图 2-44　东方财富日 K 线图

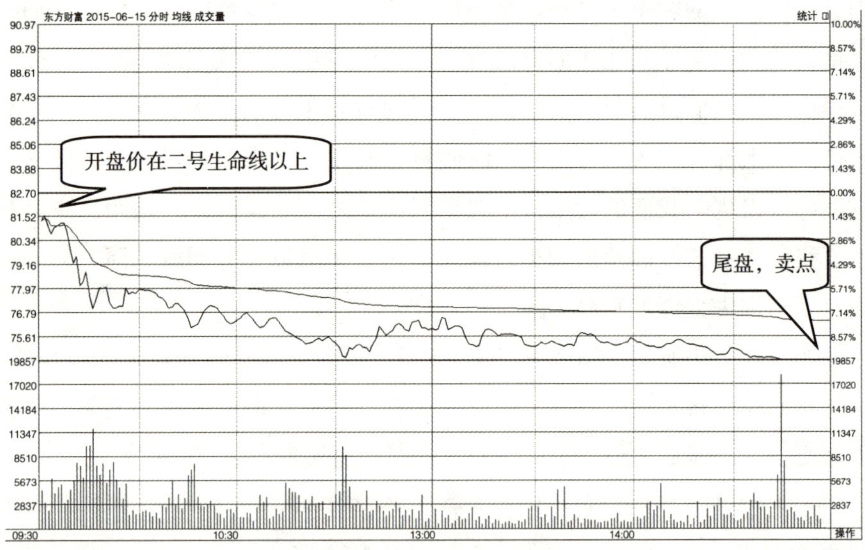

图 2-45　东方财富分时走势图

如图 2-45 所示，6 月 15 日的开盘价跌破了一号生命线，不过还在二号生命线以上，这个时候我们可以继续持股。随后股价持续下跌，很快就跌破了二号生命线，并且一路下跌。截至收盘之前，股价已经被封在了跌停板上。这个时候我们就应该尽快挂跌停价卖出手里的股票。因为当日跌停封板不牢，只要挂跌停价就很有可能卖出。就算这一日收盘前没有卖掉股票，我们也应该等到下个交易日开盘就果断挂低价卖掉手里的股票。

2.2.8 短线案例五：中金黄金（600489）

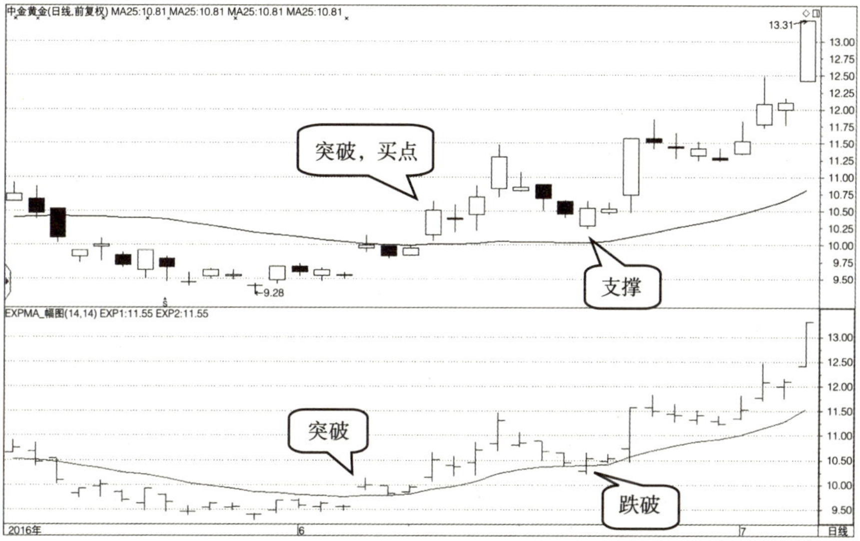

图2-46 中金黄金日K线图

如图2-46所示，2016年6月6日，中金黄金股价对一号生命线形成了有效的突破。不过这一日股价上涨遇到了二号生命线的阻力。这个交易日的收盘价为9.99元，二号生命线为10.02元，相差3分钱。

到了之后两个交易日，股价在高位横盘整理，连续又遇到了二号生命线的阻力。不过从下方可以看到，一号生命线此时对股价上涨起到了很强的支撑力量。这是行情正在走强的标志。

6月13日，股价强势上涨，开盘价就突破了二号生命线。这个交易日开盘后，我们可以积极买入股票。

随后该股开始持续上涨，多次回落都获得生命线的支撑。6月22

日，开盘价虽然跌破了一号生命线，不过仍然在二号生命线以上，并且随后盘中股价持续上涨，回到一号生命线上方。这时我们可以继续持股待涨。

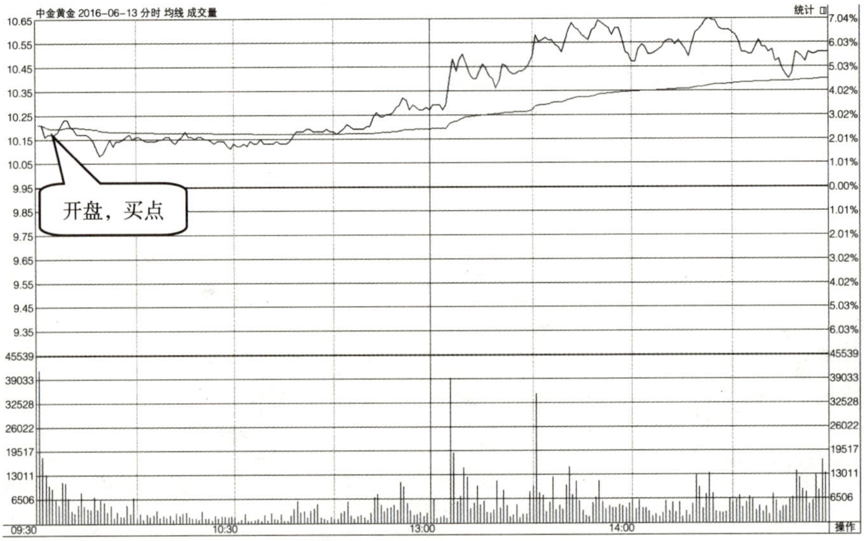

图 2－47　中金黄金分时走势图

如图 2－47 所示，6 月 13 日开盘阶段，股价就已经突破了二号生命线。这一日开盘后，我们可以积极买入股票。随后股价持续横盘整理，并且在上午收盘前开始被快速向上拉升。我们在开盘阶段买入，基本上买在了当日的最低价上。

如图 2－48 所示，该股持续上涨一段时间后，到 7 月中旬，股价开始见顶回落。7 月 22 日，股价跌破了一号生命线。这是行情正在走弱的警示信号。之后股价开始在一号生命线附近持续横盘，并且多次获得二号生命线的支撑。

8 月 4 日，股价大幅低开，开盘价跌破了二号生命线，并且这一日股价涨幅很小，收盘价也没能回到二号生命线以上。这就是行情开始走弱的标志。此时我们应该尽快卖出手中的股票。

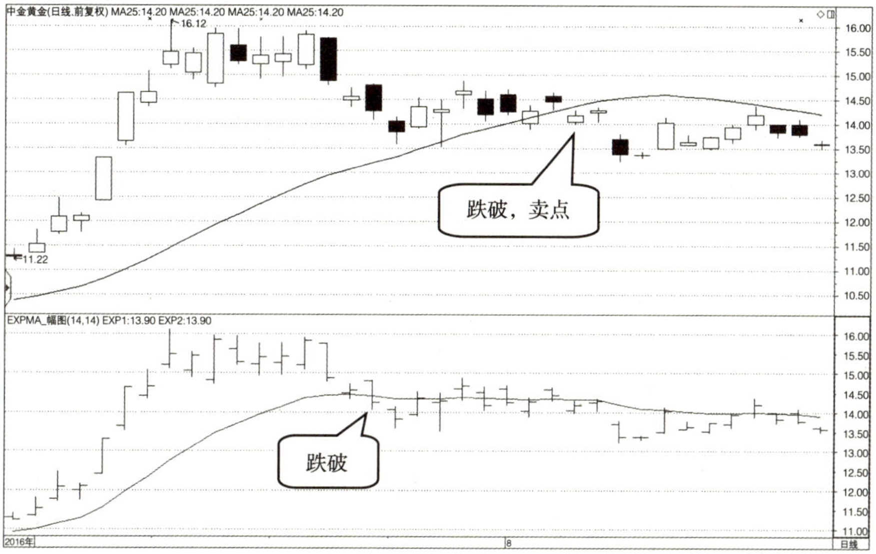

图2-48　中金黄金日K线图

图2-49　中金黄金分时走势图

如图2-49所示，8月4日，股价大幅低开。这一日开盘就是我们卖出股票的时机。

2.2.9 短线案例六：贵州茅台（600519）

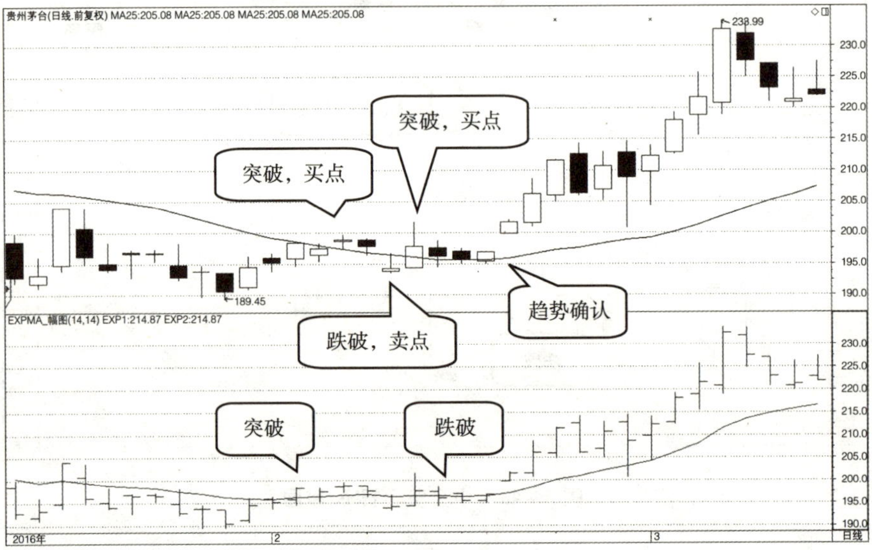

图 2-50 贵州茅台日 K 线图

如图 2-50 所示，2016 年 2 月 2 日，贵州茅台股价突破一号生命线。两个交易日后，股价又突破了二号生命线。这时我们可以买入股票。不过又过了两个交易日后，股价低开低走，同时跌破了两条生命线。这说明行情走弱。这时我们应该卖出手中的股票止损。

随后到 2 月 16 日，股价再次上涨，对两条生命线形成了突破的走势。这时我们可以再买入股票。随后两日，股价持续回落，跌破了一号生命线，不过二号生命线对股价形成了有效的支撑力量。这是一个危险的信号，我们应该保持警惕。

直到 2 月 19 日，股价再次上涨，收盘价突破了一号生命线。这是对于上涨行情的进一步确认。这个时候，我们可以积极加仓买入股票。

如图 2-51 所示，2 月 16 日，贵州茅台股价冲高后持续回落。虽然回落的幅度很大，不过截至收盘前股价还是牢牢站在了二号生命线以上。这个时候我们就可以积极买进股票。因为贵州茅台是上海交易所的股票，没有收盘的集合竞价，我们只要在收盘前 3～5 分钟挂单买

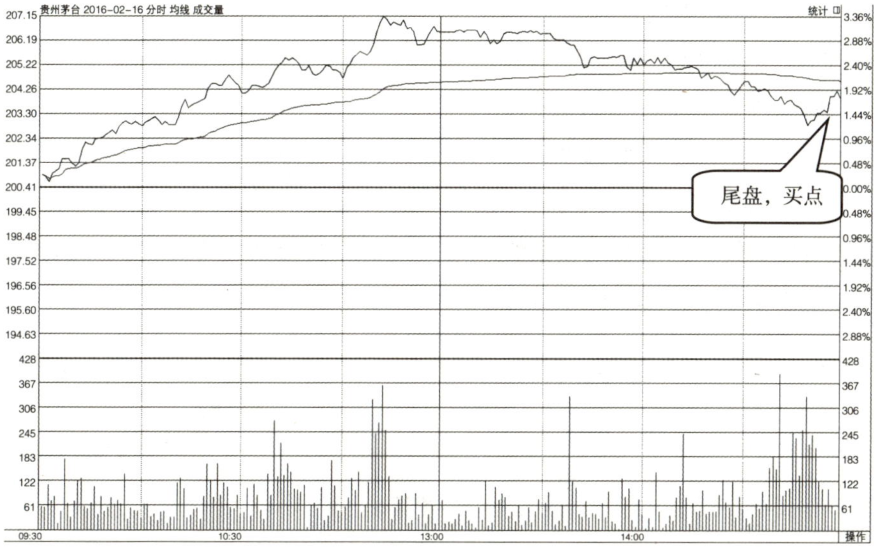

图 2-51 贵州茅台分时走势图

进就可以了。

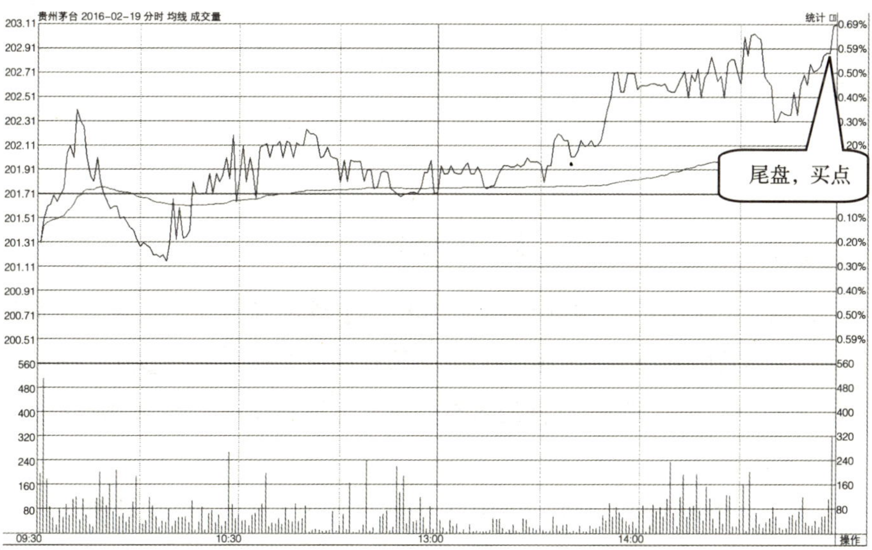

图 2-52 贵州茅台分时走势图

如图 2-52 所示，2 月 19 日，贵州茅台开盘后持续震荡，方向很不明朗。直到下午股价才被持续向上拉升，并且在收盘前几分钟已经牢牢站在生命线以上。这是对于上涨趋势的验证。这一日收盘前，是我们加仓买入股票的时机。

从这个案例中我们也可以看出，在持续下跌的趋势里，两条生命线也可能给我们提供一些错误的买入信号。面对这些信号，我们应该在买入的同时将生命线作为交易的止损线。一旦买入后股价跌破生命线，我们就要果断卖出手中的股票，防止亏损幅度进一步扩大化。

图 2-53　贵州茅台日 K 线图

如图 2-53 所示，3 月中旬，股价持续上涨的过程中，在一号生命线上获得了有效的支撑力量。其中多个交易日的收盘价或者开盘价，就正好落在一号生命线上。通过这样的形态，我们可以知道一号生命线是一个非常有效的参照线。

如图 2-54 所示，随后该股在上涨的过程中，于 4 月 20 日和 5 月 18 日分别深度回落，跌破了两条生命线，不过之后就很快上涨。这时我们可以采取跌破的时候卖出、突破的时候买回的操作策略。

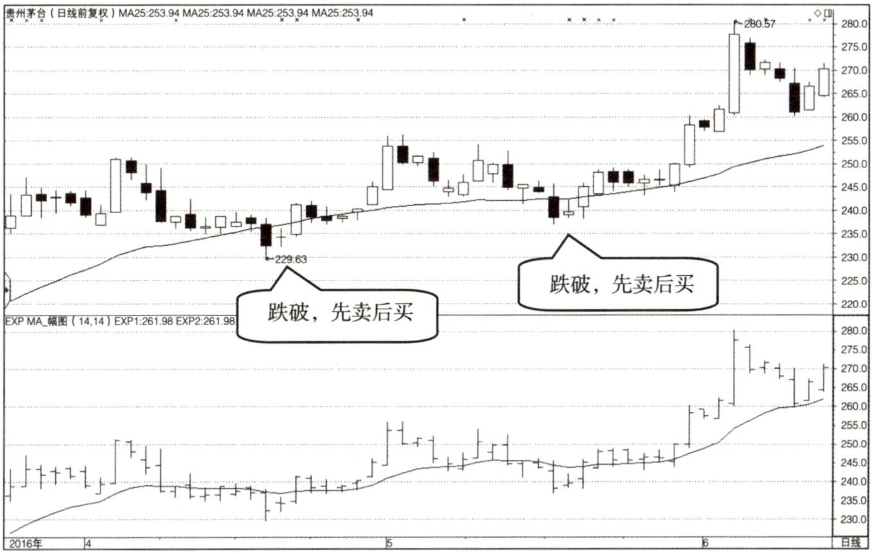

图 2－54　贵州茅台日 K 线图

图 2－55　贵州茅台日 K 线图

如图 2－55 所示，6 月 24 日，该股的收盘价再次正好收在一号生命线上获得支撑。

8 月 1 日，股价深度下跌，同时跌破了两条生命线。这时我们应该卖出股票。不过经过整理几个交易日后，股价重新向上突破。这时我们可以将卖出的股票买回。

8 月 16 日，股价再一次跌破了两条生命线。这时我们应该再一次卖出股票。随后该股进入持续的下跌过程中。

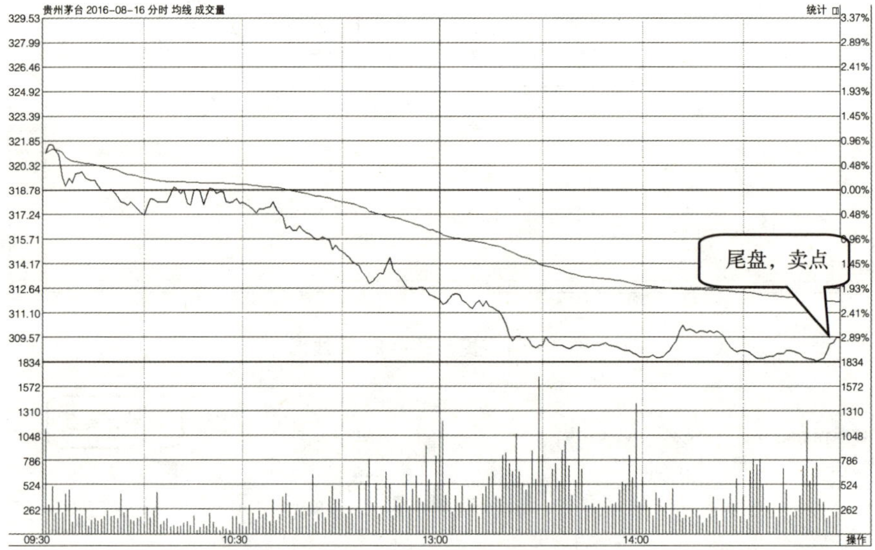

图 2－56　贵州茅台分时走势图

如图 2－56 所示，8 月 16 日，贵州茅台股价在盘中持续下跌。到下午 1:30 左右，股价已经下跌到了二号生命线的下方，并且开始在底部持续横盘整理。收盘前，股价反弹完全看不到希望。这时我们就应该卖掉手里的股票。

2.2.10　短线案例七：中铁二局（600528）

如图 2－57 所示，2014 年 6 月 27 日，中铁二局股价大幅上涨，同时突破了两条生命线。这个时候就是我们买入股票的时机。

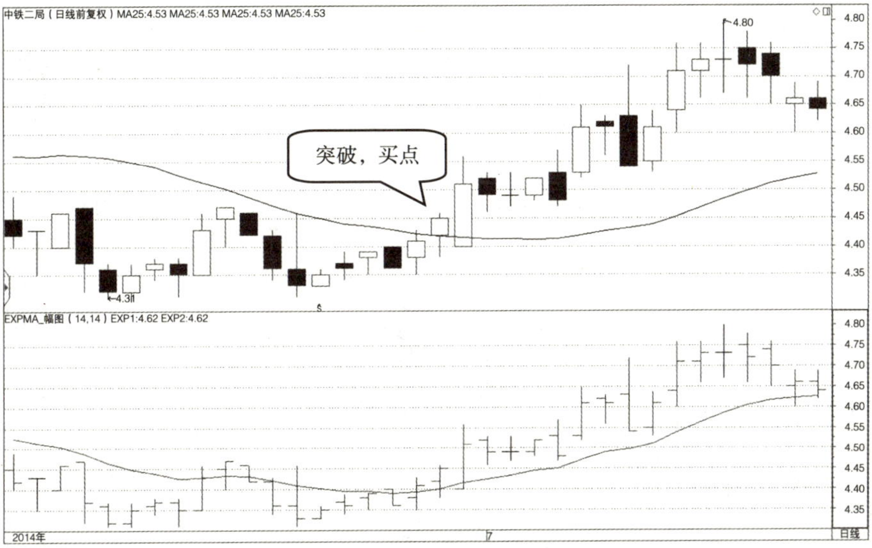

图 2-57　中铁二局日 K 线图

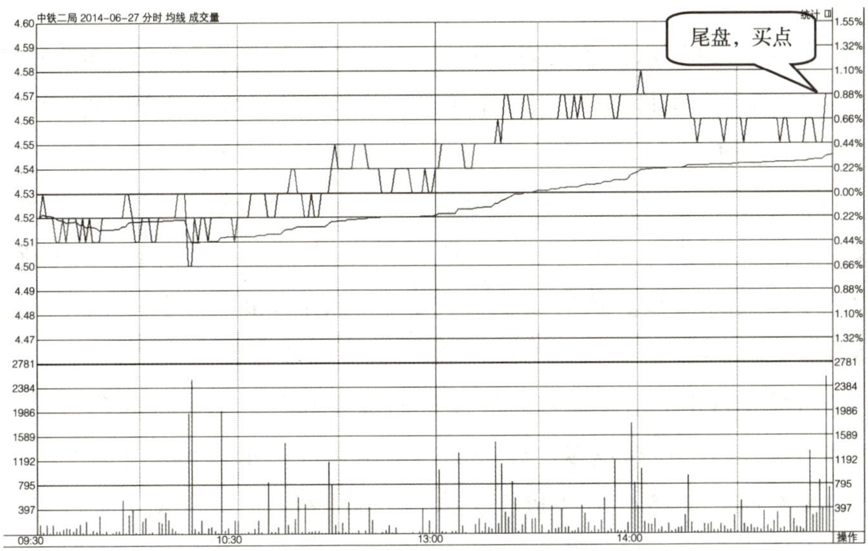

图 2-58　中铁二局分时走势图

如图 2-58 所示，6 月 27 日，股票的开盘价正好踩在二号生命线以上，一分不差。这个时候我们最好保持一定的谨慎，先观望。到尾盘阶段，股价经过一日的上涨，成功站到生命线上方。这个时候我们就可以积极买进股票。

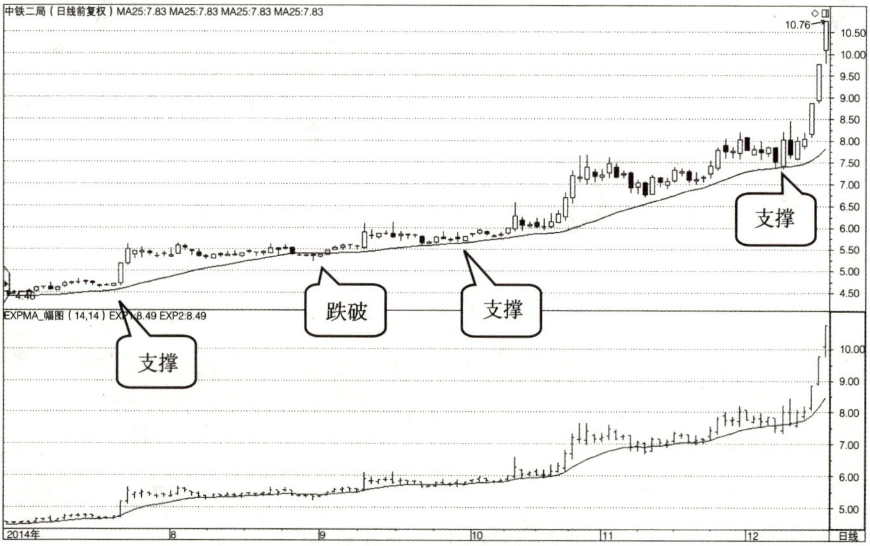

图 2－59　中铁二局日 K 线图

如图 2－59 所示，之后该股股价沿着二号生命线持续上涨，多次跌破了一号生命线，不过能够在二号生命线上获得支撑。这个过程中我们可以一直持有股票。

中间只有在 8 月底至 9 月初的时候，股价同时跌破了两条生命线。这时我们应该卖出手中的股票。随后股价整理几个交易日继续上涨，突破了两条生命线。这时我们就可以将刚刚卖出的股票买回，继续持有。

如图 2－60 所示，随着该股股价上涨至高位后，每次回落的深度也在加深。股价在高位多次跌破了两条生命线，不过很快都能见底反弹，重新回到两条生命线以上。这个时候我们可以采取先卖后买的策略。

直到 6 月 12 日，股价再次跌破两条生命线时，我们应该卖出股票。随后股价在生命线下方持续下跌，多次反弹到一号生命线都遇阻回落。这是趋势已经走弱的信号。此时我们就应该保持空仓观望。

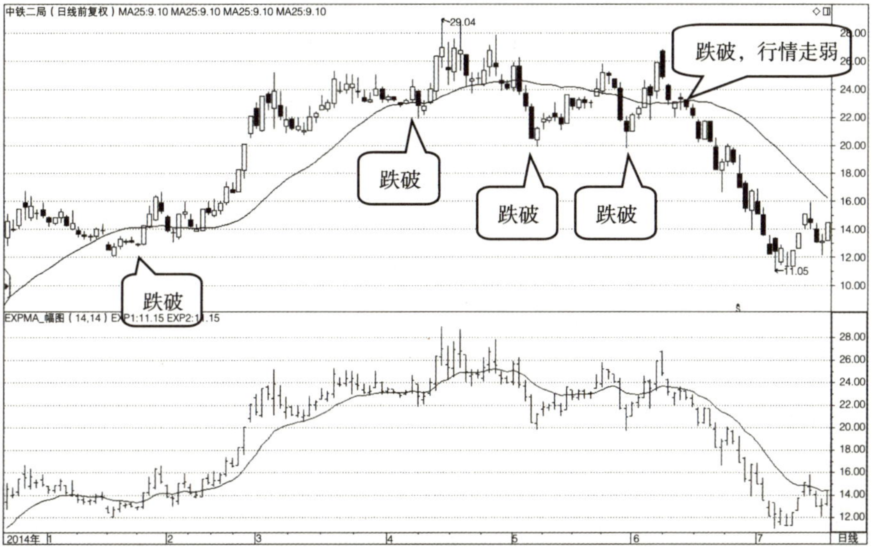

图 2-60　中铁二局日 K 线图

2.2.11　短线案例八：西部证券（002673）

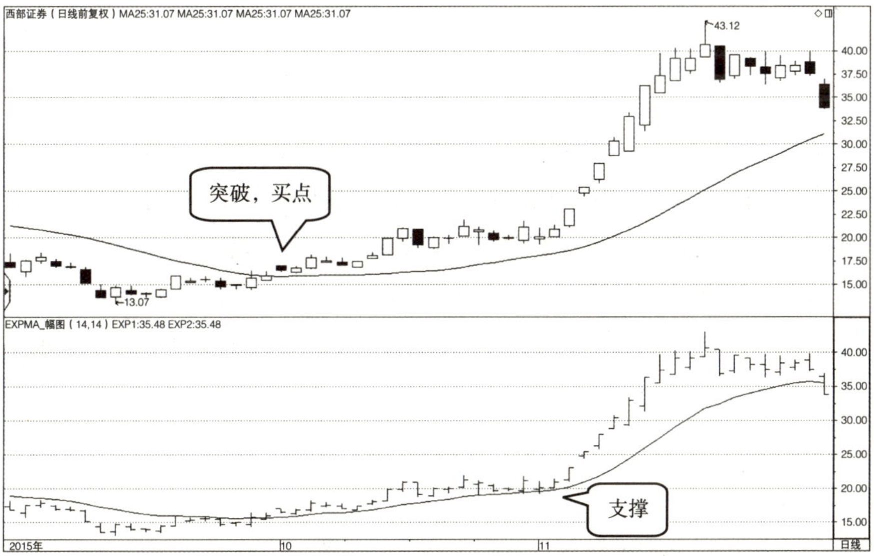

图 2-61　西部证券日 K 线图

如图2－61所示，2015年10月8日，西部证券高开低走，虽然最终收出阴线，不过这一日的收盘价还是突破了两条生命线。看到这个形态，我们可以积极买入股票。

随后股价在上涨的过程中，获得了一号生命线EXPMA14的有效支撑。

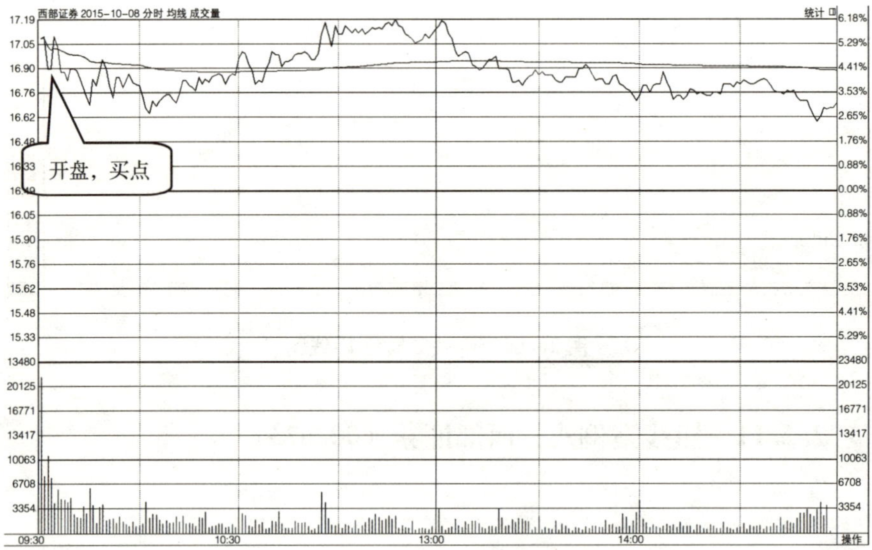

图2－62 西部证券分时走势图

如图2－62所示，10月8日的开盘价就对生命线形成了突破。这一日开盘后我们可以积极买入。随后虽然股价持续调整，不过收盘价仍然站在生命线以上。根据操作的原则，我们只看开盘价和收盘价。

如图2－63所示，该股股价上涨至高位后，11月27日，股价大幅回落，跌破了一号生命线。到12月7日，股价又跌破了二号生命线。这时我们就应该将手中的股票卖出。

随后该股股价顽强地反弹。12月14日，股价大幅上涨，同时突破了两条生命线。这个时候我们可以对未来的行情重新抱有信心。为了避免踏空以后可能出现的上涨行情，我们可以买入股票。

不过这之后该股股价再次进入持续的下跌趋势中。到12月24日，股价重新跌破了两条生命线。这时我们就应该卖出手中的股票止损。这之

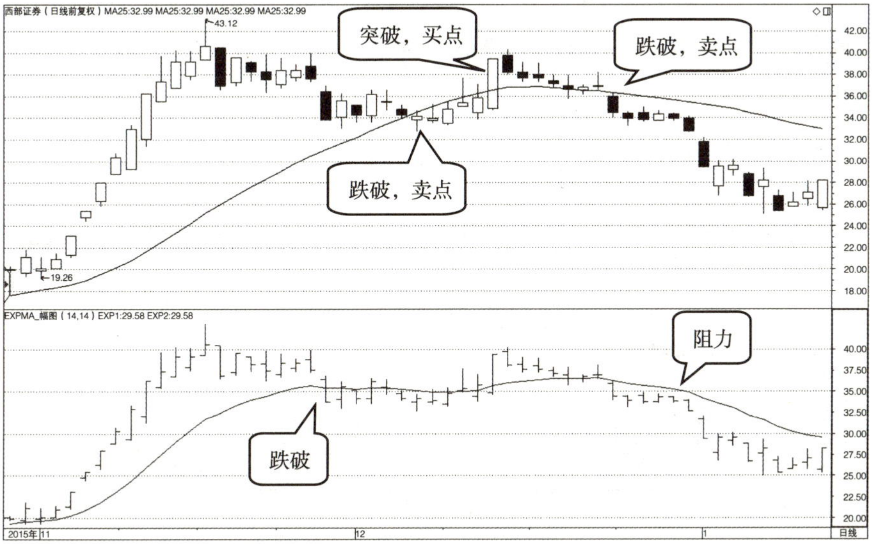

图 2-63　西部证券日 K 线图

后，该股进入了持续的下跌趋势中，并且反弹时还在一号生命线附近遇阻。

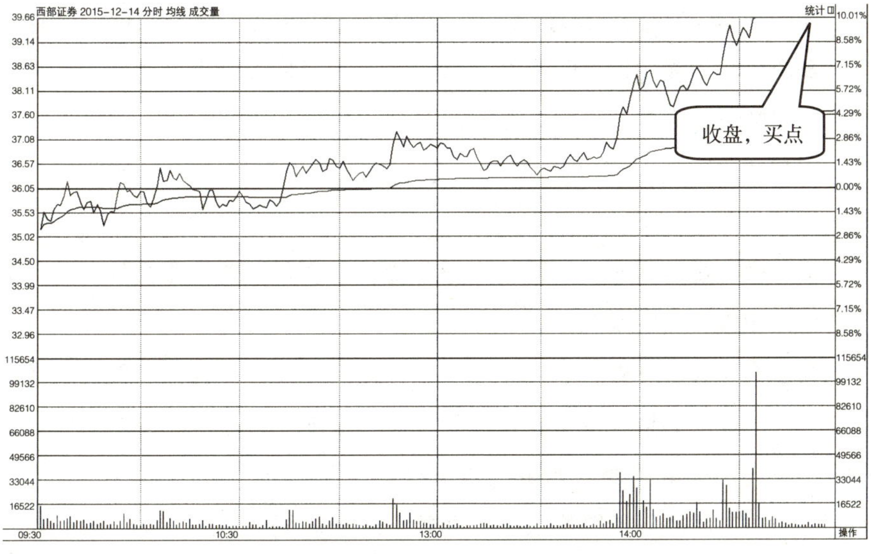

图 2-64　西部证券分时走势图

如图 2－64 所示，12 月 14 日收盘阶段，股价已经被封在涨停板。这个时候我们可以积极买进股票。如果排队买不到的话，可以等下一日开盘后再买进。

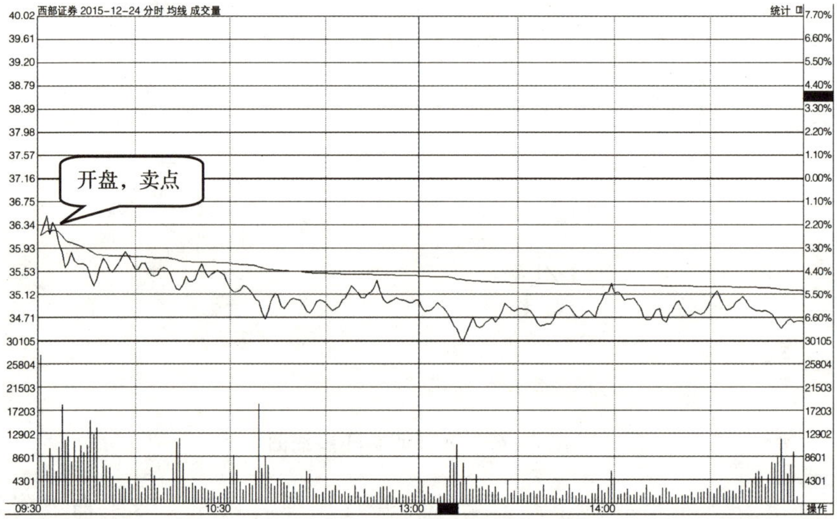

图 2－65　西部证券分时走势图

如图 2－65 所示，12 月 24 日，股价开盘就跌破了两条生命线。这一日开盘阶段我们就应该果断卖出手里的股票。开盘阶段卖出的话，几乎就是卖在了整个交易日的最高价位上。

讲到这里，我们可以总结一下股价对两条生命线完成突破后的几类买点：

第一类，跳空高开。如果股价开盘就跳空高开突破，那么我们在开盘后就可以积极买入股票。

第二类，收盘突破。如果股价收盘时完成突破，那么我们就可以在收盘前买入，或者如果收盘前没有机会，可以等到下个交易日开盘时买入。

第三类，等待回调。如果股价突破当日涨幅过大，我们不必追高买入，这时可以耐心等待股价回调的机会，逢低买入股票。

2.3 寻找中线买卖点

中线操作与短线不同。在中线操作的过程中，我们需要关注的是机构资金进出一只股票的动向。我们应该想办法找到那些机构正在进入的股票，同时要回避机构正在撤离的股票。

2.3.1 中线跟庄线：28周线

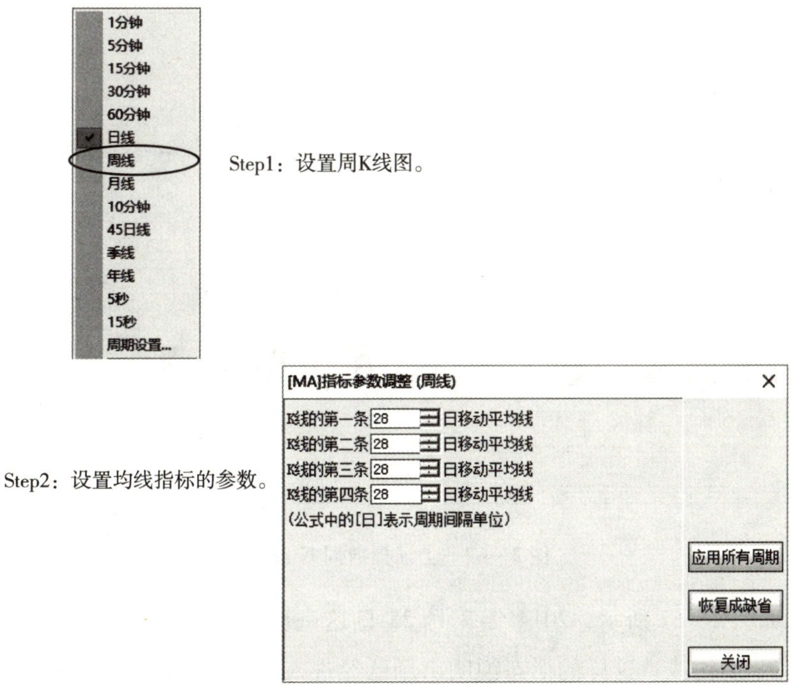

图2－66　设置28周均线

在跟随机构的操作过程中，经过长期的验证，笔者发现有一条均线，即28周线，是我们衡量机构进出的重要辅助线。利用这条均线，我们可以永远跟随主力机构的动向。

使用28周均线，首先我们应该用【F8】将走势的显示周期切换到周K线图里。我们常用的K线图是日K线图，也就是每根K线显示一个交易日内的开盘价、收盘价、最高价和最低价。到了周K线图里，我们就可以看到每根K线显示的是一周五个交易日的数据。

在周K线图中，我们修改均线指标的参数到28，就可以看到这条28周均线，如图2-66所示。

2.3.2 大盘中线走势验证

首先，我们可以用上证指数的走势来验证这条均线的有效性。

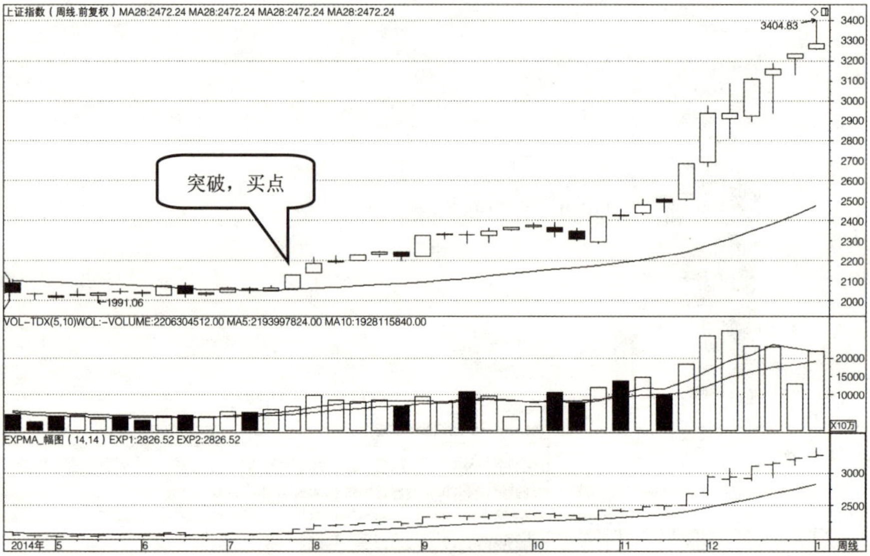

图2-67 上证指数周K线图

如图2-67所示，2014年7月25日这一周，上证指数大幅上涨，突破了28周均线。这样的形态说明市场已经进入了上涨的趋势中。随后的行情里，我们可以积极做多买入股票。

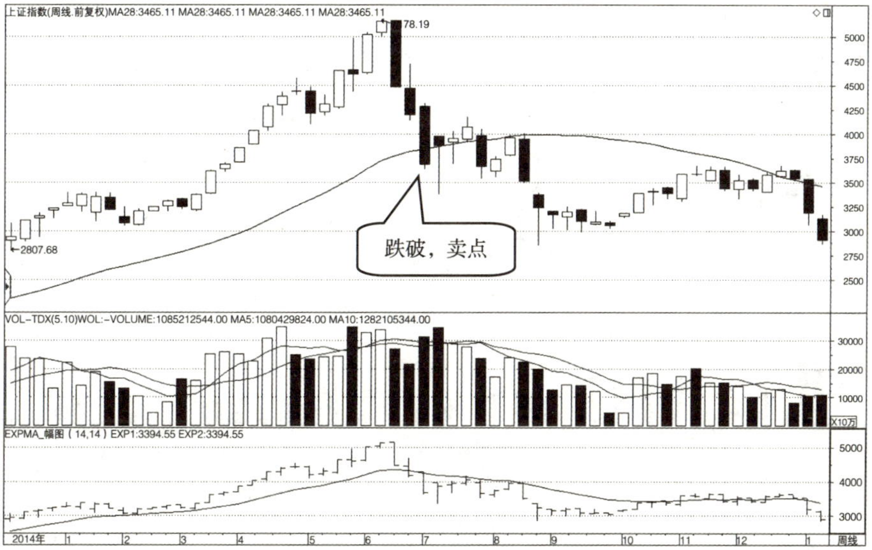

图2－68　上证指数周K线图

如图2－68所示，这轮牛市行情一直持续到了2015年6月。7月3日之前，指数已经连续三周下跌。并且这周的指数跌破了28周均线。这标志着行情开始走弱。这个时候我们就应该尽快在高位卖出手中的股票。

随后几周，指数虽然反弹，突破了28周均线，但是从下方的EXPMA14线看，指数并没能向上突破。这说明行情仍处于弱势趋势中。这个时候我们最好继续持币观望。

如图2－69所示，随后上证指数进入持续的下跌趋势中，并且反弹时也遇到了28周均线很强的阻力。中间虽然有一次突破行情，但下一周就遇阻下跌。这种行情就属于我们可以操作，但是买入后应该马上止损的交易。只要严格遵守跌破后止损的原则，这次交易就不会有太大损失。

直到2016年7月8日前一周，指数对28周均线形成了有效突破。这就说明行情已经有了走强的迹象。这时我们可以积极买入股票，参与到随后的行情中。

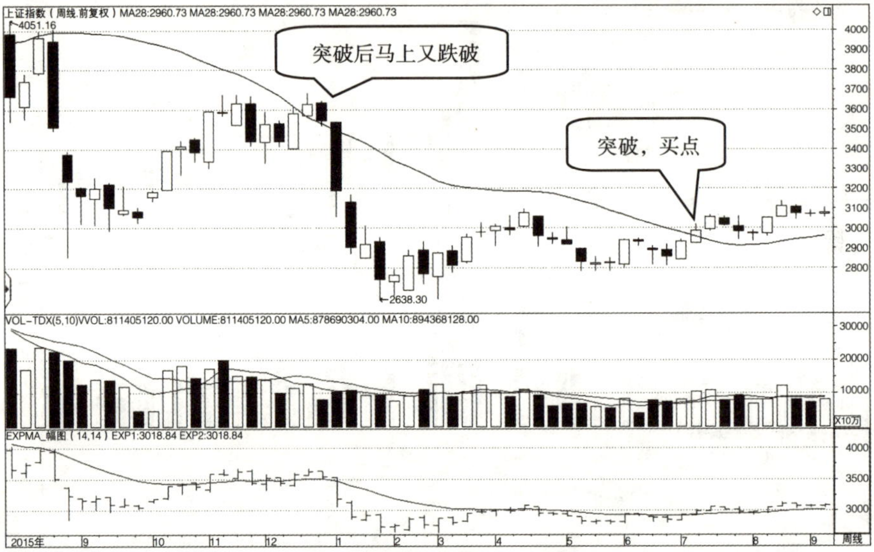

图 2－69　上证指数周 K 线图

2.3.3　中线案例一：西部证券（002673）

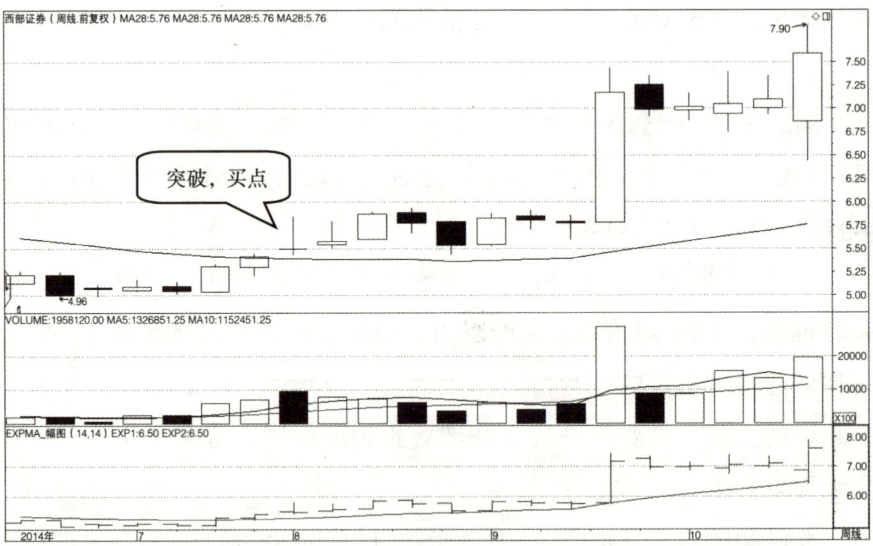

图 2－70　西部证券周 K 线图

如图 2－70 所示，2014 年 8 月 1 日之前的一周，西部证券股价突破了 28 周均线。这样的形态说明该股已经进入中线上涨趋势中，此时我们可以买入股票。

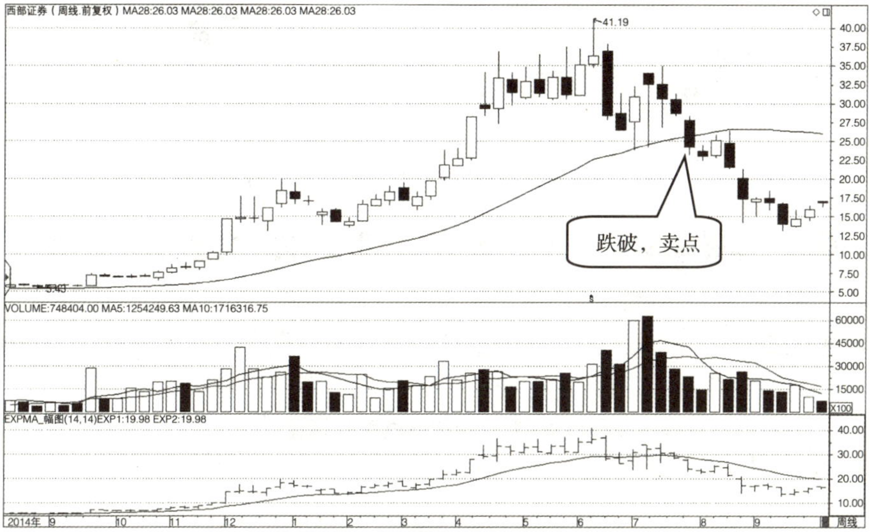

图 2－71　西部证券周 K 线图

如图 2－71 所示，随后该股股价沿着 28 周均线持续上涨。在这个过程中，我们可以耐心持有股票。

到 2015 年 7 月 31 日，股价跌破了 28 周均线。这说明行情已经开始走弱。看到这个形态，我们应该尽快将手中的股票卖出。

2.3.4　中线案例二：中国西电（601179）

如图 2－72 所示，2014 年 5 月底，中国西电股价刚刚跌破 28 周均线后很快又向上突破。随后几周，股价小幅反抽，在 28 周均线上又获得了支撑。7 月 4 日这一周，股价开始获得支撑持续上涨。这个时候我们就可以积极买入股票。

在这里我们需要注意，按照 28 周均线买入时，与按照生命线买入的方法类似。我们可以在跳空高开时买入，在收盘突破时买入，或者在突破后

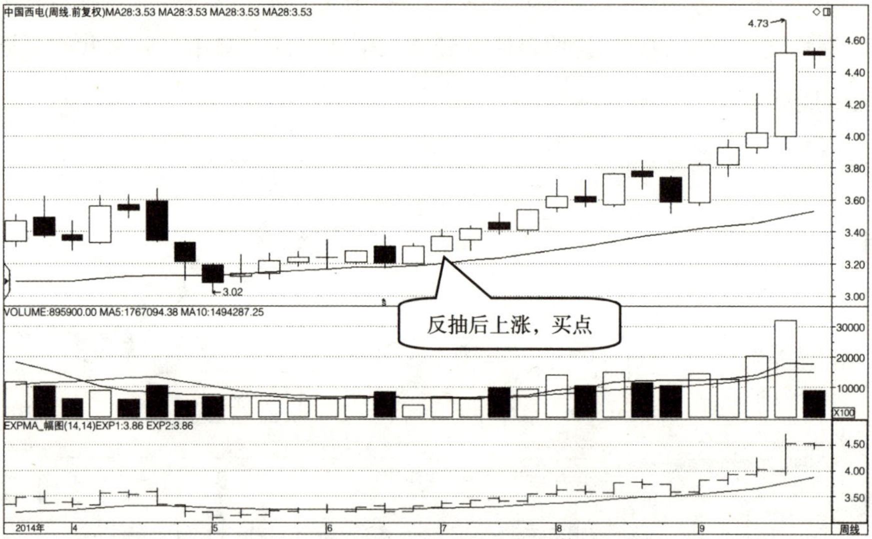

图 2－72　中国西电周 K 线图

股价反抽时买入。

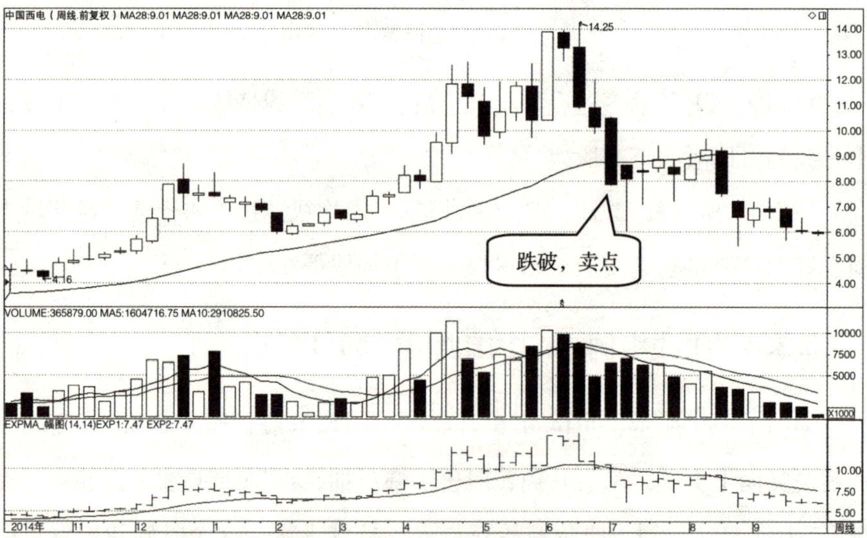

图 2－73　中国西电周 K 线图

如图 2－73 所示，该股在 28 周均线上持续上涨后，到 2015 年 7 月 3 日之前的一周，股价跌破了 28 周均线。这时我们就应该卖出手中的股票。

2.3.5 中线案例三：中国铁建（601186）

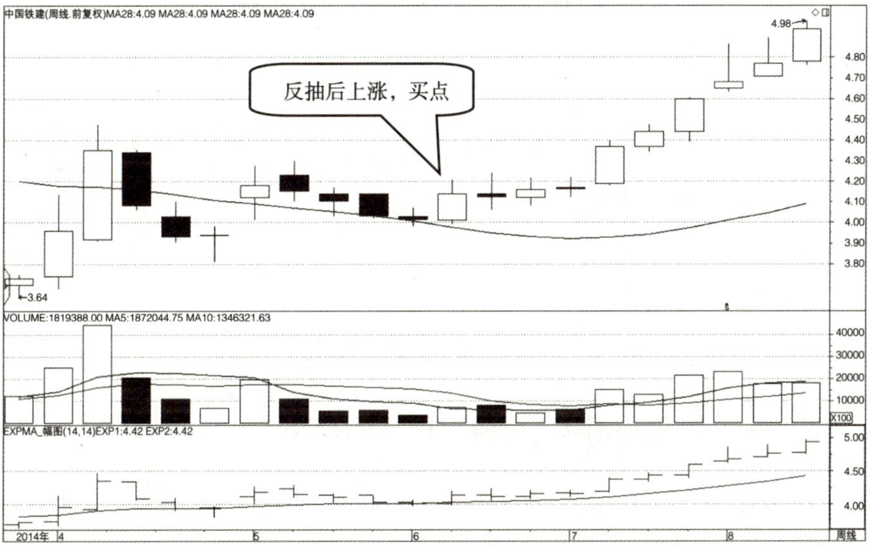

图 2－74　中国铁建周 K 线图

如图 2－74 所示，2014 年 5 月 9 日，中国铁建股价对 28 周均线形成了突破，随后股价反抽。6 月 13 日，股价获得 28 周均线的支撑后上涨。这种反抽是对于突破形态的进一步验证。股价反抽后上涨时，就是我们买入股票的时机。

如图 2－75 所示，随后股价一直沿着 28 周均线持续上涨。到 6 月 19 日之前的一周，股价跌破 28 周均线，这个时候我们就应该尽快将手中的股票卖出。

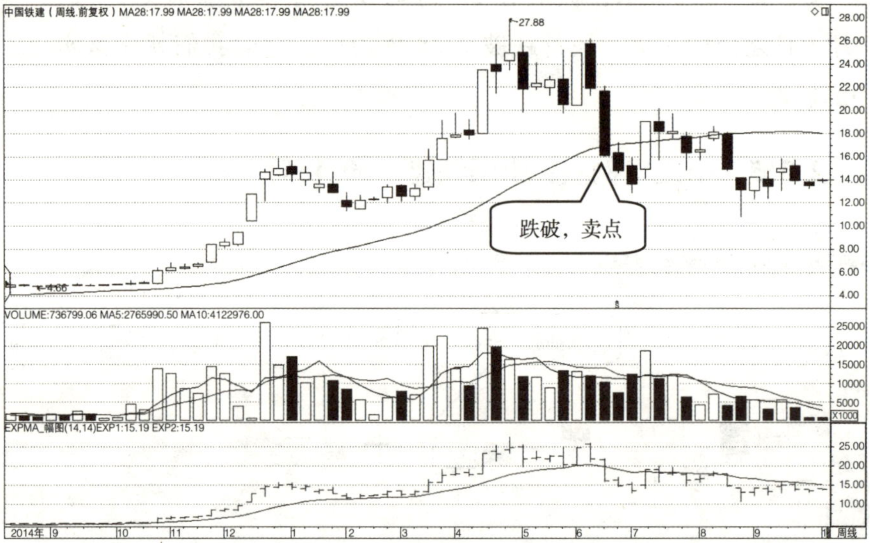

图 2-75　中国铁建周 K 线图

2.3.6　中线案例四：交通银行（601328）

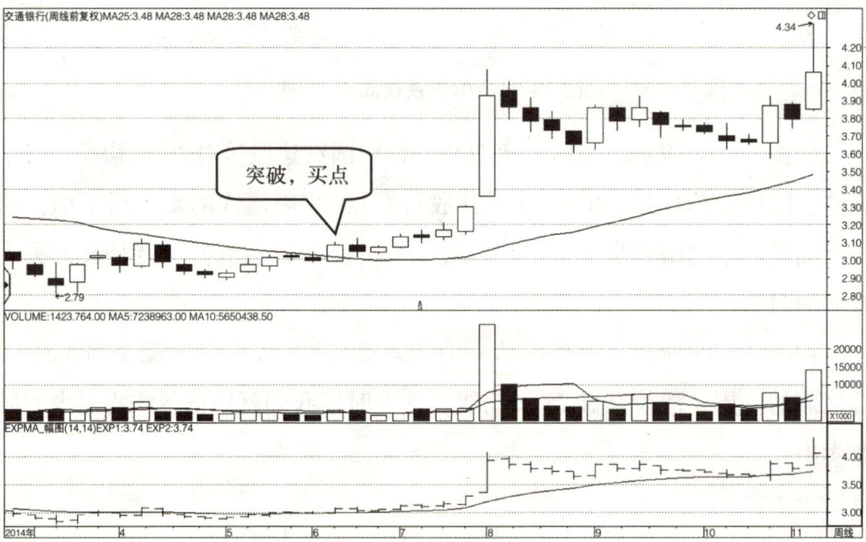

图 2-76　交通银行周 K 线图

如图2-76所示，2014年6月13日，交通银行股价对28周均线形成了有效突破。这时我们可以积极买入股票。

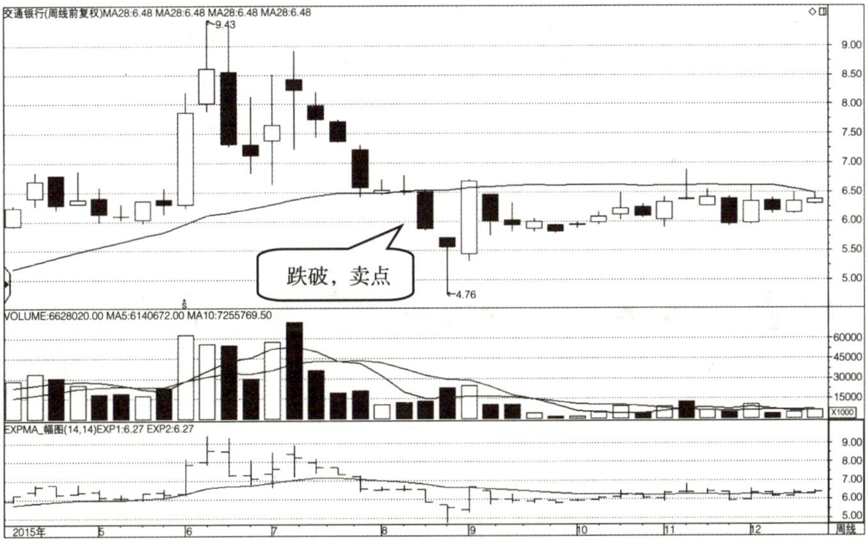

图2-77　交通银行周K线图

如图2-77所示，2015年8月21日，股价见顶回落的过程中跌破了28周均线。这说明行情开始走弱，此时我们应该尽快卖出手中的股票。

2.3.7　中线案例五：新华保险（601336）

如图2-78所示，2014年6月中旬，新华保险股价突破28周均线后，下一周马上就向下跌破。这属于一种失败的突破信号。我们知道，任何指标信号都不可能100%正确，28周均线也不例外。当我们发现这种失败的突破信号时，应该注意在股价跌破均线时果断卖出股票止损，结束交易。

7月4日，股价再次向上突破28周均线，这个时候我们可以买入股票，这是一个成功的信号。随后该股股价沿着28周均线上方持续上涨。

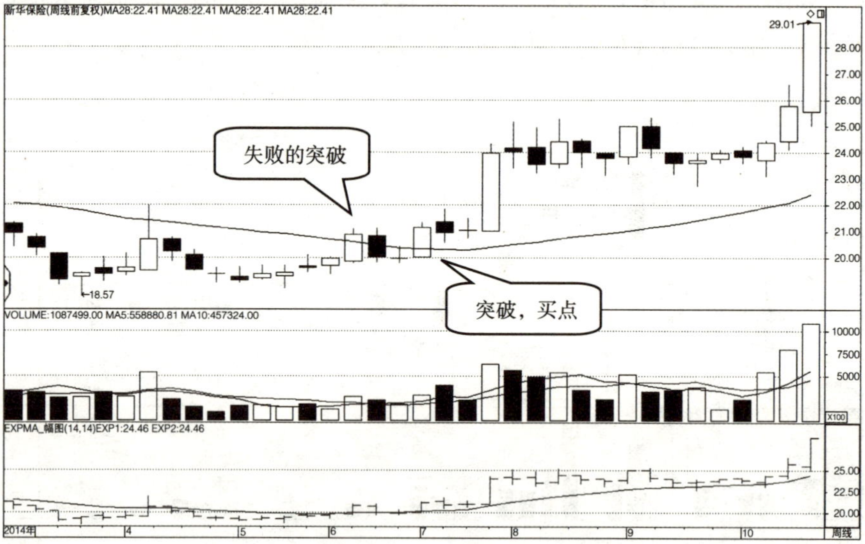

图 2－78　新华保险周 K 线图

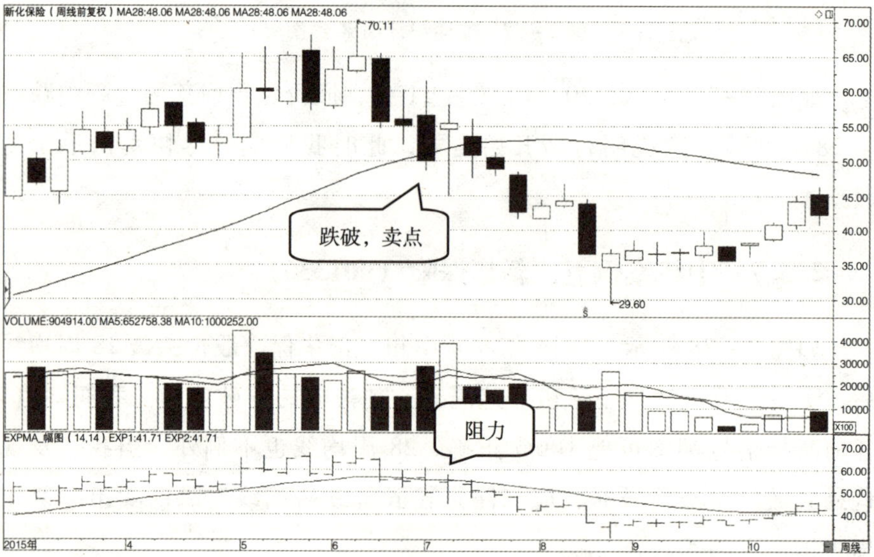

图 2－79　新华保险周 K 线图

如图2－79 所示，2015 年7 月3 日，股价跌破了28 周均线。这时我们应该多注意未来行情中的风险，尽快在高位卖出手中的股票。

随后一周，股价反弹时虽然突破了28周均线，不过我们从下面可以看到14周EXPMA线还是对股价形成了很强的阻力作用。这时我们不能盲目买入股票，应该继续空仓观望。这之后该股股价开始持续下跌。

2.3.8 中线案例六：中国中铁（601390）

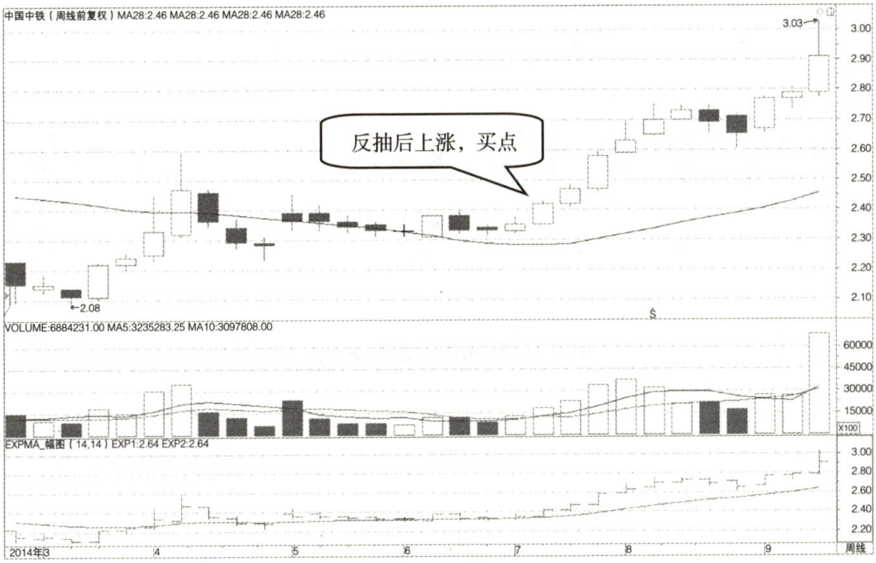

图2-80 中国中铁周K线图

如图2-80所示，2014年5月，中国中铁股价虽然对28周均线形成了突破，不过突破后，股价就持续回落，形成了反抽的走势。在这个反抽的过程中，股价一直沿着28周均线上方回落。直到7月初，股价才开始上涨，脱离28周均线的区间向上。当我们确认股价开始上涨的时候，可以积极买入股票。

如图2-81所示，2015年7月3日，股价下跌时跌破了28周均线。这说明行情开始走弱，是我们卖出股票的时机。

随后股价虽然反弹，突破了28周均线，不过下方图里的14周EXPMA线还是对股价形成了很强的阻力作用。看到这样的形态，我们就应该注意风险，不要买入股票。

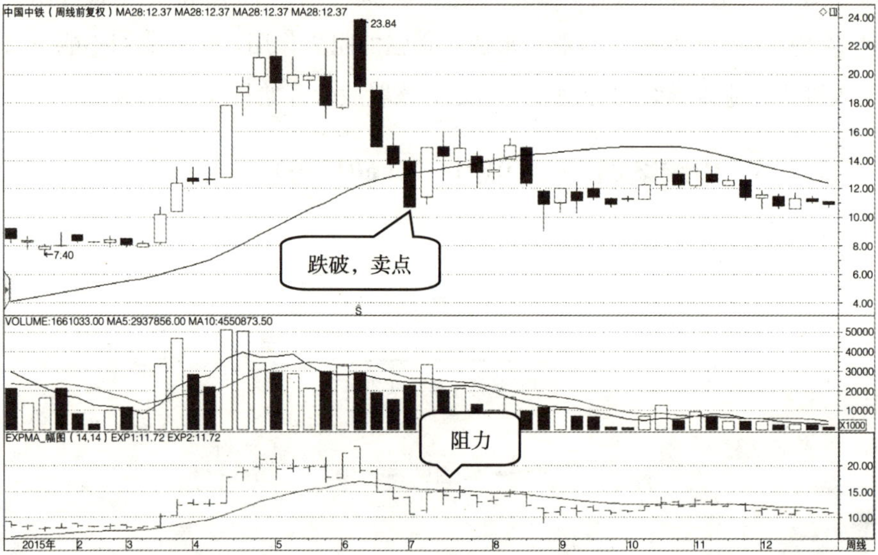

图 2-81　中国中铁周 K 线图

2.4 区分盘中走势的强弱

当我们分析盘中走势的强弱时，很多投资者喜欢使用 15 分钟或者 30 分钟 K 线图。其实对于股票操作来说，这两个周期都太短了。

根据我们目前的交易规则，当天买进的股票当天不能卖出。如果我们根据 15 分钟或者 30 分钟线来交易股票，可能会在盘中频繁看到买卖交易的信号，这样就很可能会受到交易规则的限制。所以说，如果我们做期货操作，可以用 15 分钟或者 30 分钟 K 线图；如果是做股票交易，最好不要用这两种 K 线图。

当我们判断股票盘中走势的强弱时，可以借助 60 分钟 K 线图的走势。

2.4.1 小时强弱分界线：8 小时线

在 60 分钟 K 线图中，我们也有两条生命线：一条是 8 小时移动平均线，也就是 MA8；另一条是 14 小时 EXPMA 线，也就是 EXPMA14。

我们可以看到，EXPMA14 是一个非常有用的指标线。无论我们根据日 K 线图做短线，根据周 K 线图做中线，还是判断股票盘中走势的强弱时，都可以用到 EXPMA14。

在股票软件中设置 8 小时均线的方法如图 2 – 82 所示。

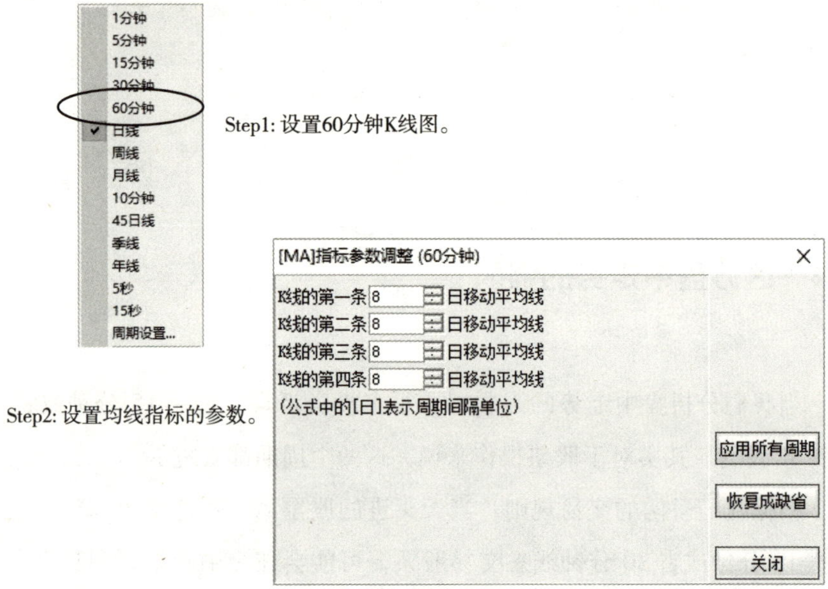

图 2－82　设置 8 小时均线

2.4.2　大盘的盘中强弱验证

8 小时均线是我们判断股票在盘中走势强弱的重要指标。这条指标线的应用方法与前面我们讲到的 25 日均线、28 周均线的应用方法基本是一致的。我们可以利用一段时间内大盘走势的变化来验证这条指标线的有效性。

如图 2－83 所示，2016 年 6 月 21 日开盘后的第一个小时内，上证指数突破了 8 小时均线。这标志着行情即将进入强势上涨趋势中。随后指数沿着 8 小时均线持续上涨，多次回落时都在均线位置上获得了支撑。

使用 60 分钟 K 线图的分析周期和 8 小时均线时，我们应该注意这个指标只是我们判断股票在盘中走势强弱的依据。就算对于短线投资者来说，也应该是主要根据日 K 线图中的两条生命线来交易股票，只是将 60 分钟K 线图中的 8 小时均线作为一个辅助指标。不要根据 8 小时均线来买卖股票。因为这个指标的周期过短，给出的买卖信号过于频繁，并不利

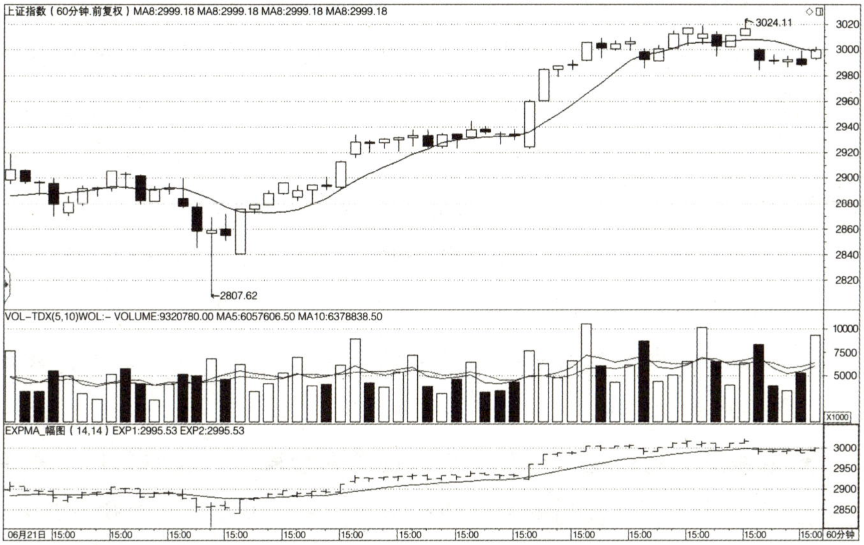

图2-83　上证指数60分钟K线图

于我们买卖交易。

本章要点

● 移动平均线是通过计算一段时间内的平均收盘价而得到的，因此股票如果只是在一两个交易日内突然上涨或者下跌，是不会对移动平均线的波动产生太大影响的。

● 对于均线来说，庄家要想影响一条均线的走向，需要连续很长时间来操纵股价的发展，很少有庄家会这么做。

● 均线是一种趋势型技术指标。如果股票的均线一直在上涨，并且股价处于均线上方，多次回落至均线附近都获得支撑上涨，就说明市场处于上涨的趋势中。如果均线指标持续下跌，并且股价一直位于均线的下方，每次反弹到均线附近都遇到阻力下跌，就说明市场处于下跌的趋势中。

● 当我们做短线交易时，应该以14日EXPMA线作为一号生命线。

二号生命线是25天均线。

- 任何交易方法都有判断失误的时候。当判断失误时，我们应该果断认错并且弥补自己的错误。

- 我们寻找买点和卖点时，要结合两条生命线给出的信号。当两条生命线给出同样的信号时，就是我们交易股票的机会。

- 我们判断突破或者跌破的形态时，应该观察两个价格，也就是每个交易日的开盘价和收盘价。

- 股价对两条生命线完成突破后的买点有三类：跳空高开，收盘突破，等待回调。

- 在跟随机构的操作过程中，经过长期的验证，我们发现有一条均线，即28周线，是我们衡量机构进出的重要辅助线。利用这条均线，我们可以永远跟随主力机构的动向。

- 在60分钟K线图中，我们也有两条生命线：一条是8小时移动平均线，也就是MA8；另一条是14小时EXPMA线，也就是EXPMA14。

第3章

均线进阶

——寻找黄金买卖点

3.1 寻找短线暴涨点

下面，我们讲一下找到短线最佳买点和暴涨点的一个方法。

3.1.1 短线暴涨点捕捉法则

找短线黄金买点，我们还是需要看日 K 线。前面我们讲到了 25 天均线是二号生命线，在这根均线的基础上，再加上一根 45 天均线，就可帮我们找到短线的暴涨点。具体的设置如图 3 –1 所示。

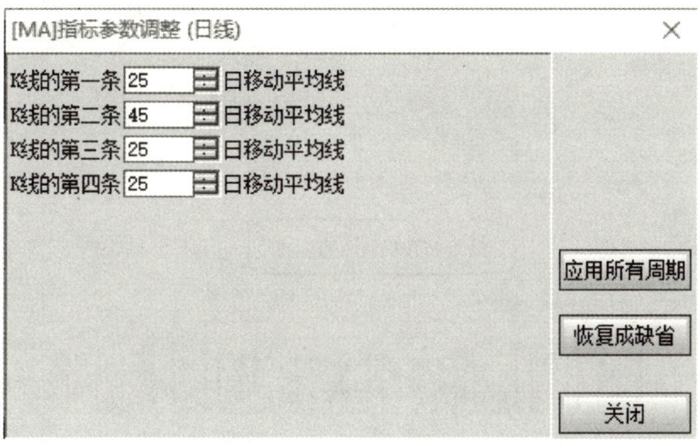

设置均线的参数是25和45。

图 3 –1 设置均线参数

设置完成后，我们可以得到的图形如图 3 –2 所示。

因为 45 天均线相对于 25 天均线来说，周期要更长一些，表现在图上也就是更加平缓一些，25 天均线的波动要更频繁一些。其实 45 天均线本身，也可以被当成是一条生命线来用。

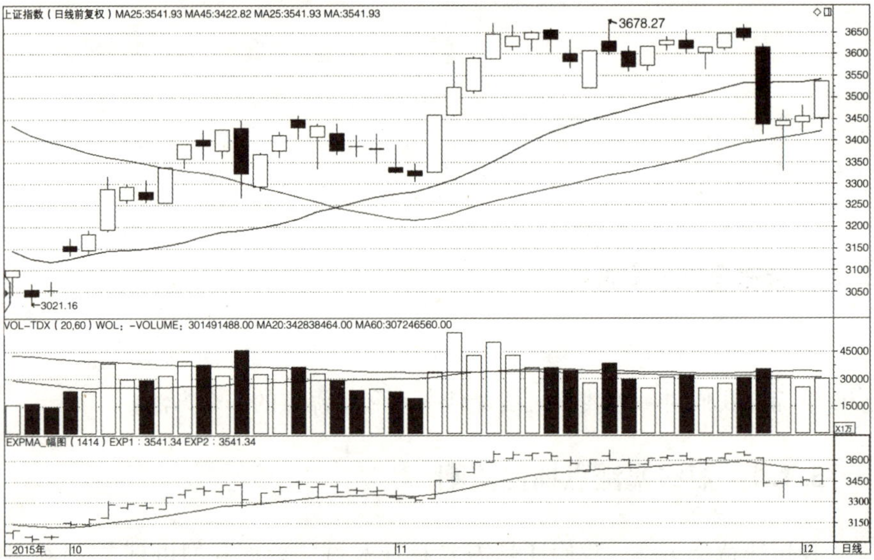

图 3-2　设置完成后的图形

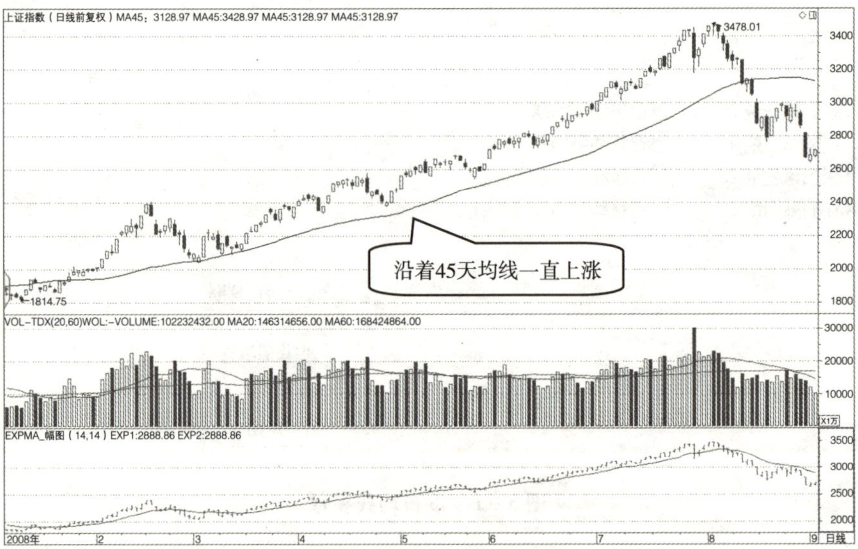

图 3-3　上证指数日 K 线图

如图 3-3 所示，大盘在 2009 年的时候，就是严格按照 45 天均线来持续上涨。

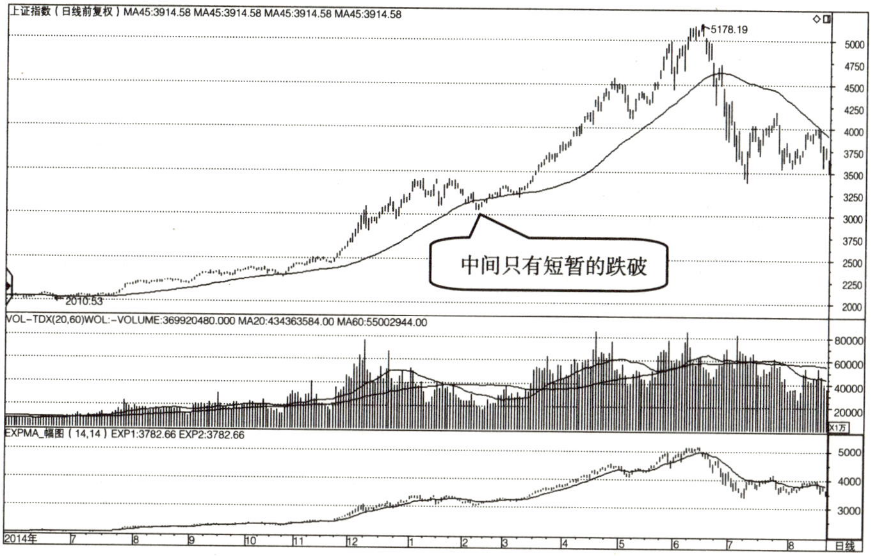

图3-4　上证指数日K线图

如图3-4所示，到了2014年底和2015年的牛市的时候，大盘也基本是严格按照45天均线来持续上涨，中间只有短暂向下跌破的行情。

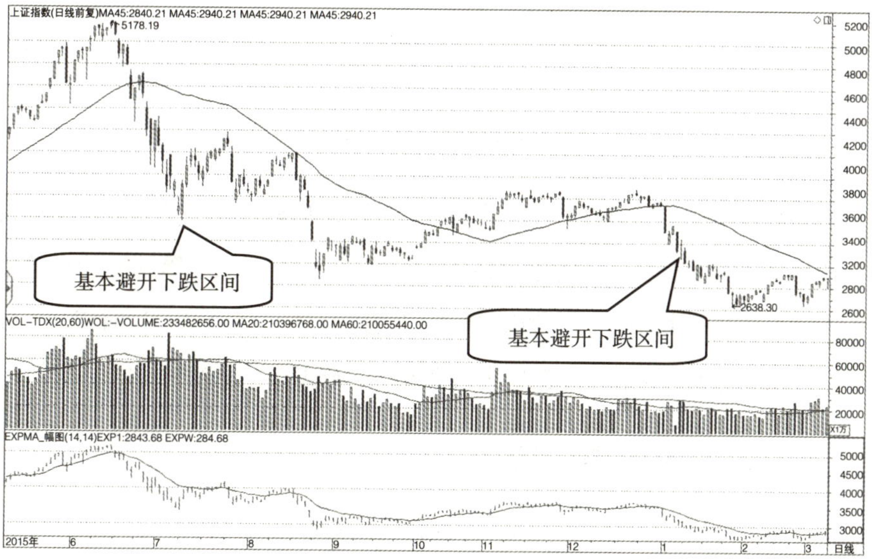

图3-5　上证指数日K线图

如图 3 - 5 所示，如果按照跌破 45 天均线以后就卖出的话，我们基本可以避开 2015 年下半年开始的这段持续下跌行情。

25 天均线时间周期比较短，适合做短线。45 天均线要比 25 天均线稍微长一点，可以做中短线操作。我们把这两条线结合起来，就可以找到短线的起爆点。具体的形态是当 25 天均线向上，即将突破 45 天均线金叉或者已经金叉的时候，就是短线的起爆点。下面我们可以用一个标注的图形说明这个买点。

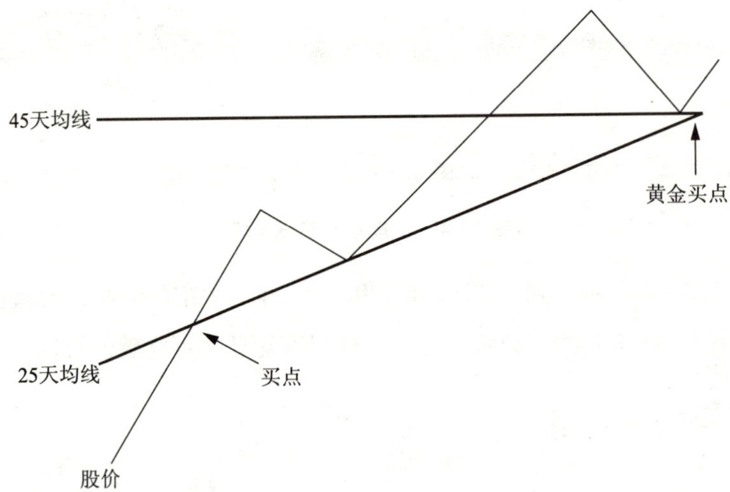

图 3 - 6　黄金买点

如图 3 - 6 所示，图里的两条粗线分别是 25 天均线和 45 天均线。当股价突破 25 天均线的时候，我们之前已经说过，是一个买点。等到股价继续上涨，突破到 45 天均线上时，如果 25 天均线和 45 天均线金叉，这时就到了股价会暴涨的前期。这个时候就是我们要讲的黄金买点，也就是短线起爆点。

3.1.2　大盘的短线暴涨点

我们可以通过一段大盘走势来熟悉一下这个黄金买点，如图 3 - 7 所示。2016 年 6 月 28 日，指数快速突破了两条均线，两条均线即将黄金交叉，这里就是一个非常好的短线买点。

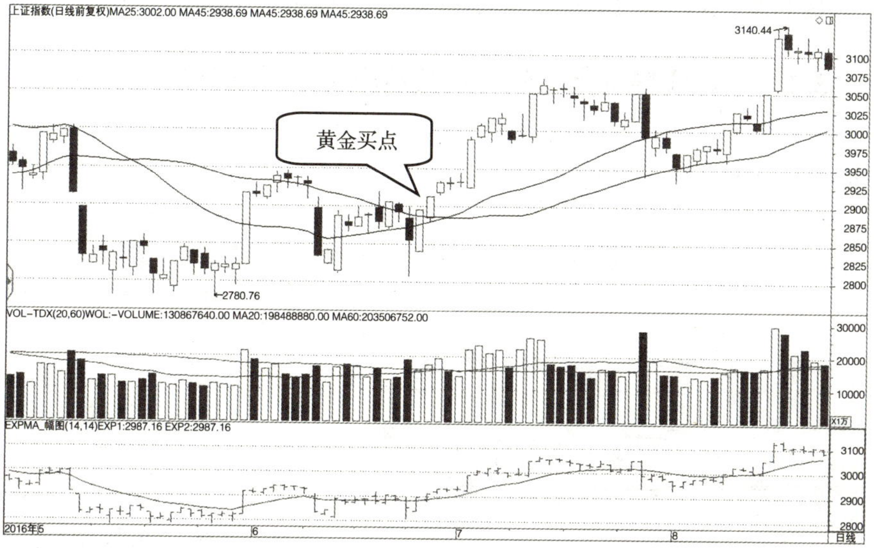

图3-7　上证指数日K线图

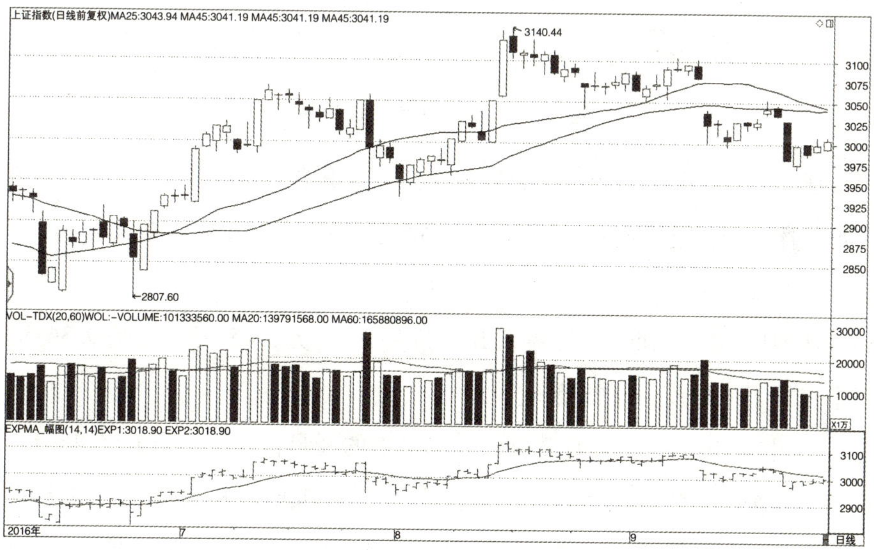

图3-8　上证指数日K线图

如图3-8所示，这之后的行情里，我们可以按照两条生命线的信号来一直稳定持股。

接下来，我们通过一些具体的案例来继续说明短线起爆点的用法。

3.1.3 短线暴涨点案例一：共达电声（002655）

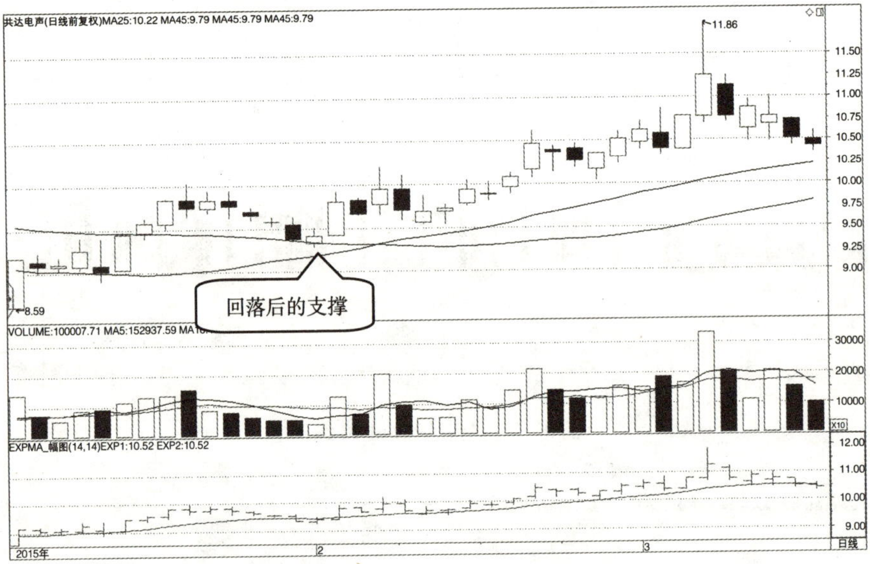

图 3－9 共达电声日 K 线图

如图 3－9 所示，2015 年 2 月 2 日，共达电声股价在 45 天均线上回落获得支撑。同时这个时候 25 天均线即将突破 45 天均线形成金叉。这里就是一个短线的买点。

从图里还能看到，这天股票开盘价是 9.35 元，45 天均线是 9.36 元，两个只差了一分钱，非常精确。

如图 3－10 所示，2 月 2 日，共达电声的开盘价几乎就踩在了 45 天均线上。这个时候我们为了谨慎，可以暂时保持观望。随后股价持续上涨，到收盘的时候，股价已经稳稳站在了 45 天均线以上。这个时候我们就可以果断买入股票，建立自己的仓位。

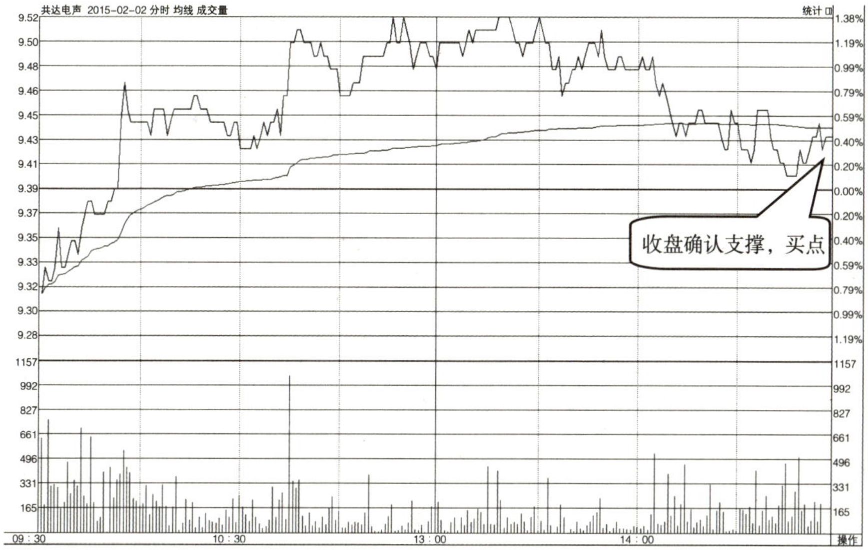

图3－10　共达电声分时走势图

如图3－11所示，这之后我们可以一直持股。股票走出了几倍的上涨行情。

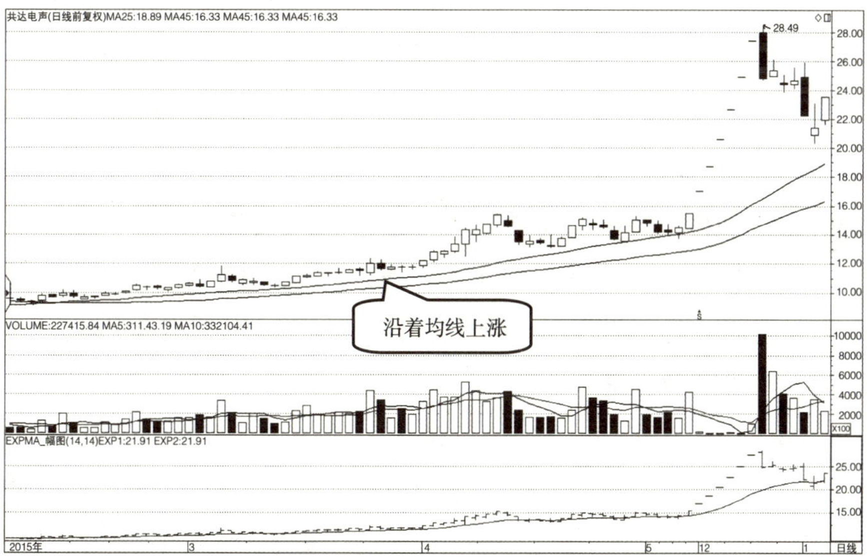

图3－11　共达电声日K线图

很多股票都是按照45天均线来做盘的。只要股价没有跌破45天均线，就不会出现暴跌的行情。

3.1.4 短线暴涨点案例二：西部证券（002673）

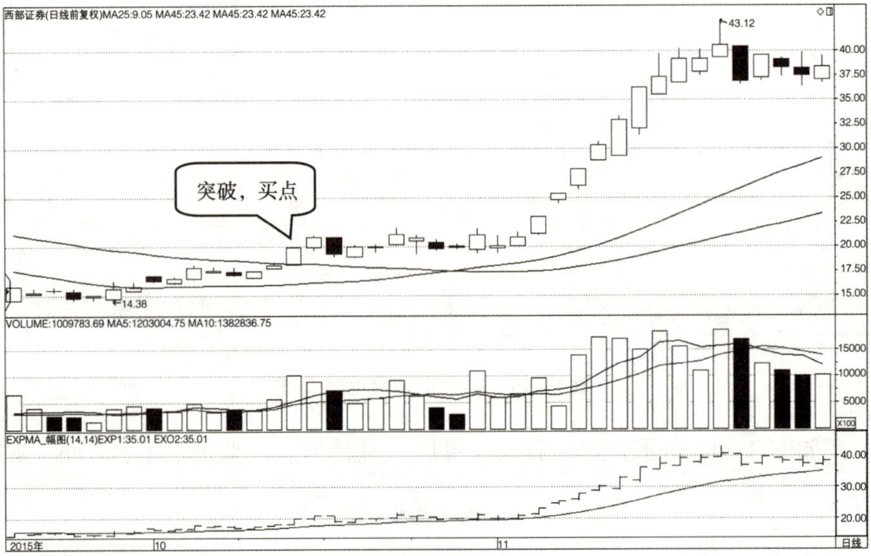

图3－12 西部证券日K线图

如图3－12所示，2015年10月8日，西部证券的股价突破了25天均线，这个时候我们可以逢低吸纳。如果想要找短线牛股，这个时候也可以不买。之后股价在25天均线和45天均线中间反复震荡。

到了10月19日，股价突破了45天均线。这个时候25天均线和45天均线中间的距离已经很近了。突破这天就是我们做短线的黄金买点，之后股价走出了翻倍的行情。

如图3－13所示，10月19日，西部证券的开盘价要比45天均线稍低几分钱，没形成突破，我们可以暂时观望。开盘后，股价快速上涨，很快就达到了涨停板上。这一天下午临近收盘前，股价已经被封上涨停，确认强势行情，这时我们可以积极买进，因为涨停封板并不十分牢固，我们挂单有很大可能买进。就算这天没能买进股票，我们也可以等到下个交易日

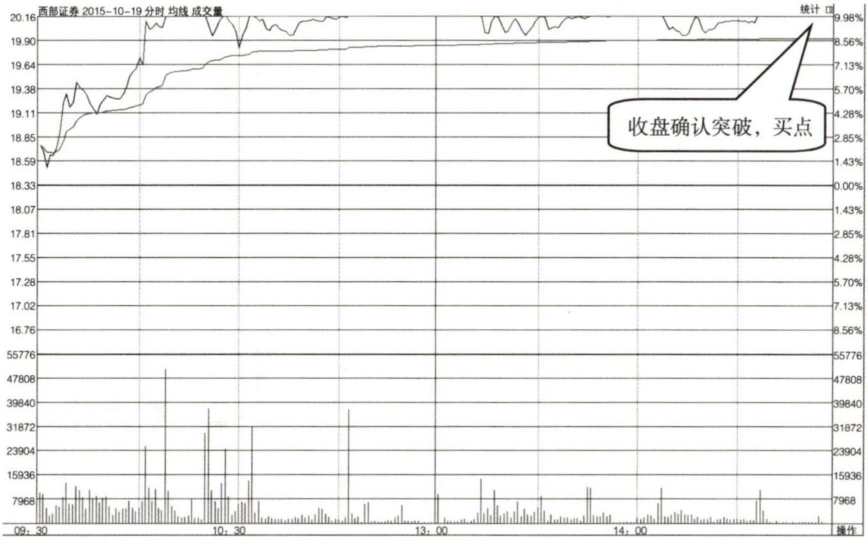

图3-13　西部证券分时走势图

刚开盘就积极买进。

从这个案例我们可以知道，股价突破25天均线的时候，一般是第一个买点。等到25天均线和45天均线形成金叉，股价在45天均线上站稳的时候，就形成了最佳的买点。这里已经临近股价暴涨的时间节点，也是最后一个买点。

3.1.5　短线暴涨点案例三：深科技（000021）

如图3-14所示，2016年6月2日，深科技股价同时突破了25天均线和45天均线，不过随后没能在均线上站稳，一直反复震荡。

到了6月17日（周五），股价突破了45天均线。到6月20日（周一），已经在45天均线上站稳了。25天均线和45天均线的距离也已经很近，即将金叉。到了这个时候，我们就可以买入股票。

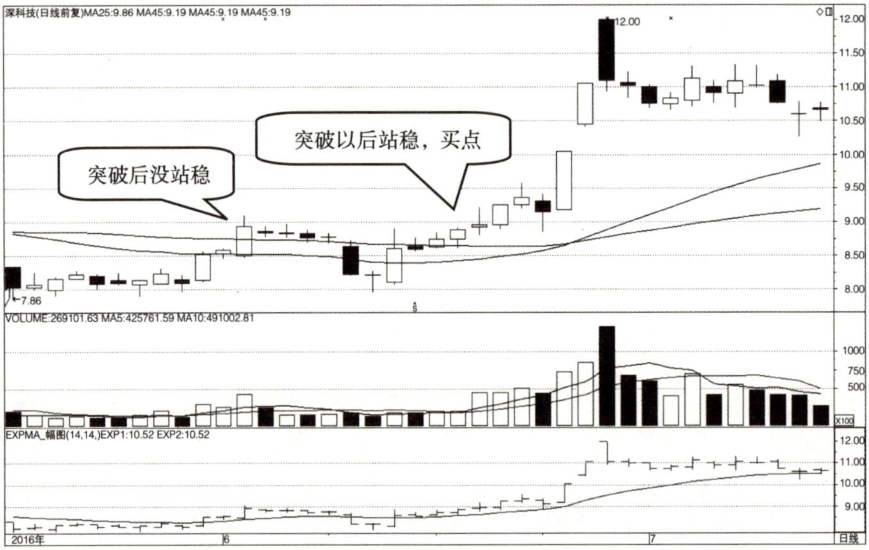

图 3-14　深科技日 K 线图

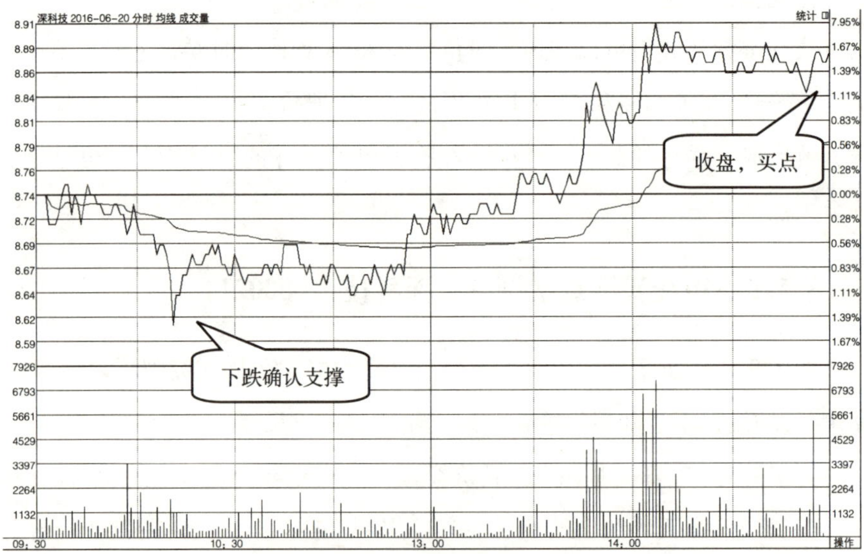

图 3-15　深科技分时走势图

如图 3-15 所示，6 月 20 日前的一个交易日，也就是 6 月 17 日，股价已经小幅突破了 45 天均线。为了谨慎，我们可以暂时先不买入股票。6 月

20日盘中，股价先是回落，并且回落到45天均线附近获得了支撑，随后就开始被持续向上拉升。截至收盘前，股价已经牢牢站稳在45天均线以上。这种回落获得支撑后反弹的走势，证明了行情开始走强的判断。当日收盘前，我们可以积极买进股票。

从这个案例我们知道，有时候股价刚刚突破的时候，我们还不应该买进，最好等到股价在均线上站稳以后才买进，这样风险更小一些。

3.1.6 短线暴涨点案例四：广电网络（600831）

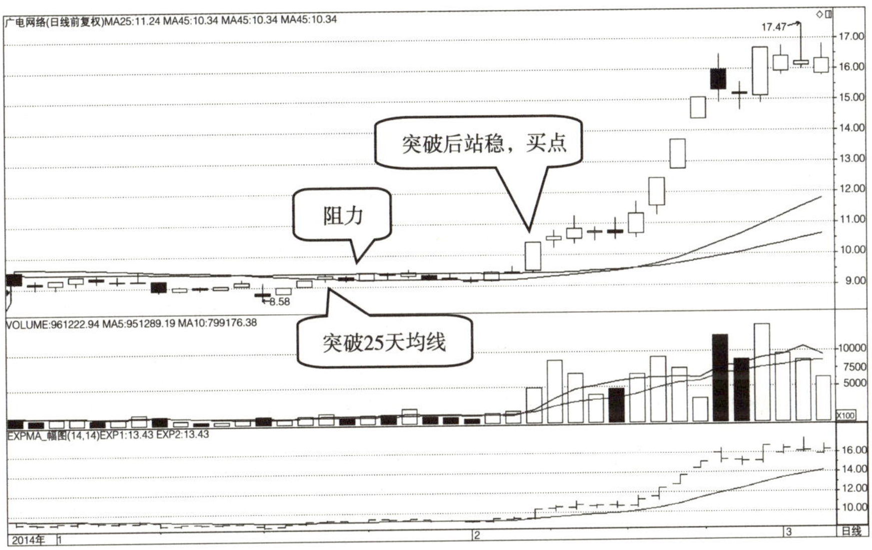

图3-16 广电网络日K线图

如图3-16所示，2015年1月22日，广电网络股价就突破了25天均线。随后股价一直在25天均线和45天均线中间横盘，没能够向上突破。例如1月26日这天，股票收盘价是9.43元，45天均线是9.44元。中间就差1分钱，就是涨不上去，这说明这根45天均线真的很有效。

到2月初，股价终于突破了45天均线。2月5日，已经在45天均线上站稳。这时两条均线中间的距离也已经很近，即将完成金叉，这就是我们买入股票的时间点。随后这只股票的价格开始持续上涨，连拉几个涨停。

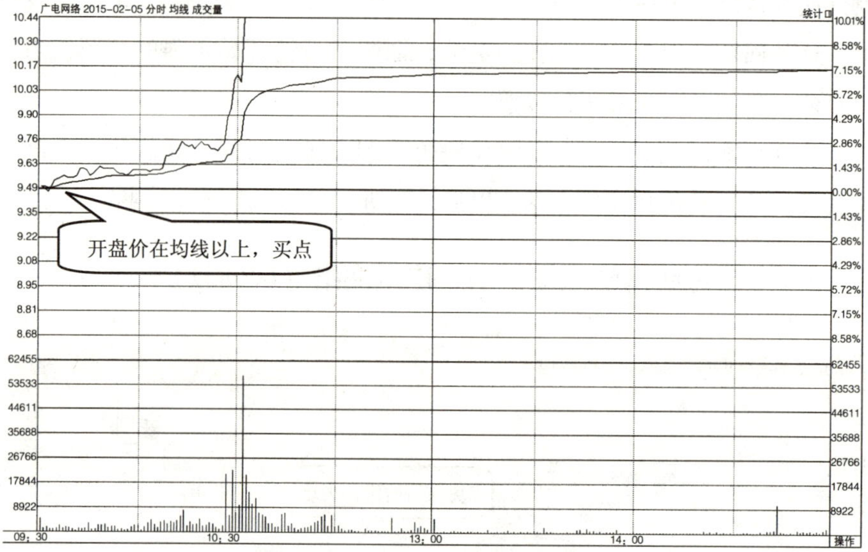

图 3－17　广电网络分时走势图

如图 3－17 所示，2 月 5 日前的一个交易日，广电网络的收盘价已经在 45 天均线以上，不过只突破了几分钱，并且当日盘中股价持续回落。在这样的走势下，我们可以先保持谨慎。2 月 5 日，股价开盘价继续站在了 45 天均线以上，这就是对于上涨趋势的进一步验证。看到这种突破走势，我们可以在开盘阶段就积极买进股票。当日开盘后股价被持续向上拉升，一直上涨到了涨停板上。

3.1.7　短线暴涨点案例五：万盛股份（603010）

如图 3－18 所示，2015 年 2 月 16 日，万盛股份的两条均线间的距离已经非常近，几乎黏合在一起。这一天股价同时突破了两条均线。

随后一日，也就是 17 日，股价在高位横盘，说明已经站稳了均线上方。这个时候我们就可以积极买入股票。

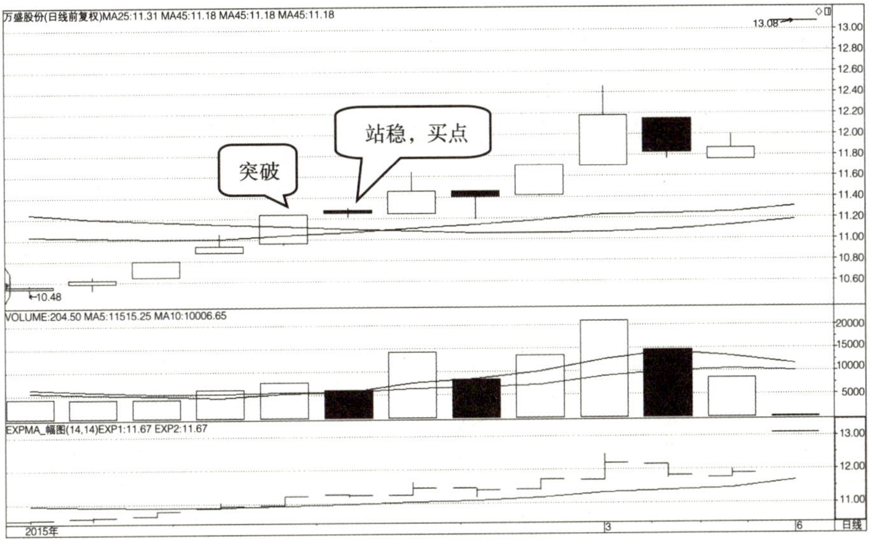

图 3－18　万盛股份日 K 线图

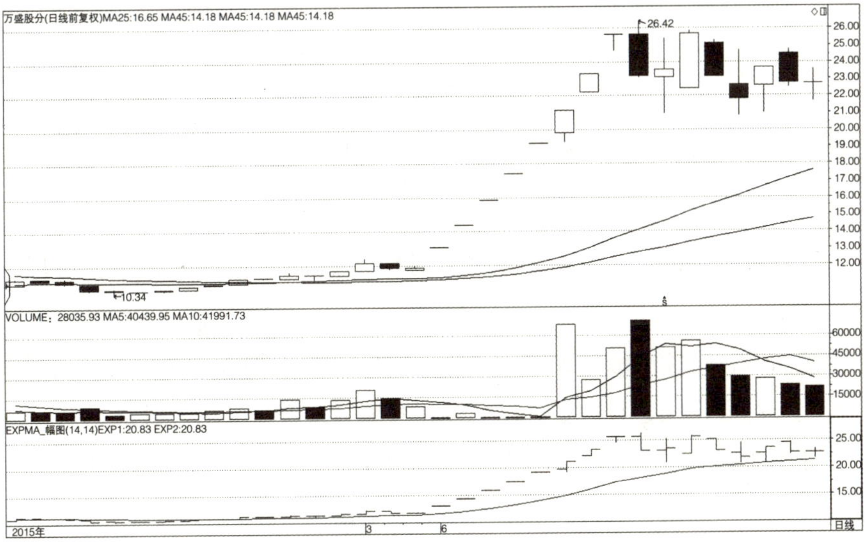

图 3－19　万盛股份日 K 线图

如图 3－19 所示，我们把 K 线图的周期拉长就可以看到，这之后股票价格被快速向上拉升，连续涨停，走出了翻倍的行情。

对于案例中两条均线黏合在一起的这种情况，我们同样可以按照一贯的原则来进行交易。只要股票突破均线以后在上边站稳，同时均线有了金叉的可能性，我们就可以积极买入股票。

3.1.8 短线暴涨点案例六：精伦电子（600355）

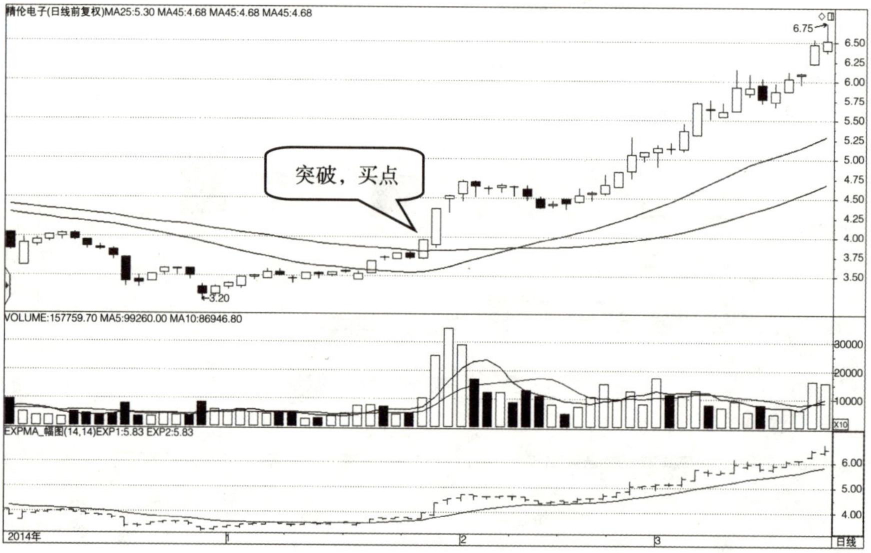

图3-20 精伦电子日K线图

如图3-20所示，2015年1月22日，精伦电子的股价就突破了25天均线，形成第一个买点。这个时候我们可以买进股票，也可以先不买。

随后股价持续上涨，到了26日，突破了45天均线。这个时候股票的上涨趋势已经很强，我们就可以直接在突破当天收盘前买入股票。

如图3-21所示，1月26日，精伦电子开盘后先是被快速拉升，随后股价开始遇阻横盘。这次横盘，实际上就是在45天均线上遇到的阻力。上午，股价被快速向上拉升，突破了均线，形成了很大的涨幅。虽然这时股价已经突破了均线，不过我们为了谨慎，最好还是等到当天收盘前再买进股票。

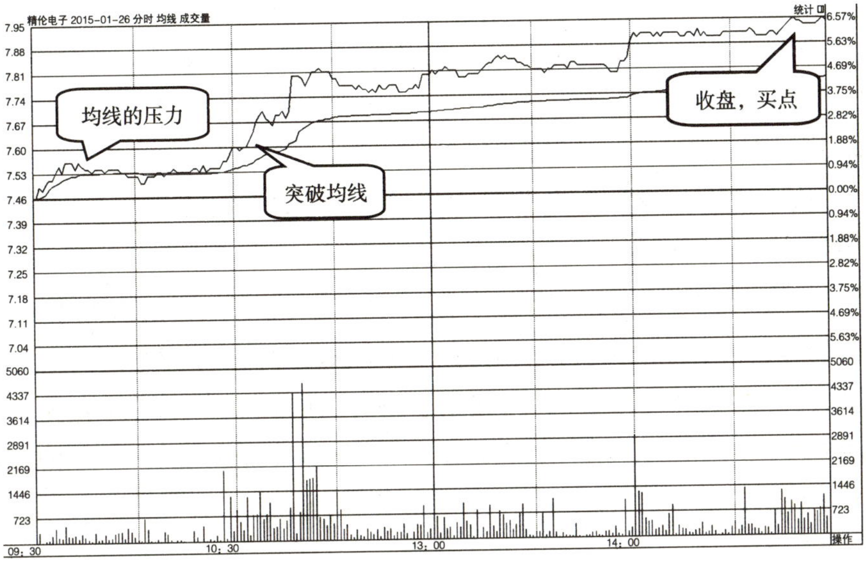

图 3-21　精伦电子分时走势图

3.1.9　短线暴涨点案例七：雪莱特（002076）

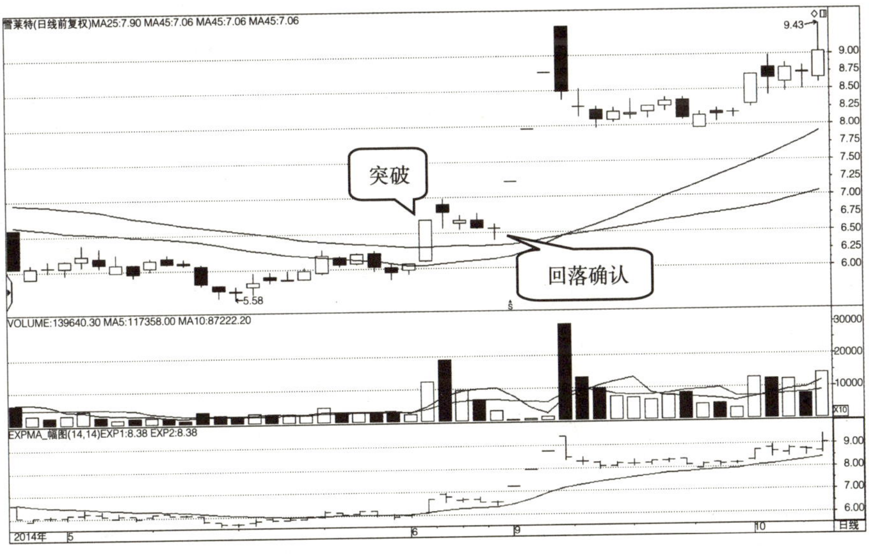

图 3-22　雪莱特日 K 线图

我们来看一个比较老的案例——雪莱特，如图 3－22 所示。

2014 年 6 月 4 日，股价突破了 45 天均线。这天的突破形态还没确认，我们可以先不用买进。随后几天股价持续回落。到了 6 月 10 日，股价回落获得了支撑。这个时候我们就可以买进股票。

这只股票之后进入了持续的停牌。到了 9 月 11 日复牌，开始了连续的涨停行情。

从这个案例我们就可以知道，为什么在本书一开始我们说不用看消息来炒股票，消息都是骗人的。通过技术来做股票，完全不用去关注各种消息。就像这只股票，就算根据小道消息来做，也很难找到真正的买点。我们按照技术做，很容易就可以在停牌之前买进，从而抓住股票复牌以后的连续涨停行情。

3.2 寻找中线起爆点

学会短线起爆点以后，我们接着来看中线起爆点的选择。

3.2.1 中线起爆点捕捉法则

中线起爆点的选择方法和短线起爆点实际上是一样的，都是要通过两条均线来进行操作，只是这里需要借助的是周 K 线图。之前我们讲到中线生命线是周 K 线图里的 28 周均线，在这里需要再加上一条 14 周均线，参数设置如图 3 - 23 所示。

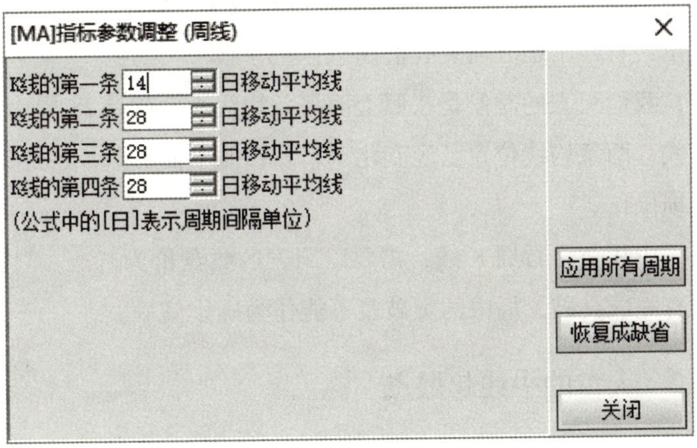

图 3 - 23 设置 14 周均线和 28 周均线

设置完成后的图形如图 3 - 24 所示。

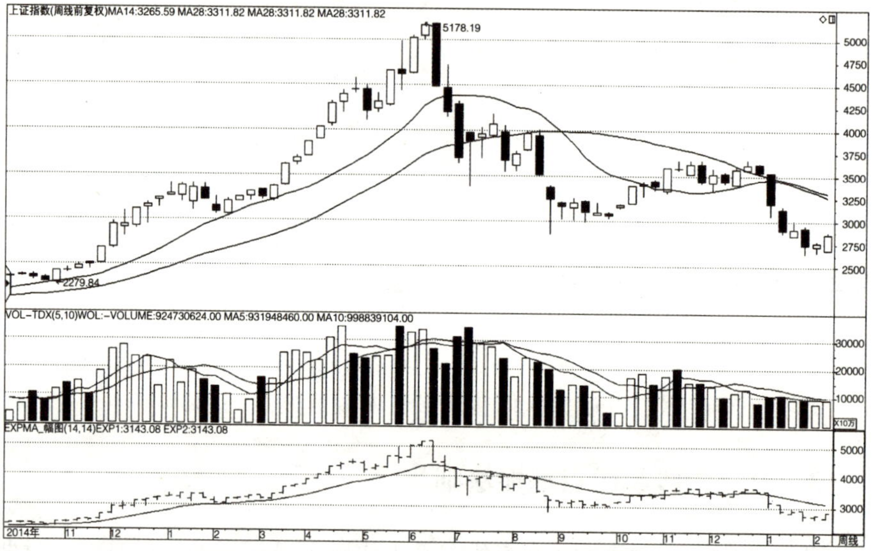

图 3 -24　中线交易的两条均线

这两条均线的应用方法和日 K 线图里的 25 天均线和 45 天均线是一致的。当股价突破到两条均线上方的时候，如果 14 周均线是上涨的，即将或者已经和 28 周均线形成金叉，我们就可以积极买进股票。

在这里，有几个地方需要我们注意：

第一，我们买入的时候是按照上面那条均线，也就是 28 周均线。到了卖出的时候，两条均线位置已经变化了，要按照下面那条，还是 28 周均线来进行止损操作。

第二，中线交易看周 K 线，需要以周五的收盘价为基准。只要周五的收盘价没有完成突破，周中的突破就不能作为操作信号。

3.2.2　大盘的中线起爆点

下面，我们可以根据大盘走势来验证中线交易的这两条生命线。

如图 3 -25 所示，在 2014 年 7 月 4 日这一周，上证指数突破了 14 周均线和 28 周均线。在均线上方小幅回落，之后又开始上涨。

到了 25 日这一周，指数已经开始大幅上涨，完全站稳在 14 周均线以上。这个时候两条均线之间的距离也已经很短，有了金叉的趋势。看到这

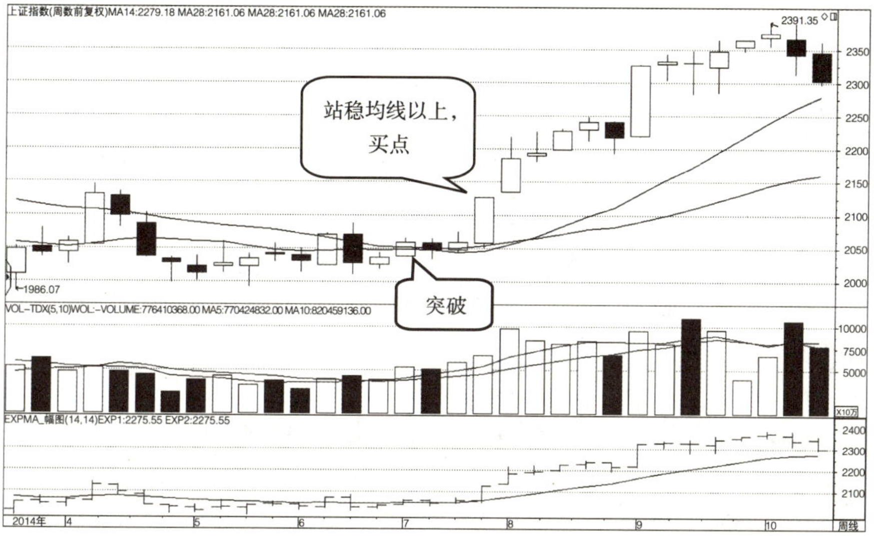

图 3-25　上证指数周 K 线图

个趋势，我们就可以积极买入股票。

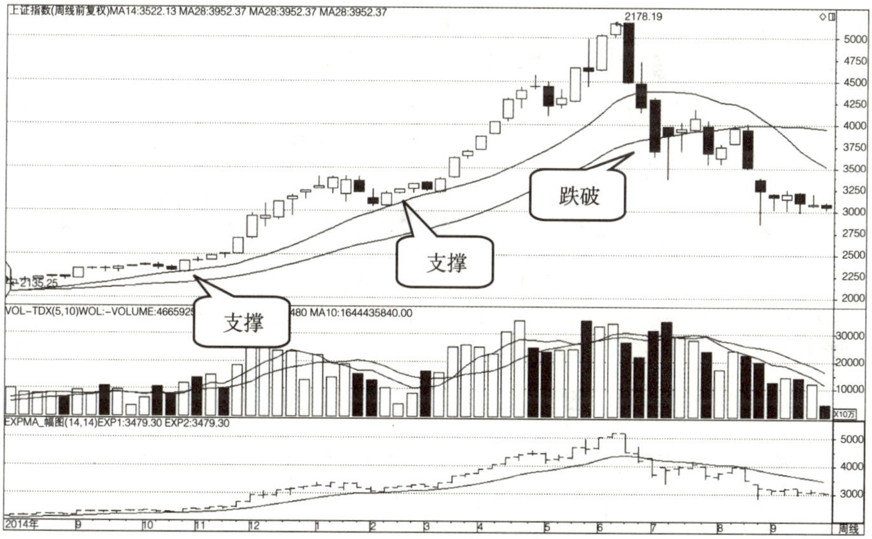

图 3-26　上证指数周 K 线图

如图 3-26 所示，这之后一段时间，指数沿着 14 周均线以上持续上涨，多次在 14 周均线上获得支撑。在这个过程中，我们就可以一直稳定持股。

例如，2014 年 10 月 31 日这一周的周一，指数开盘 2293.57，这周的 14 周均线是 2300.15 点，两者几乎完全一致。

2015 年 3 月 13 日这一周的周一，指数开盘 3224.31 点，这周的 14 周均线是 3222.44 点，两者又几乎完全一致。

这就说明 14 周均线是一条非常有效的中线生命线。

等到指数上涨到高位后，当跌破这两条均线的时候，我们就应该卖出手里的股票。

3.2.3 中线起爆点案例一：百利电气（600468）

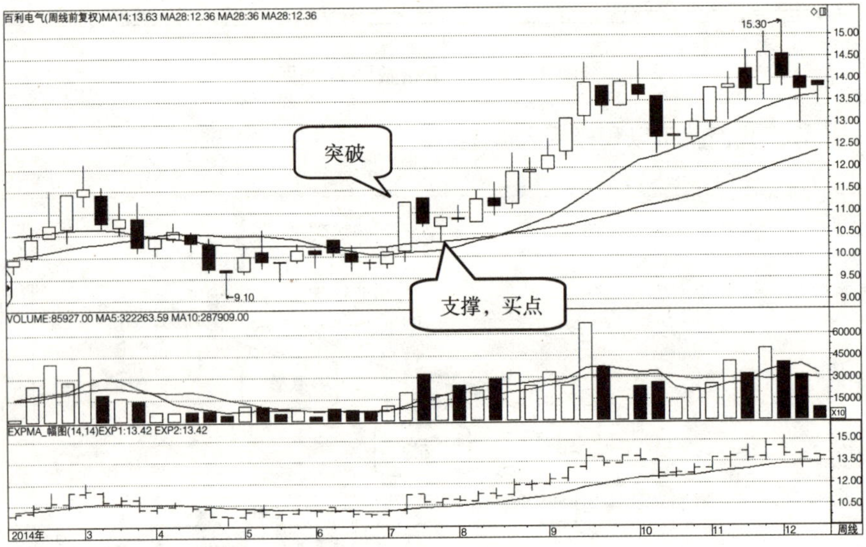

图 3-27 百利电气周 K 线图

如图 3-27 所示，2014 年 7 月 11 日这一周，百利电气股价向上突破了 28 周均线。随后两周股价开始回落。到了 7 月 25 日这一周，股价回落到 28 周均线上获得支撑。这周的最低价是 10.35 元，28 周均线是 10.33 元。两者只差两分钱，非常精确。

当周股价获得支撑后继续上涨时，我们就可以积极买进股票。随后股票进入了持续的上涨趋势。

从这个案例我们可以发现，股票在14周均线和28周均线附近形成了一个螺旋形态。每次震荡的高点和低点分别向上抬高，反复震荡向上。最终当螺旋突破两条均线，并且在均线上方站稳的时候，我们就可以买进股票。

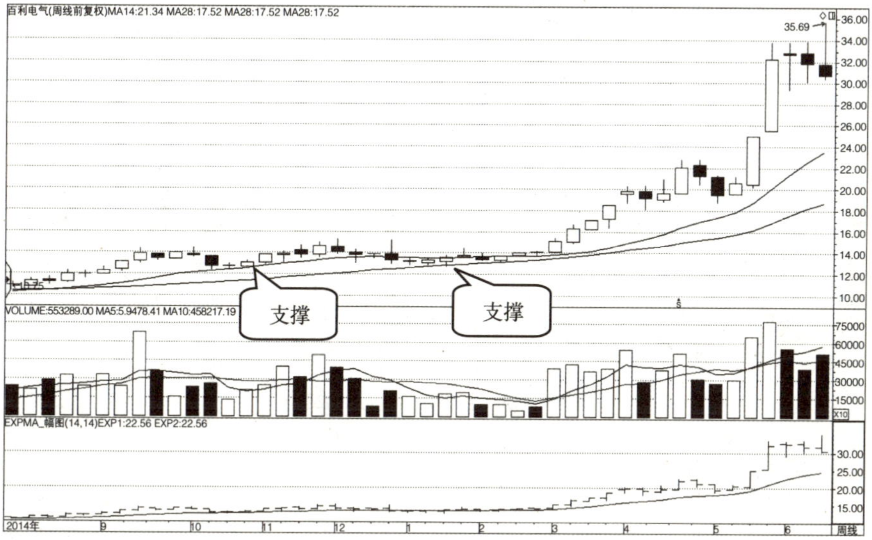

图3－28　百利电气周K线图

如图3－28所示，从随后的走势我们可以发现，股票第一次回落到14周均线上获得支撑，第二次回落虽然跌破了14周均线，但是在28周均线上获得了支撑。这两条均线都对行情起到了很强的支撑作用。在这样的情况下，我们可以安心持有股票。

3.2.4　中线起爆点案例二：沱牌舍得（600702）

如图3－29所示，2014年7月25日之前的一周，沱牌舍得股价已经突破了28周均线并且在均线上站稳。这个时候14周均线也已经开始上涨，并且有金叉的趋势。看到这个形态，我们就可以在这一周积极买进股票。

随后的走势中，股票一直在14周均线上方上涨。10月底和11月初，虽然短暂地跌破了14周均线，不过没有跌破28周均线。这个时候我们可

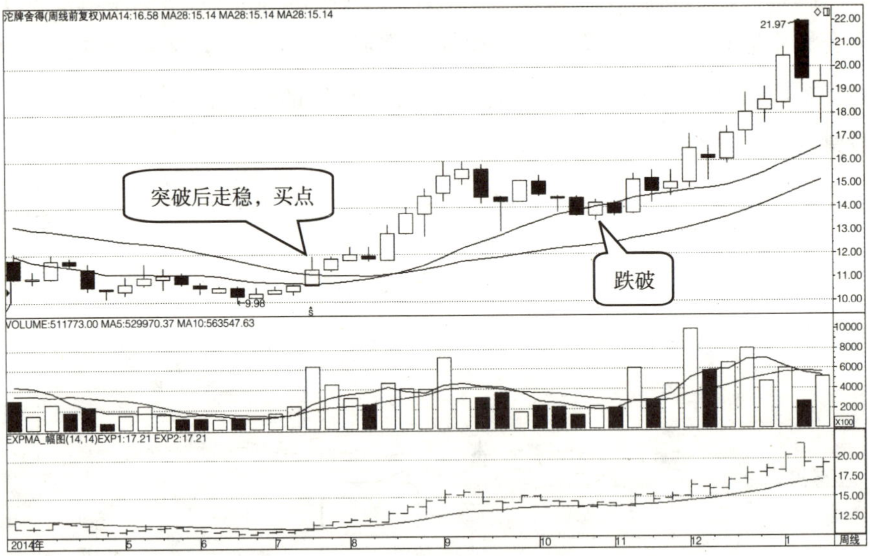

图 3－29　沱牌舍得周 K 线图

以继续持有股票。

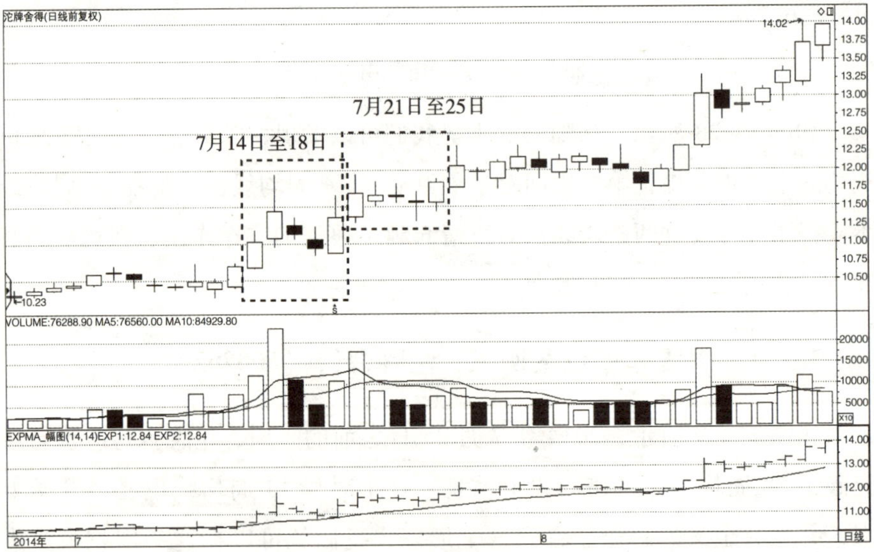

图 3－30　沱牌舍得日 K 线图

如图 3－30 所示，从日 K 线图能够看到，7 月 14 日至 18 日这一周，股价在周三和周四两天形成了深度回落的走势，并且周二和周五的上涨也都有很长的上影线。所以这一周虽然股价已经形成了突破，但并不适合我们买进股票。

到了7月21日至25日以后，股价的波动就更平稳一些，表现出了走稳的特点，而且周一和周五的上涨也都比较果断。这时我们就可以积极买进股票。

3.2.5 中线起爆点案例三：伊力特（600197）

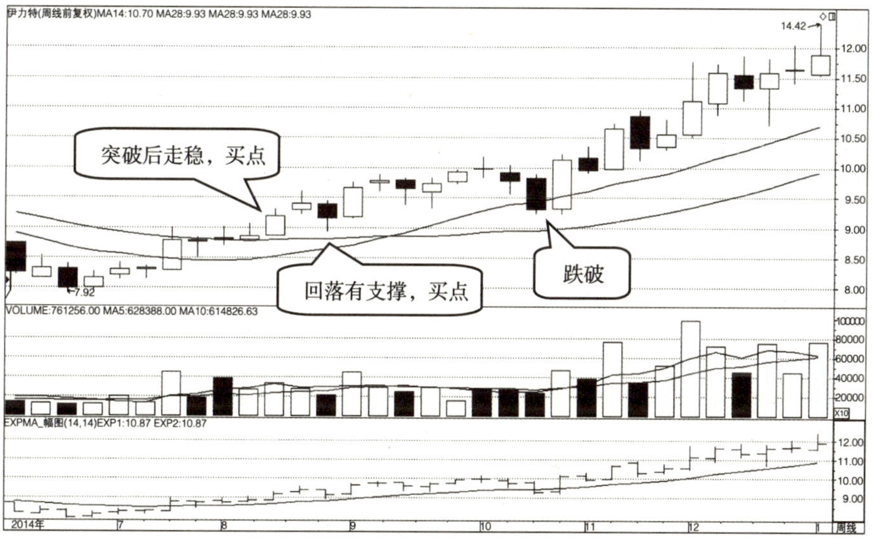

图3-31 伊力特周K线图

如图3-31所示，2014年8月15日这一周，伊力特的股价已经突破了28周均线，并且在均线上站稳。这个时候14周均线也已经开始上涨，并且有金叉的趋势。看到这个形态的时候，我们就可以在这周买入股票。

两周以后，股价回落，但是在28周均线附近再次获得支撑上涨。这次获得支撑后上涨的形态也是对于上涨趋势的进一步确认。这个时候我们也可以积极买进股票。

10月份，股票形成了深幅度回落。这个时候股价跌破了14周均线，但是没有跌破28周均线。在这时我们可以继续持有股票，等待上涨，不用着急卖出。

3.2.6 中线起爆点案例四：伊利股份（600887）

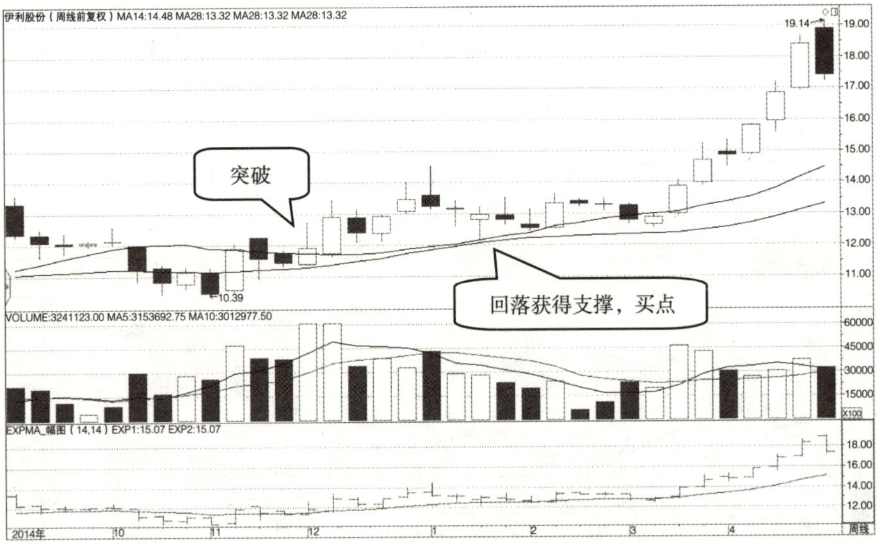

图 3-32 伊利股份周 K 线图

如图 3-32 所示，2014 年底，伊利股份股价就突破了 28 周均线，不过随后股价开始持续横盘整理。到了 2015 年 1 月底，股价回落到 14 周均线附近获得支撑。这一周最低股价是 26.04 元，14 周均线是 26.02 元，中间只差 2 分钱。均线显示出了非常强的支撑力量。同时在这一周，14 周均线也已经突破 28 周均线，完成金叉形态。看到这一周的走势，我们就可以积极买入股票。

如图 3-33 所示，1 月 19 日至 23 日这一周，股价在周一大幅低开后持续下跌。之后两天就开始强势反弹，并且完全回补了周一的跳空跌幅，回到上周收盘的价位附近。这就说明行情下跌后获得了很强的支撑。周四和周五，股价开始在高位站稳。看到这样的形态，我们可以确认这一周股价已经在高位获得支撑，并且可以在周五收盘前买进股票。

通过这个案例我们就可以知道，中线的起爆点可能出现在金叉完成之前，也可能会出现在金叉完成的时候。无论什么时候，只要股价能够在均

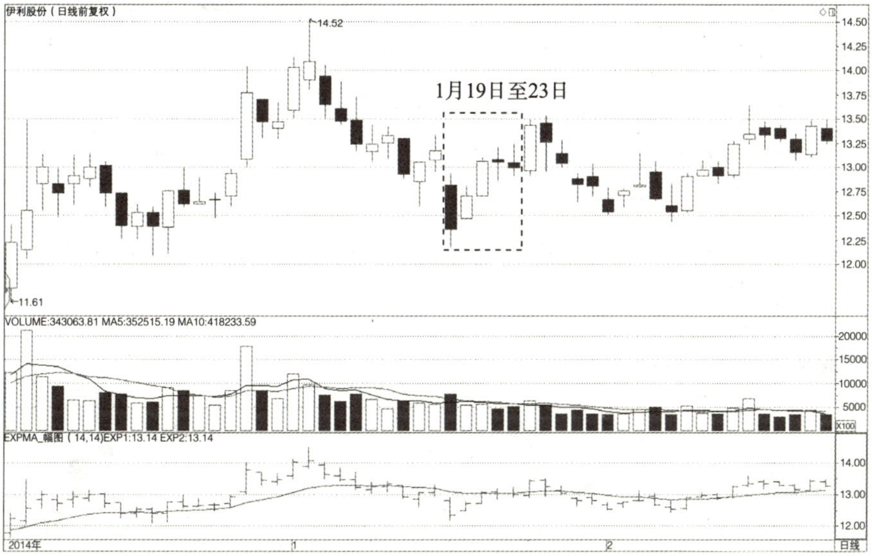

图 3－33　伊利股份日 K 线图

线上站稳，我们就可以买入股票。

3.2.7　中线起爆点案例五：四川金顶（600678）

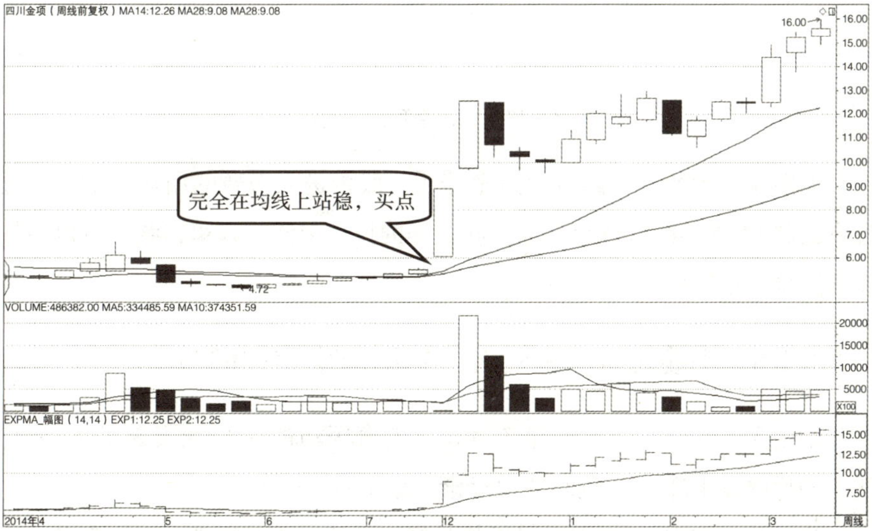

图 3－34　四川金顶周 K 线图

如图 3－34 所示，2014 年 7 月，四川金顶的两条均线几乎完全黏合在一起。7 月 11 日这一周，股价突破了两条均线。到了 7 月 18 日这一周，股价已经完全在两条均线上方站稳，这个时候我们就可以积极买入股票。等到这根周 K 线结束后，该股进入了长期停牌状态，一直到 12 月份复牌后，股价开始以连续涨停的形态持续上涨。

在这个案例里，我们不用看消息，只要通过技术分析，就能够抓住这只大牛股。

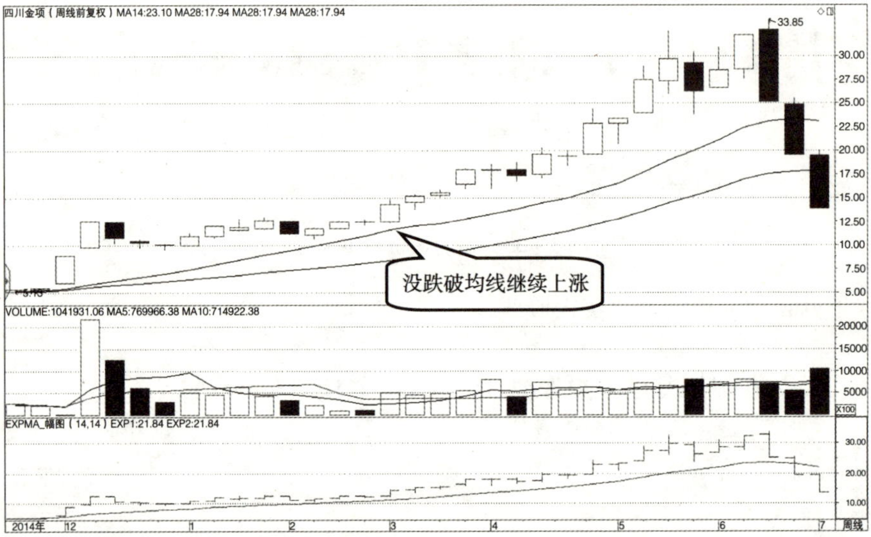

图 3－35　四川金顶周 K 线图

如图 3－35 所示，经过快速上涨后，股价进入短暂的回落行情，不过没有跌破 14 周均线就继续上涨。在这样的持续上涨过程里，我们可以稳健持有股票，不用担心风险。

3.2.8　中线起爆点案例六：上海医药（601607）

如图 3－36 所示，2014 年 7 月初，上海医药的周 K 线突破了 14 周均线，随后继续上涨。14 周均线也逐渐开始上涨。

当股价上涨到 28 周均线附近的时候，虽然形成了突破，不过突破的幅度很小，遇到了一定阻力，这时我们可以继续观察。直到 8 月 22 日这一

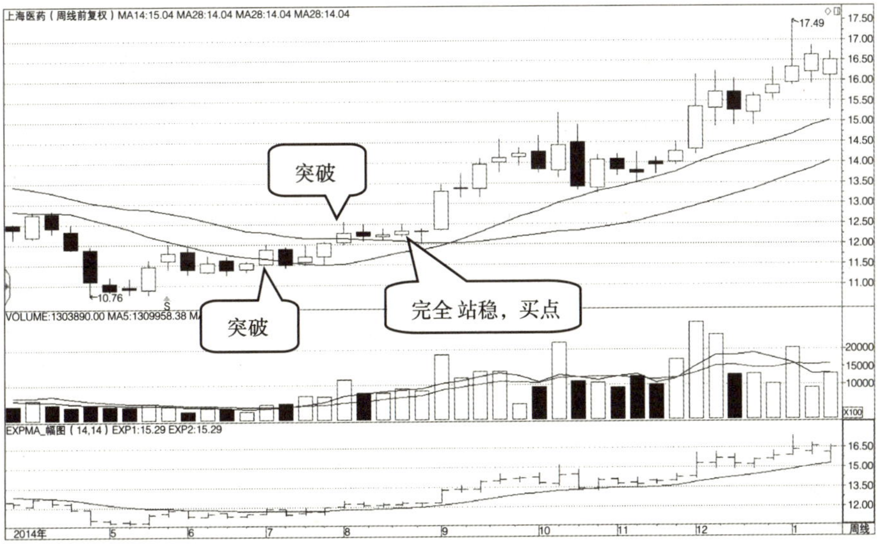

图3-36 上海医药周K线图

周，股价突破后又在28周均线站稳了三周。这已经是对于突破形态的确认，这个时候我们可以积极买入股票。

8月29日一周，股价再次回落到28周均线上获得支撑。这是我们加仓买入股票的机会。

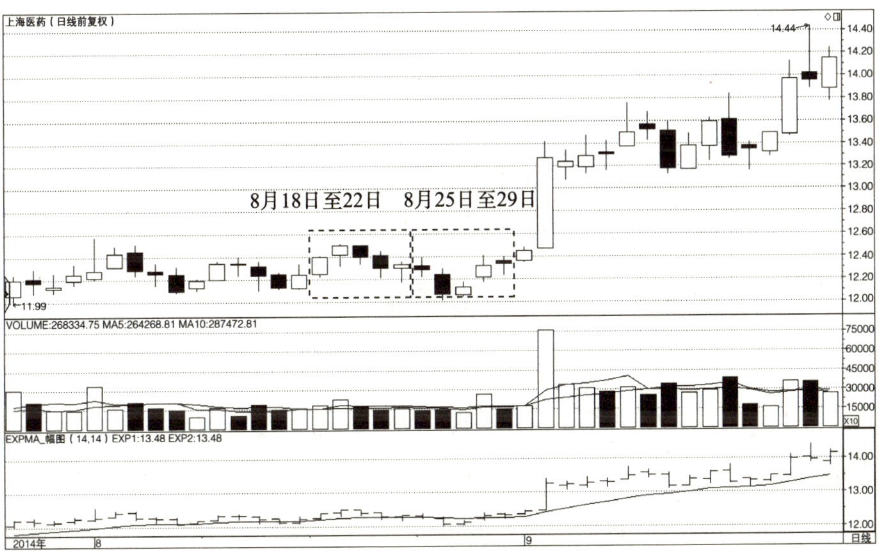

图3-37 上海医药日K线图

如图3－37所示，8月18日至22日这一周，周一和周二股价就已经在28周均线上方持续上涨。随后虽然在周三和周四股价有回落，不过到周五还是站在了均线以上，形成在均线上获得支撑的形态。

随后一周，股价在周二回落，周三马上就获得支撑，周四又强势上涨。截至周五，股价站稳28周均线的形态已经完全可以确认。这个时候我们就可以积极买进股票。

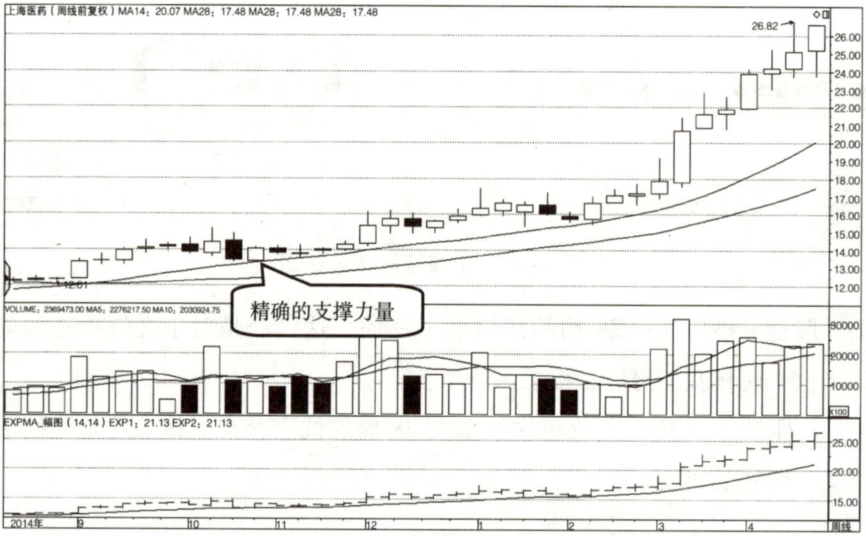

图3－38　上海医药周K线图

如图3－38所示，随后的行情里，股价在14周均线上方持续上涨，几次回落时都在14周均线上获得了支撑。例如10月31日前一周，股票的开盘价是13.38元，14周均线是13.30元。均线的支撑力量非常精确。

3.2.9　中线起爆点案例七：华鼎股份（601113）

如图3－39所示，2014年7月初，华鼎股份股价就突破了纠缠在一起的两条均线，只是随后股价一直横盘整理，两条均线也纠缠在一起。这个时候行情非常不明朗，我们最好保持观望。

到了8月29日之前的一周，股价回落到两条均线上获得支撑。这周最低价是4.41元，14周均线的值是4.39元。这说明股价已经站稳在均线以

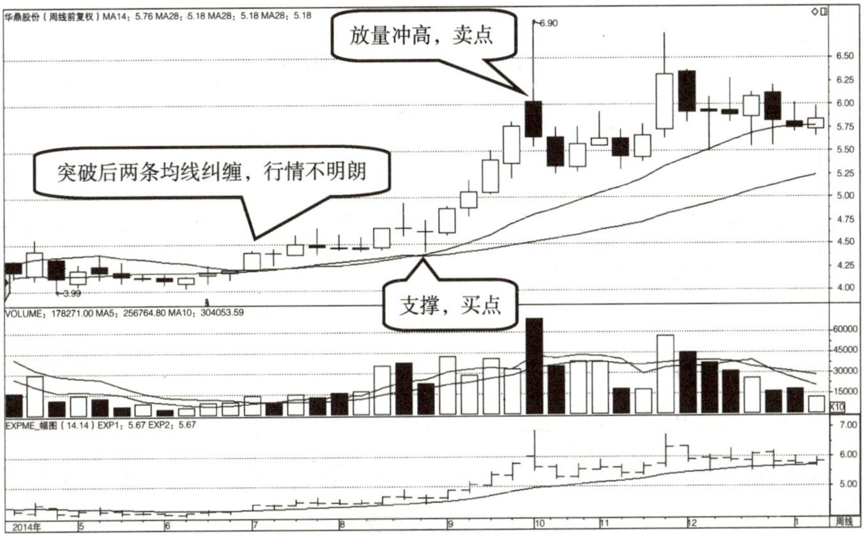

图 3－39　华鼎股份周 K 线图

上，并且这时 14 周均线已经在 28 周均线之上，形成金叉。看到这个形态的时候，我们就可以积极买入股票。

随后股价连涨四周，累计涨幅 20%。到第五周，放量冲高后回落。这时我们就应该卖出手中的股票。

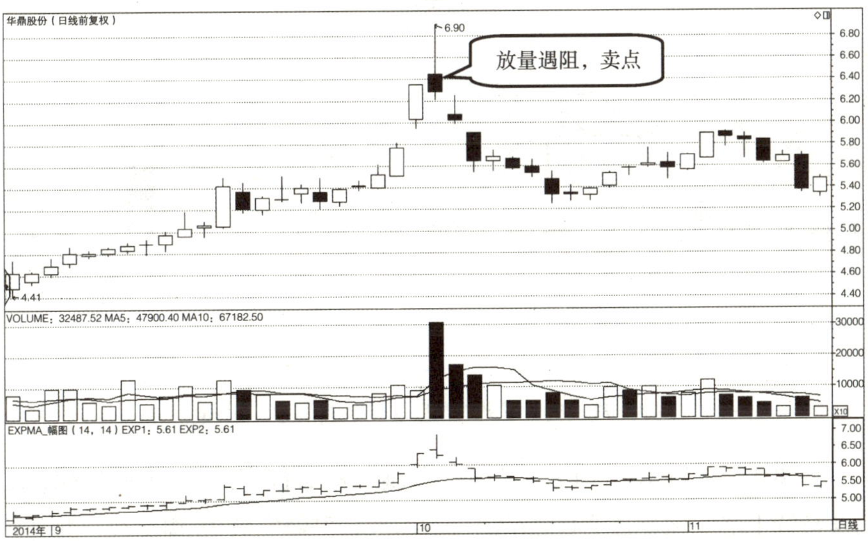

图 3－40　华鼎股份日 K 线图

如图3－40所示，10月15日，华鼎股份放出天量，成交量明显超过前期成交量的一倍以上，同时股价也在盘中遇阻回落。这一天的收盘前就是我们卖出股票的时机。关于这个卖点的选择，我们后边会有专门的章节介绍。

从这个案例中我们可以看到，一开始虽然股价突破了均线，均线也有金叉的趋势，但是股价持续横盘，没有在均线以上站稳，所以我们不应该买入股票。之后股价在均线上获得支撑，站稳了均线，并且均线也形成金叉，到这里才是最佳买点。

这个案例还说明一点，虽然我们是按照中线起爆点买入股票，不过买入四周后股价就遇阻回落，这个时候我们就应该卖出股票。不要纠结自己的操作周期，只要卖点出现，就应该卖出股票。

3.2.10　中线起爆点案例八：云维股份（600725）

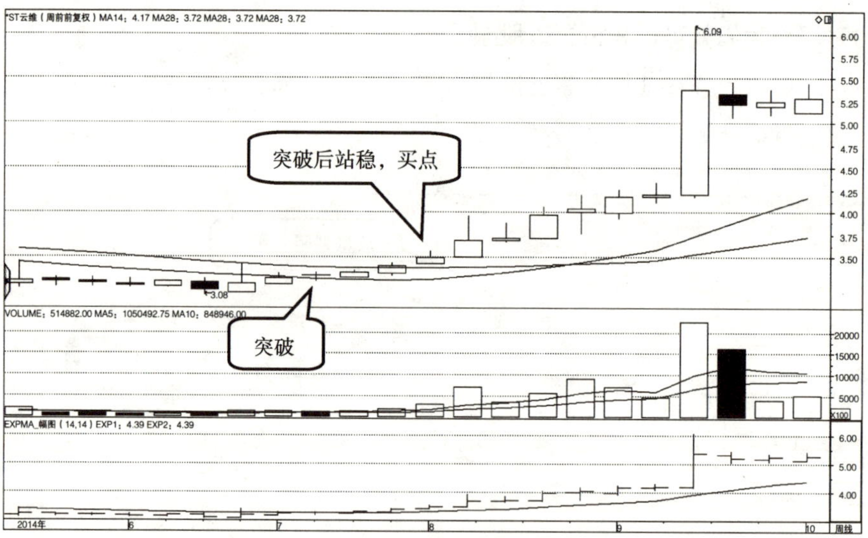

图3－41　云维股份（现*ST云维）周K线图

如图3－41所示，2014年7月，云维股份股价突破了14周均线，之后又持续上涨。到8月1日之前的一周，股价已经突破28周均线，并且整周的股价都位于28周均线以上。这个时候14周均线也持续上涨，向28周均线靠拢，已经有了金叉的趋势。看到这样的形态后，我们可以积极买入股票。

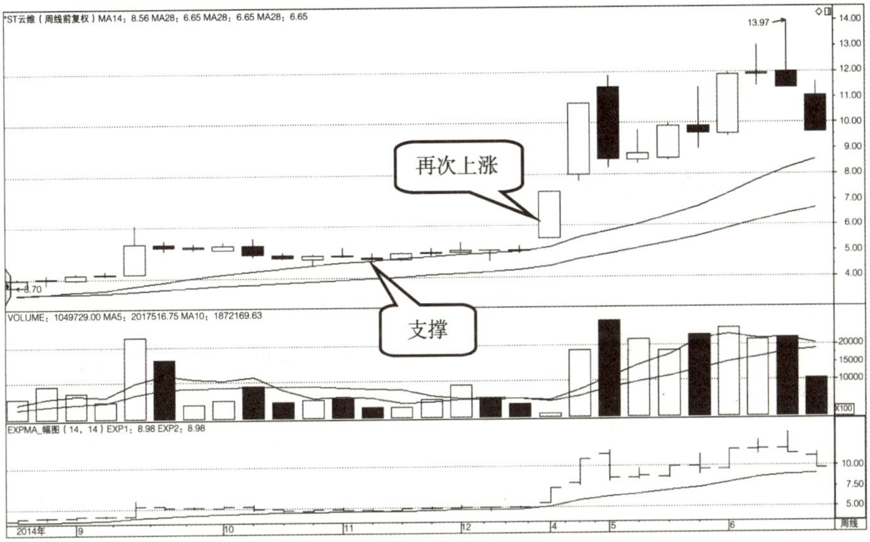

图3－42　云维股份（现*ST云维）周K线图

如图3－42所示，经过短暂上涨后，云维股份进入持续横盘整理行情。在整理的过程中，股价在14周均线上获得了很强的支撑力量。在这里，均线对股价的支撑力量完全表现出来。经过持续支撑后，股票停牌了四个月。四个月放出来以后，再次被强势向上拉升。根据均线操作，我们可以稳定持有股票，抓住未来的上涨行情。

3.3 寻找短线逃命点

除了买点以外，我们做短线交易的时候还应该注意寻找卖点。俗话说会买的是徒弟，会卖的才是师傅，很多时候准确把握卖点要比把握买点更加重要。

3.3.1 短线逃命点捕捉法则

了解了短线起涨点后，把握短线逃命点非常容易。我们同样需要看两条均线，分别是25天均线和45天均线。这跟买点是完全一样的，怎么设置这里就不再说了。只是在具体的形态上，买入时与卖出时正好相反。

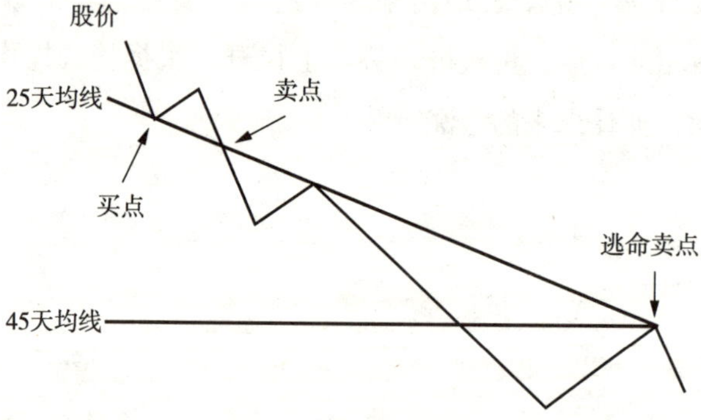

图3-43 短线逃命卖点

如图3-43所示，粗线分别是25天均线和45天均线，细线是股价走势。

股价第一次下跌到25天均线附近获得支撑的时候，我们还不知道庄家是不是要打压股价。这个时候只要股价还能在25天均线获得支撑上涨，我们就可以买入股票。后市怎么样我们还不知道，打到生命线的时候，我们首先想到的就是要先买进。

买进之后，等股价破位下来的时候，就是一个卖点。这个卖点比买点高一点，就是一个止损点。我们做股票，谁都不可能绝对判断正确。判断错误的时候，一定要有这么一个止损点来防止自己的亏损进一步扩大。止损点可能在3%或者5%，但是不要超过5%的比例。如果是止盈的话，可能设到30%或者50%，甚至翻倍。这样在亏的时候少亏，赚的时候多赚，能够保证我们的交易长期是盈利的。

股价跌破位以后，反抽到25天均线如果继续遇阻，就是我们另一个卖出点。

跌破25天均线以后，如果继续下跌，连下面的45天均线也跌破了，那么就是我们短线操作最后的卖出点位。也就是说，一旦股价跌破了两条均线，25天均线在上面向下死叉45天均线的时候，这个时候就是最后的逃命点。

在把握这个卖点的时候，有两点需要注意：

第一，必须要等收盘价做出来以后再去交易。因为在盘中，我们不知道庄家要不要操纵股票破位，短暂的跌破可能只是试探。我们需要等到庄家的收盘价做出来以后再去看是不是已经破位了。

第二，之前跌破25天均线的时候，我们可能有各种理由，没有卖出。那么到了跌破45天均线，同时又是死叉或者接近死叉的时候，无论有什么理由，都要卖出。因为这里是短线的最后一个卖点，再不卖以后就会相当麻烦。

3.3.2 大盘的短线逃命点

我们先通过一段大盘走势来熟悉这个短线卖点的应用方法。

如图3-44所示，2015年6月19日，上证指数跳空下跌。这天指数下跌了307点，收盘点位跌破了45天均线。这就是一个非常标准的中线逃命点。这一天我们一定要卖出股票。

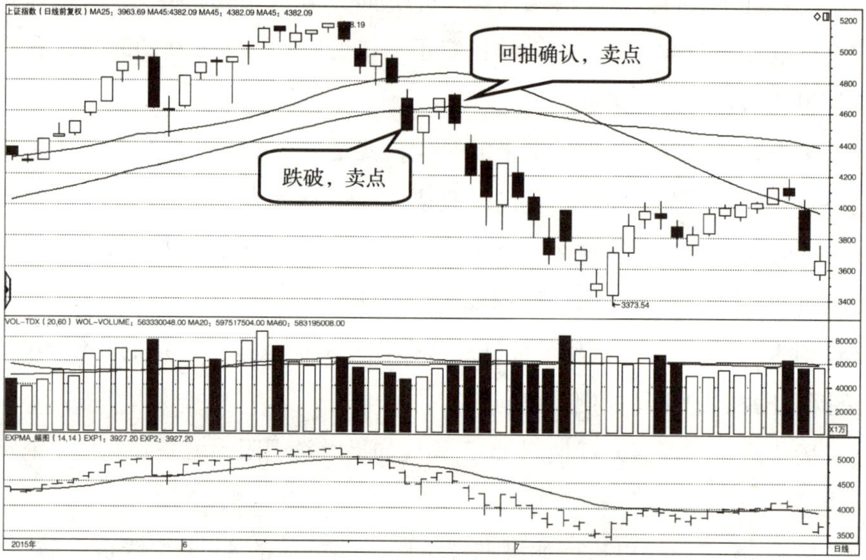

图 3-44　上证指数日 K 线图

之后两天股价反弹，到第三天又下跌了 162 点。这天收盘价再次回到了 45 天均线以下。这次反抽是对于弱势走势的继续验证。看到这一日收盘点位在 45 天均线以下，我们应该果断卖出。

如果错过了这个最后的逃命点，之后就相当麻烦。我们看到随后一天指数继续下跌了 334 点，之后一路从 4500 点附近跌到了 3300 多点。我们在高位卖出了，虽然没卖在 5000 点以上，但至少避免了绝大部分的下跌幅度。

如图 3-45 所示，2015 年 12 月 28 日，上证指数再次见顶下跌，跌破了 25 天均线和 45 天均线。这天的收盘点位是 3635.77 点，45 天均线是 3538.84 点。我们可以看到，只跌破了 3 点。可是这 3 点的跌幅就足以说明行情已经走弱，庄家开始砸盘，我们也应该卖出股票。这个信号就非常神奇。

随后股价又反弹了三天，到元旦假期结束回来，指数马上就又开始暴跌。

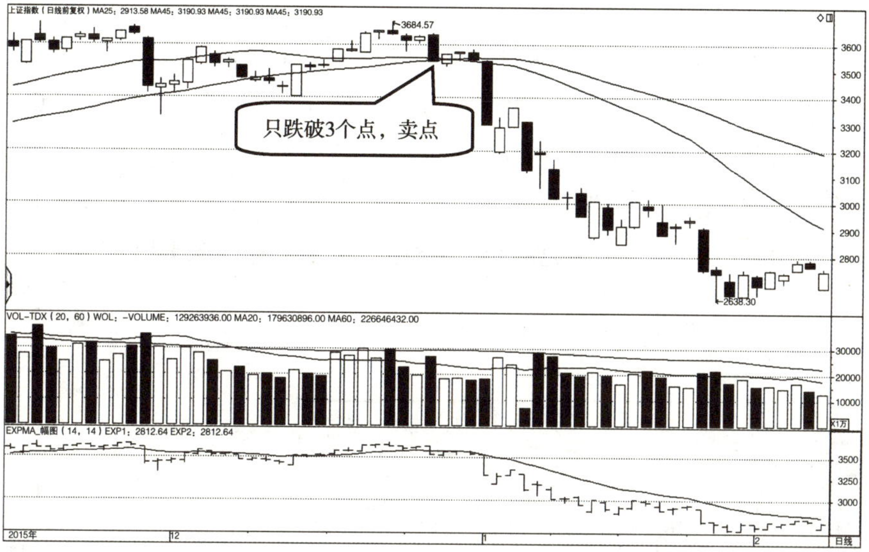

图3-45 上证指数日K线图

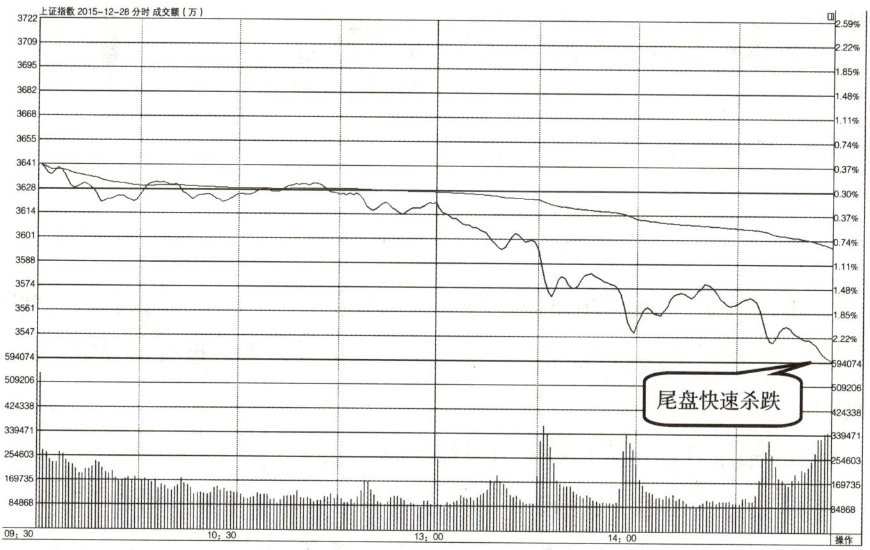

图3-46 上证指数分时走势图

如图3-46所示，上证指数这天是在尾盘阶段被快速杀跌，跌破45天均线3个点。如果我们在收盘前几分钟没有反应过来，来不及卖出股票的话，可以等到下个交易日一开盘就果断卖出。

对于这种短线卖出点的把握，我们一定要尊重趋势。只要跌破了，就说明趋势变坏，就应该卖出手中的股票。当然在实际交易的过程中，也会有一些特殊的情况，比如我们卖出以后，行情很快开始走强，这个时候我们就要改变自己的卖出策略，反手开始买入。我们一定不能做市场上的死多头或者死空头，而是应该跟着趋势来操作，做市场上的滑头。

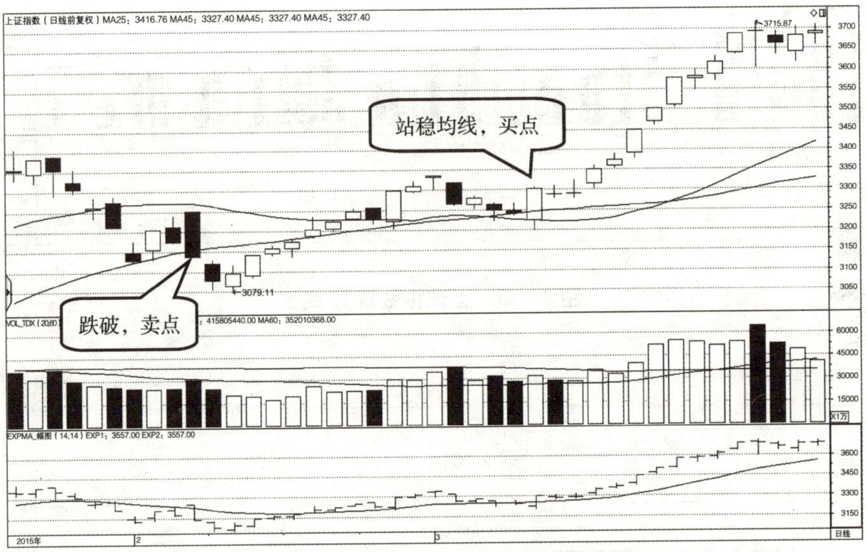

图 3－47　上证指数日 K 线图

如图 3－47 所示，2015 年 2 月 5 日，上证指数跌破了 45 天均线。此时 25 天均线也有了下跌的趋势。看到这个形态，我们就应该卖出股票，回避风险。

随后股价开始反弹，等到两根均线真正死叉之前，股价就突破到了两根均线以上。25 天均线跌破 45 天均线以后也很快就反弹。到了 3 月 9 日，收出一根阳线，站稳 45 天均线以上。同时 25 天均线也有了继续向上，与 45 天均线金叉的趋势。看到这个形态，我们应该果断地反手做多，把卖出的股票再买回来。买入股票后，我们就可以享受最后行情继续的涨幅了。

像这次的操作，就算是一次失败的交易。我们做交易的时候，难免像这样被庄家忽悠，但是只要我们 10 次操作里能够有 8 次正确就可以了。剩下的两次只要能及时停止错误的操作，也不会有太大损失。通过这样的操作，我们可以在判断正确时赚到更多钱，判断错误时把亏损控制在最小范围内，最终少亏多赚，长期下来就能实现稳定盈利。华尔街上有句名言说"截断亏损，让利润奔跑"，就是这个道理。

3.3.3 短线逃命点案例一：精伦电子（600355）

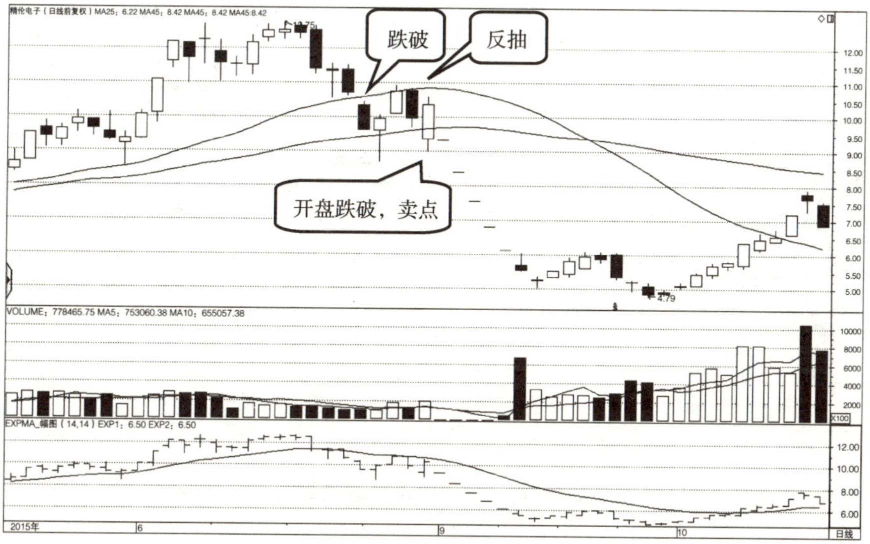

图3－48 精伦电子日K线图

如图3－48所示，2015年6月19日，精伦电子开盘就跌破了25天均线，随后一直下跌，不过收盘的时候并没有跌破45天均线。随后几天，股价反抽，不过在25天均线上连续遭遇了阻力。24日的收盘价是10.76元，这天25天均线是10.76元，一分都不差。25日的开盘价是10.77元，这天的25天均线是10.81元，只差了4分钱。25天均线对这次反抽的阻力相当神奇。

在跌破当日和反抽的这两日，我们都可以卖出股票。不过因为股价还没有跌破45天均线，我们就算不卖出也没有太大关系。

6月26日，股价跳空低开，开盘就跌破了45天均线。我们说看突破或者跌破，就是看两个价格，一个是开盘价，另一个是收盘价。这天开盘就跌破，说明行情已经变弱了，庄家开始打压股价。所以这一天我们就应该卖出股票。这里是短线逃命点，也就是最后的一个卖出点。

随后股价进入停牌状态。等复牌后，股份开始了连续一字跌停，想要卖出股票已经不可能了。

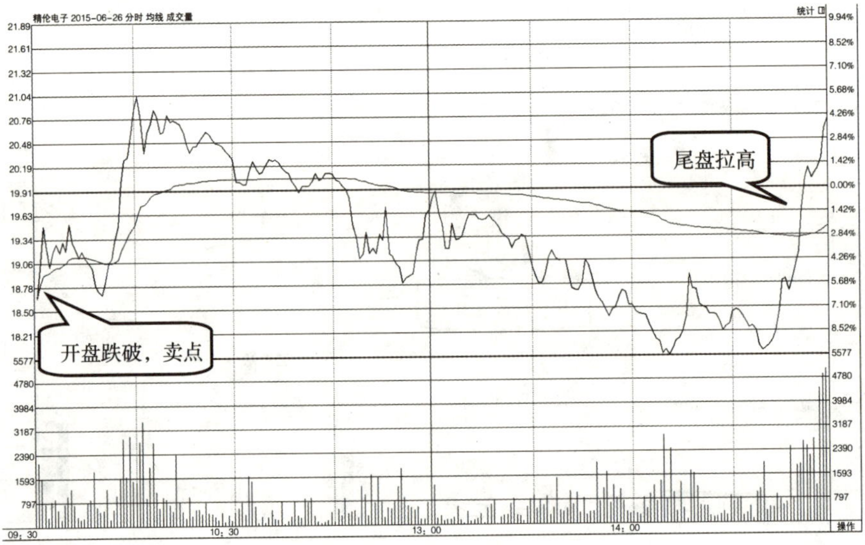

图 3－49　精伦电子分时走势图

如图 3－49 所示，6 月 26 日，开盘价就已经跌破了 45 天均线。这个时候我们应该在开盘阶段就果断卖出股票。从当日分时走势看，尾盘阶段股价被快速向上拉升，最终使日 K 线上形成了一根阳线，这明显是庄家欺骗散户的一种手法。通过尾盘拉升，形成大阳线，吸引散户跟风买入，庄家就可以抛售股票进行出货操作。

3.3.4　短线逃命点案例二：通葡股份（600365）

如图 3－50 所示，2016 年 5 月 6 日，通葡股份股价跌破 25 天均线。这是一个短线卖出点。

之后是一个周末。下周一，也就是 5 月 9 日，股价大幅低开，到收盘时的收盘价是 17.68 元，这天的 45 天均线是 17.69 元，只跌破了 1 分钱。不过这 1 分钱的跌幅已经明确说明行情变弱，我们应该卖出股票。

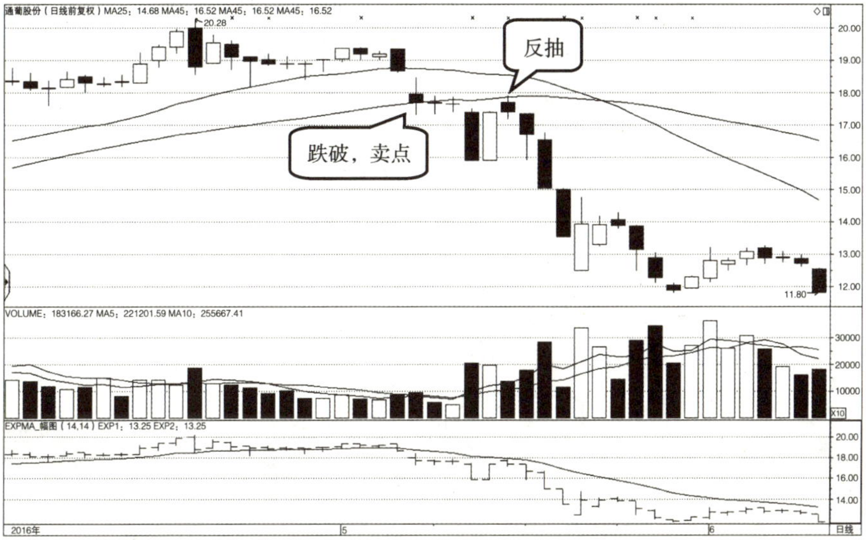

图 3－50　通葡股份日 K 线图

随后股价又有一段反抽走势。5 月 17 日，股价反抽遇阻回落。这天的最高价是 17. 88 元，45 天均线是 17. 86 元，只差了 2 分钱。

图 3－51　通葡股份分时走势图

如图3-51所示，5月9日收盘前几分钟，通葡股份的股价还在均线附近纠结，直到最后一分钟才跌破了均线1分钱。如果这一日收盘前我们来不及交易，可以等到下个交易日开盘果断卖出。

3.3.5 短线逃命点案例三：中航电子（600372）

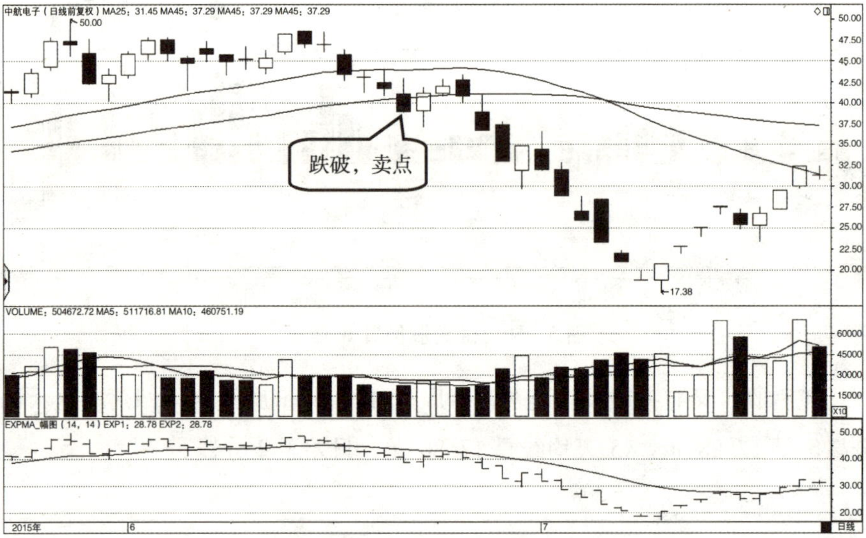

图3-52 中航电子日K线图

如图3-52所示，2015年6月19日，中航电子的收盘价跌破了45天均线。这说明行情已经变差，庄家开始向下打压。看到这样的形态后，我们应该尽快卖出手里的股票。

随后股价又小幅反抽，不过没能重新突破25天均线，很快就又再次下跌。这次反抽是对于跌破形态的进一步验证，也是另一个卖出点。

经过这次跌破行情后，该股进入了持续的下跌趋势。

3.3.6 短线逃命点案例四：云天化（600096）

我们可以再看一个比较老但是非常经典的操作案例。

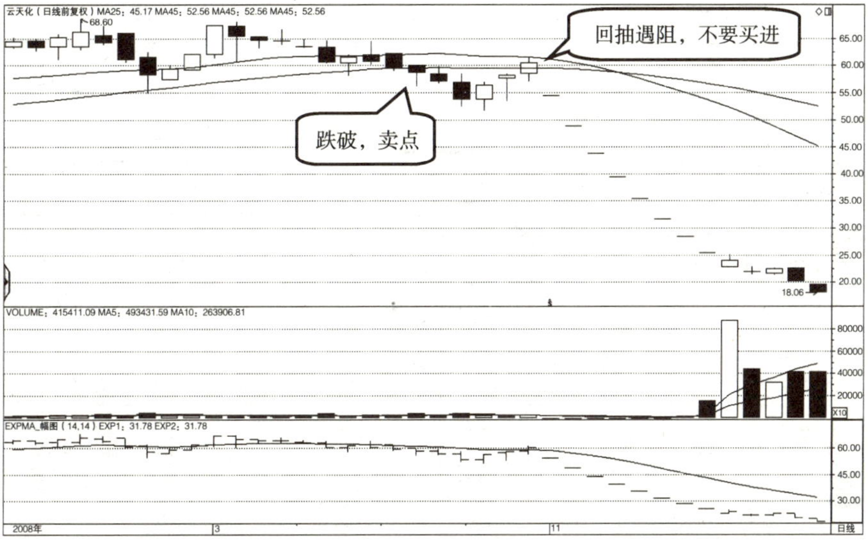

图3-53　云天化日K线图

如图3-53所示，2008年3月14日，云天化股价跌破45天均线。这说明行情走弱，我们应该卖出股票。随后股价形成了反抽走势。到了3月21日，股价反抽突破了45天均线。我们说过如果这天股价再突破25天均线，就说明行情开始再次走强，我们可以反手做多。不过这天的最高价只有61.59元，25天均线是61.60元，中间只差了1分钱。这1分钱的差距说明当日行情还没有走强的趋势。这个时候我们一定不要买入股票。

随后股票就开始了持续停牌。等复牌后，股价开始以连续一字跌停的形态下跌。如果停牌之前买入了股票，这时完全没有卖出的机会。

如图3-54所示，云天化股价开盘后很快就跌破了均线的位置，一直在低位震荡。盘中股价多次向均线位置上涨，都遇阻回落。直到尾盘前，股价虽然被拉升，但还是没能回到均线以上。这个时候跌破的形态已经可以确认，看到这个形态，我们应该尽快卖出股票。

通过这个案例我们就可以知道，卖出股票后，如果行情开始上涨，我们是可以将股票买回的。不过买回操作必须严格按照短线起爆点的原则来操作，差一分钱也不行。

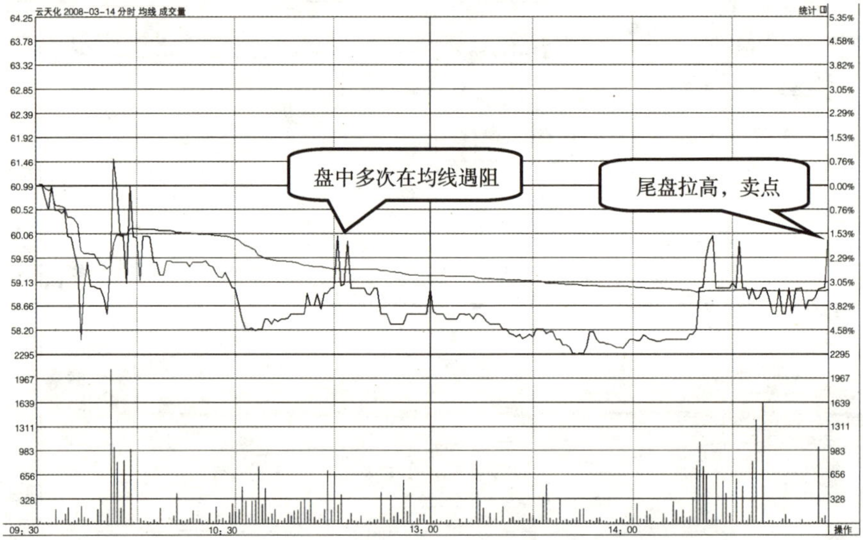

图 3－54　云天化分时走势图

3.3.7　短线逃命点案例五：中国卫星（600118）

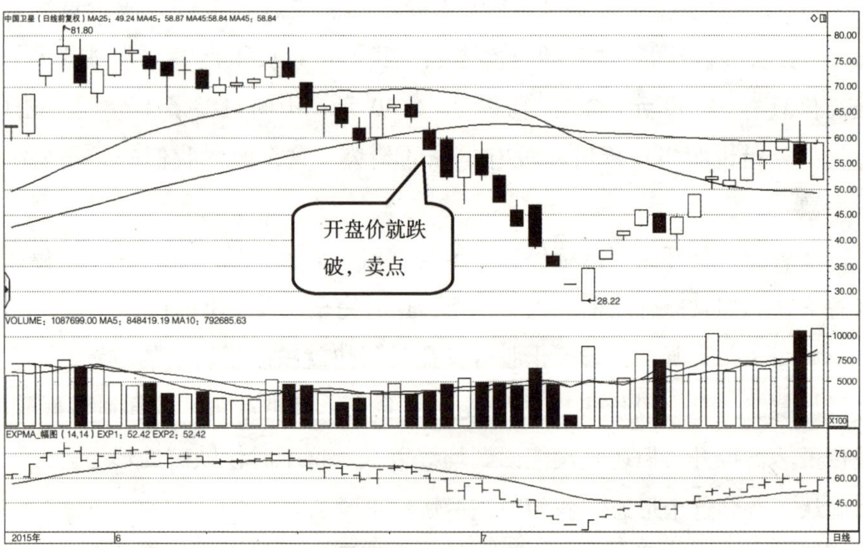

图 3－55　中国卫星日 K 线图

如图3－55所示，2015年6月16日，中国卫星股价跌破25天均线。这是第一个卖点。之后股价一直在25天均线和45天均线附近震荡。到26日，股价大幅低开，这天的开盘价是61.5元，45天均线是61.53元，跌破了3分钱。这样的下跌幅度说明行情已经走弱。这一日开盘后，我们就应该果断卖出手里的股票。

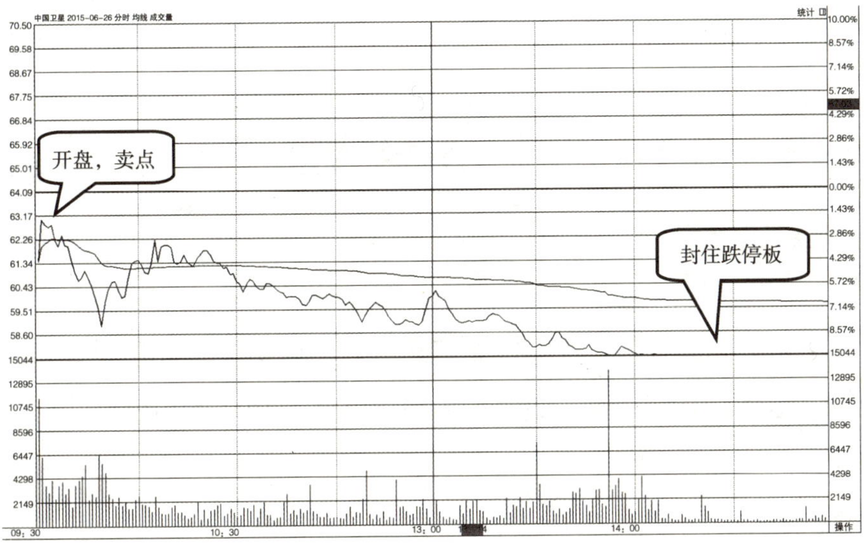

图3－56　中国卫星分时走势图

如图3－56所示，6月26日开盘，股价就跌破均线。这个时候我们应该果断卖出股票。从图中可以看出，开盘卖出价基本就是这一天的最高价了。到收盘的时候，股价已经被牢牢封住了跌停板，我们没有卖出股票的机会。

3.3.8　短线逃命点案例六：郑州煤电（600121）

如图3－57所示，2015年6月19日，郑州煤电股价跌破了25天均线，这说明行情已经有了走弱的风险。随后几日，股价一直在25天均线和45天均线附近震荡。6月25日，股票盘中的最高价上涨到10.26元，25天均线是10.24元，阻力作用非常明显。

6月26日，股票的开盘价是9.2元，这天的45天均线是9.26元。开

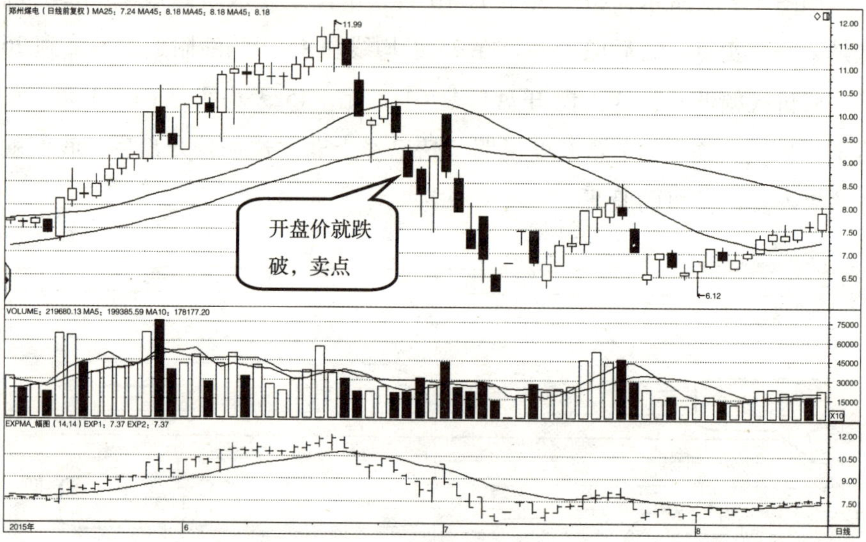

图 3-57　郑州煤电日 K 线图

盘价就形成了跌破的走势，我们可以在这个交易日的开盘阶段就卖出手里的股票。

3.4 寻找中线死亡点

对于中线操作来说，我们同样可以用两条移动平均线来找到它的最佳卖点。

3.4.1 中线死亡点之逃命法则

中线死亡点的选择跟起爆点用的均线是一样的，都是14周均线和28周均线。在应用方法上，和起爆点完全相反。也就是当股价下跌到两条均线以下之后，如果14周均线有下跌的趋势，并且从上向下跌破28周均线，即将死叉或者正在死叉的时候，就是我们中线操作最佳的卖点。

3.4.2 大盘的中线死亡点

我们可以通过一段大盘的走势来简单说明中线死亡点的应用。

如图3－58所示，2015年7月3日这一周，股价跌破了28周均线，这个时候我们就应该卖出手里的股票。虽然这个时候指数已经向下跌了很多，不过以后的跌幅还会很大。我们卖出股票可能会损失一些，却能够回避以后继续下跌的风险。

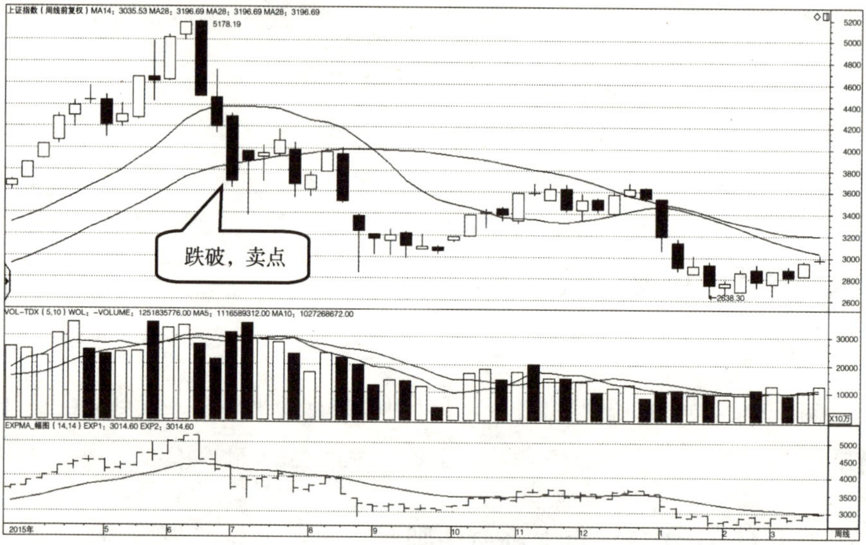

图 3-58　上证指数周 K 线图

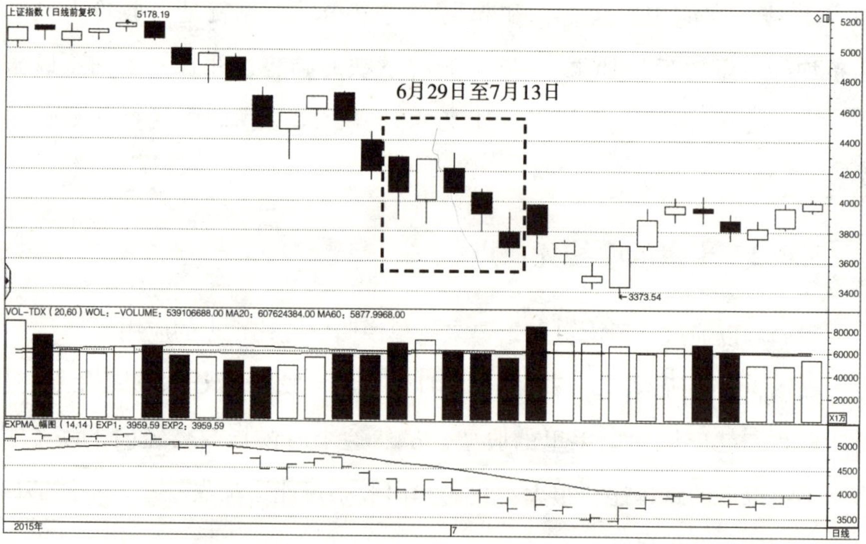

图 3-59　上证指数日 K 线图

如图 3-59 所示，2015 年 7 月 3 日之前一周，指数只是在周二反弹，随后周三至周五连续三天杀跌。周五的杀跌已经完全确认了跌破的走势。这一日收盘前，我们就应该果断卖出手里的股票。

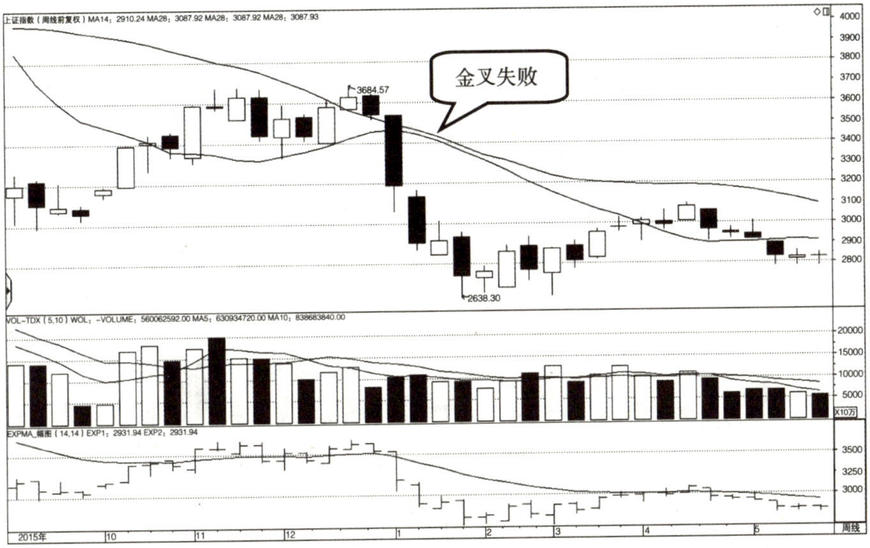

图3－60　上证指数周K线图

如图3－60所示，到了2015年底和2016年初，指数有小幅反弹，14周均线也向28周均线靠近，不过两根均线一直都没能完成金叉。随后行情继续下跌，两根均线之间的距离也再次拉大。这种想要金叉，但是金叉没能完成的形态，也说明行情正处在弱势趋势里。

3.4.3　中线死亡点案例一：山东黄金（600547）

下面我们可以通过几个实际案例继续了解中线死亡点，首先看一个比较老的案例。

如图3－61所示，2013年2月22日这一周，山东黄金的股价跌破了14周均线和28周均线，同时两根均线也完成了死叉形态。这就说明行情已经进入了弱势的下跌行情里。看到这个形态，我们应该卖出股票。之后股价进入了持续的下跌趋势。

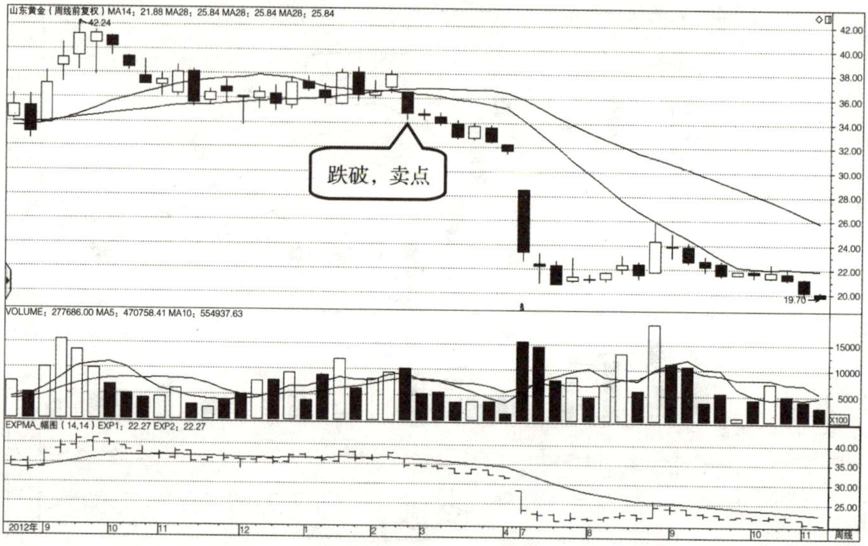

图3－61　山东黄金周K线图

3.4.4　中线死亡点案例二：九强生物（300406）

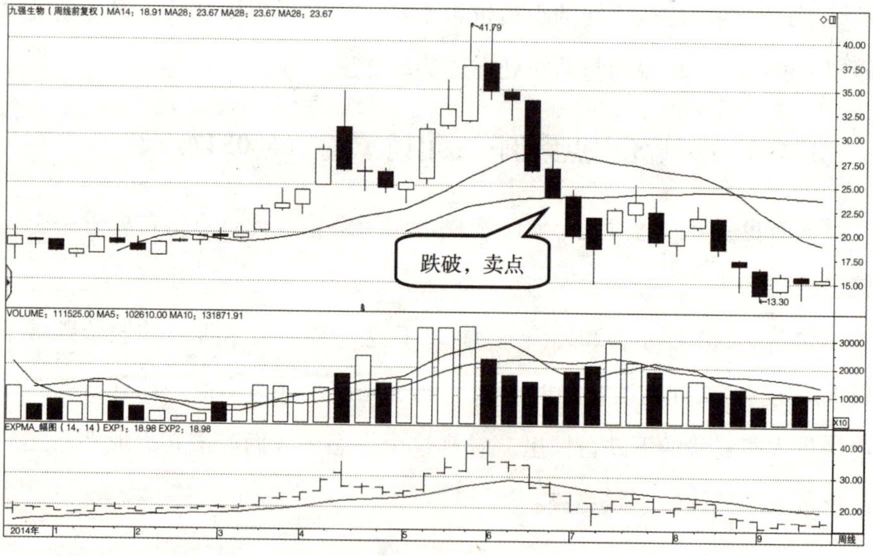

图3－62　九强生物周K线图

如图3－62所示，九强生物是一只2014年10月上市的股票。2015年5月才刚有28周均线数据。这时股价正在28周均线和14周均线以上持续上涨。

6月19日之前的一周，股价在周中持续下跌，跌破了14周均线。这个时候我们就应该保持足够的警惕。到了下一周，也就是6月26日，周K线的收盘价是23.79元，28周均线是23.86元，跌破了7分钱。这说明行情已经开始走弱。这个时候我们就应该卖掉手里的股票。

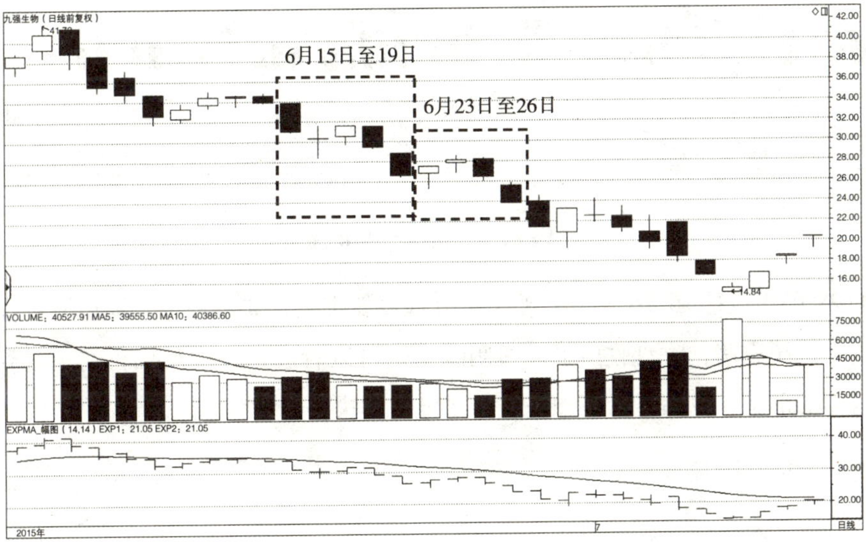

图3－63 九强生物日K线图

如图3－63所示，6月26日这一周只有四个交易日，周一停牌，周二和周三股价小幅反弹，周四和周五就快速下跌。到周五收盘前，股价已经跌破了28周均线。这个时候我们就应该卖掉手里的股票。

3.4.5 中线死亡点案例三：西山煤电（000983）

如图3－64所示，2012年6月8日这一周，西山煤电的股价连续跌破了14周均线和28周均线。这时两条均线刚刚形成金叉三周。这次下跌说明行情走弱，此时我们应该卖出股票。

值得注意的是，随后一周股价高开，但是开盘价只有16.25元，这天

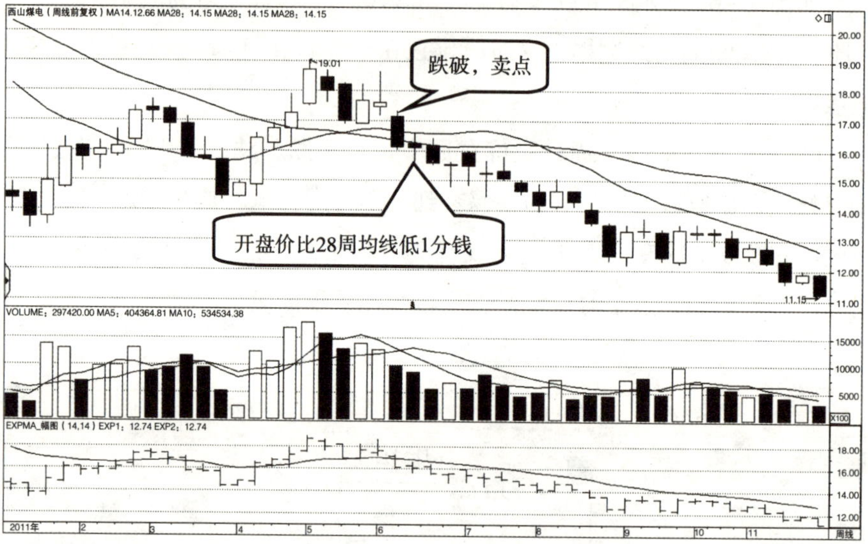

图 3-64　西山煤电周 K 线图

的 28 周均线是 16.26 元。只差了 1 分钱没能突破，非常神奇。随后股价在盘中持续震荡，收盘收出了一根阴线，这可以看成是一次反抽行情。看到这样的形态，我们可以更加坚定自己做空的决心。

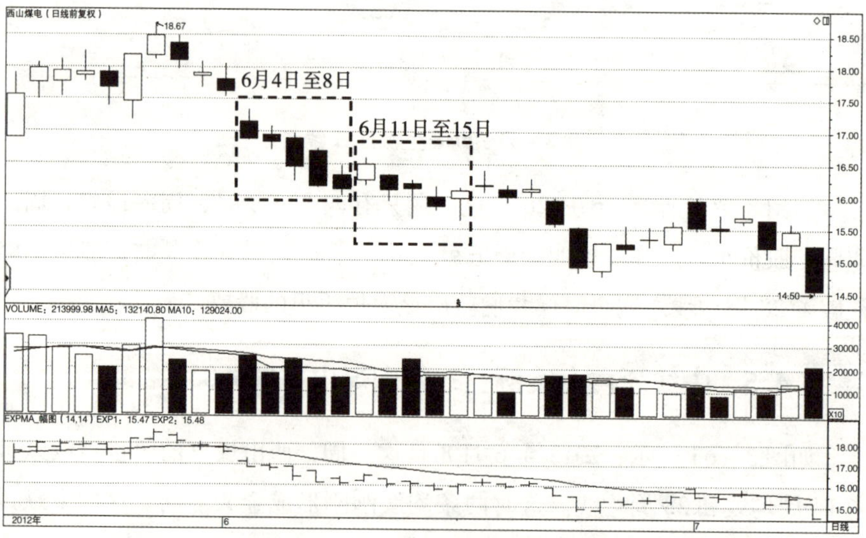

图 3-65　西山煤电日 K 线图

如图3－65所示，6月4日至8日这一周，股价低开后连续收出五根阴线，这说明下跌行情十分强势。这周五，股价已经确认跌破了两条均线，此时我们应该果断卖出股票。

6月11日开盘，开盘价正好和28周均线差1分钱，并且当日股价上涨，已经突破了均线，不过我们在周K线图里只看周一的开盘价和周五的收盘价，周一的收盘价上涨也没有参考价值。随后三天股价连续下跌。这就进一步确认了该股的下跌趋势。

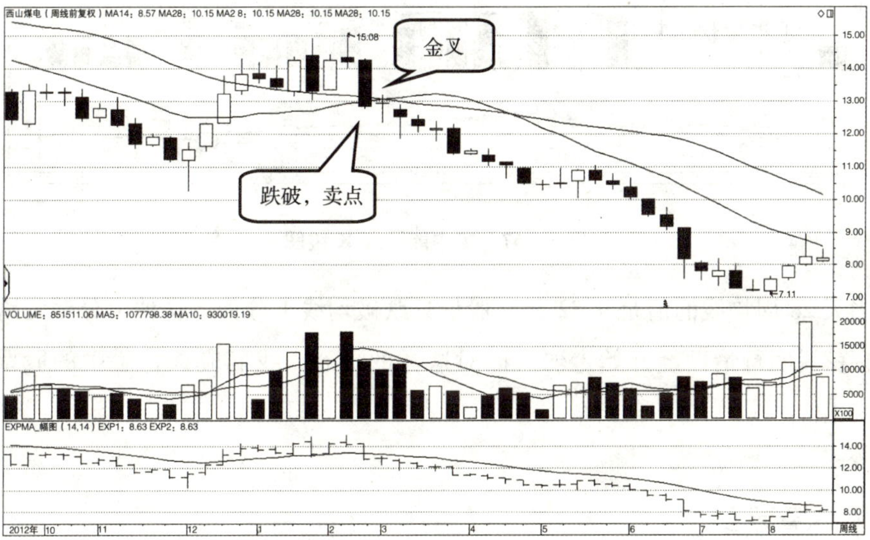

图3－66 西山煤电周K线图

如图3－66所示，随后该股一路下跌。到了2012年底和2013年初的时候，形成了一段反弹走势，不过反弹不久后就遇到了阻力。2月22日，股价跌破了两条均线，这里是卖出股票的时机。

随后一周，也就是3月1日的一周，股价继续在底部震荡，没能回到两条均线以上。这一周，14周均线突破了28周均线，形成金叉。此时虽然有金叉，但是股价在均线以下，同样不是买点。

3.4.6 中线死亡点案例四：冀中能源（000973）

如图3－67所示，2013年3月15日，冀中能源的收盘价是9.81元。

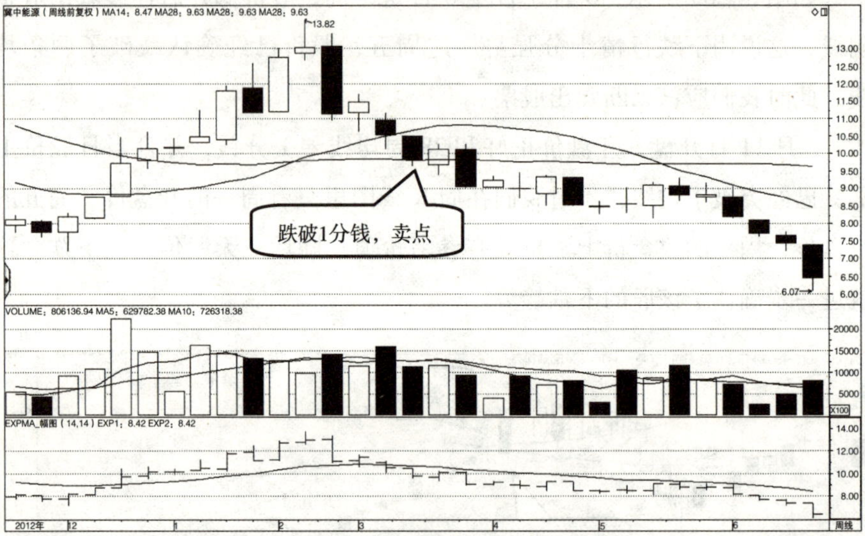

图 3－67 冀中能源周 K 线图

当天 28 周均线的值是 9.82 元。股价只跌破均线 1 分钱。这种 1 分钱的跌幅就说明行情已经开始走弱。面对这样的形态，我们应该将手中的股票卖出。

本章要点

● 找短线黄金买点，我们还是需要看日 K 线。之前我们讲到了一根 25 天均线是二号生命线，在这根均线的基础上，再加上一根 45 天均线，就可帮我们找到短线的暴涨点。

● 具体的形态是当 25 天均线向上，即将突破 45 天均线金叉或者已经金叉的时候，就是短线的起爆点。

● 股价突破 25 天均线的时候，一般是第一个买点。等到 25 天均线和 45 天均线形成金叉，股价在 45 天均线上站稳的时候，就形成了最佳的买点。这里已经临近股价暴涨的时间节点，也是最后一个买点。

● 很多股票都是按照 45 天均线来做盘的。只要股价没有跌破 45

天均线，就不会出现暴跌的行情。

- 中线起爆点的选择方法和短线起爆点实际上是一样的，都是要通过两条均线来进行操作。只是这里需要借助的是周 K 线图。之前我们讲到中线生命线是周 K 线图里的 28 周均线，在这里需要再加上一条 14 周均线。

- 中线交易看周 K 线，需要以周五的收盘价为基准。只要周五的收盘价没有完成突破，周中的突破不作为操作信号。

- 中线的起爆点可能出现在金叉完成之前，也可能出现在金叉完成的时候。无论什么时候，只要股价能够在均线上站稳，就是我们买入股票的时机。

- 了解了短线起涨点后，把握短线逃命点非常容易。我们同样需要看两条均线，分别是 25 天均线和 45 天均线。只是在具体的形态上，买入时与卖出时正好相反。

- 跌破 25 天均线的时候，我们可能有各种理由，没有卖出。那么到了跌破 45 天线，同时死叉或者接近死叉的时候，无论有什么理由，都要卖出。因为这里是短线的最后一个卖点，再不卖以后就会相当麻烦。

- 中线死亡点的选择跟起爆点用的均线是一样的，都是 14 周均线和 28 周均线。在应用方法上，和起爆点完全相反。

第4章

均线精通

——一线制胜法

下面，我们来学习一种用一条线战胜股市的方法——一线制胜法。这是一种很神奇的方法。在一线制胜法里，我们不需要25天均线、28周均线，也不需要45天均线、14周均线，只要有一条线就可以了。

4.1 牛市压在波段高点

一线制胜法是一种化有形为无形的技术方法。我们深入了解均线以后，就不用纠结均线是什么周期了，我们可以随便选一条均线来分析行情。当然在选择的时候，是需要遵循一定方法的。

首先我们需要打开走势的K线图界面，在里面打开均线的参数设定。只留下一条线，剩下的均线参数都设置成0就可以，如图4－1所示。

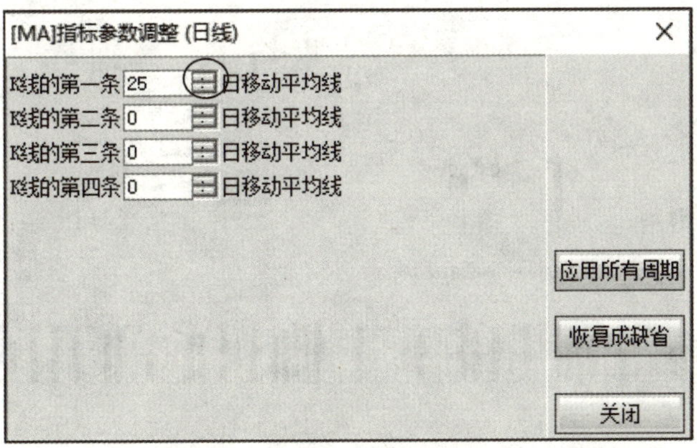

图4－1 只留下一条均线

之后，我们可以通过参数旁边的上下箭头，调整这个参数大小，就是图4-1圈里的两个箭头。调整的时候我们会发现，参数值越小，和当前股价的距离越近，波动越频繁，波动中的角度也越尖一些；参数值越大，和当前股价距离越远，波动越缓慢，波动中的角度也就越平缓一些。图4-2和图4-3分别是参数30和参数10的两根均线，我们对比一下，就能够很明显地看出两者的区别。

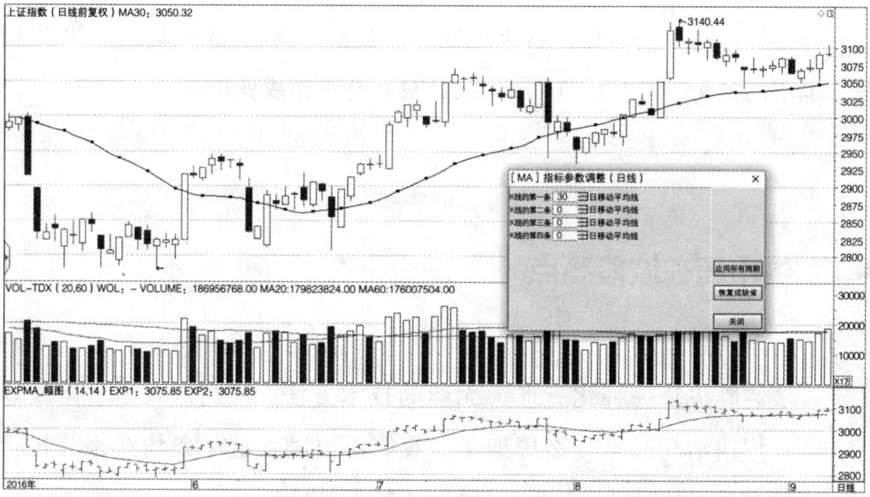

图4-2　均线参数30

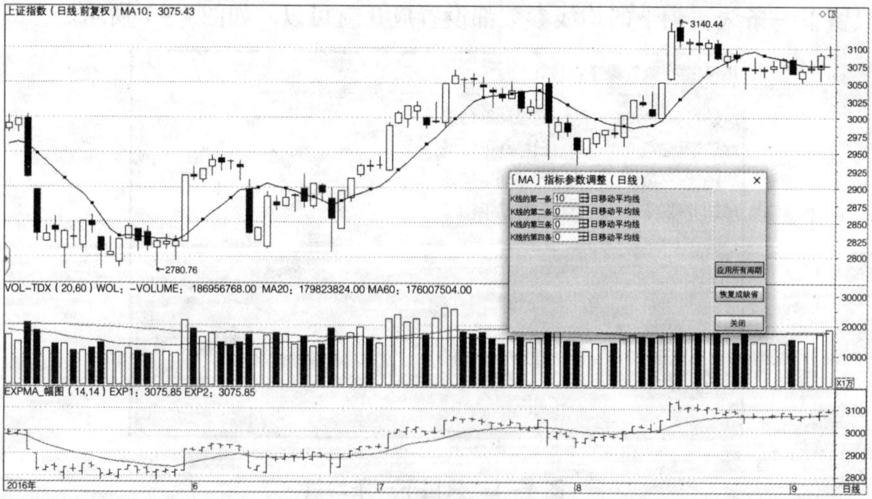

图4-3　均线参数10

如果我们想在牛市里找买点，可以通过调整均线的参数，把均线压在一个过去的波段高点。以后的行情里，这根均线就是我们的操盘生命线。如果股价向上突破，我们就可以积极做多买进。

4.1.1 大盘走势的验证

我们可以先用大盘走势来验证这种方法的有效性。

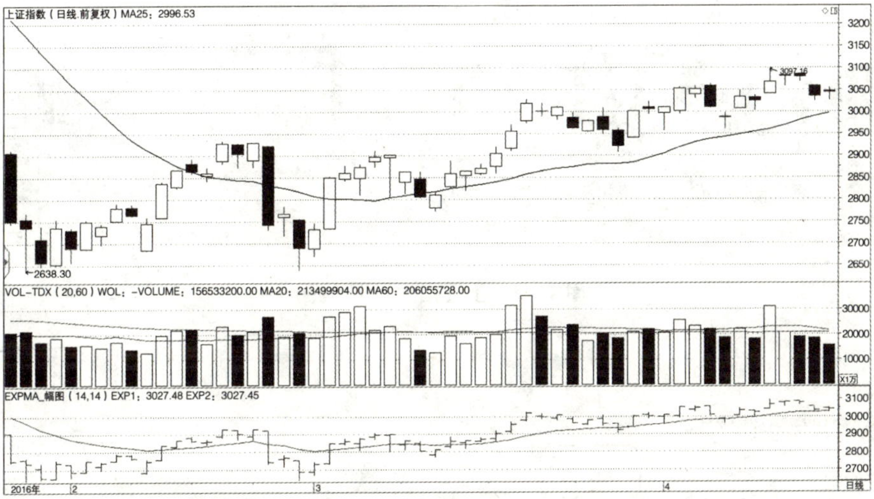

图4-4 上证指数日K线图

如图4-4所示，2016年3月，我们发现大盘有上涨的趋势。这个时候25天均线对大盘的阻力比较有限。我们就需要调整均线的参数，让它压在过去的一个波段高点上。

如图4-5所示，经过调整以后，我们发现43天均线正好可以把3月8日的高点压住。这个时候我们就可以把43天均线当成是操盘生命线。

3月14日，指数上涨到2859.5点。这天43天均线正好是2861.05点，两者之间只差了不到两钱。这种压力的作用是非常神奇的。

3月15日，指数突破了43天均线。这个时候我们就可以做多买入。

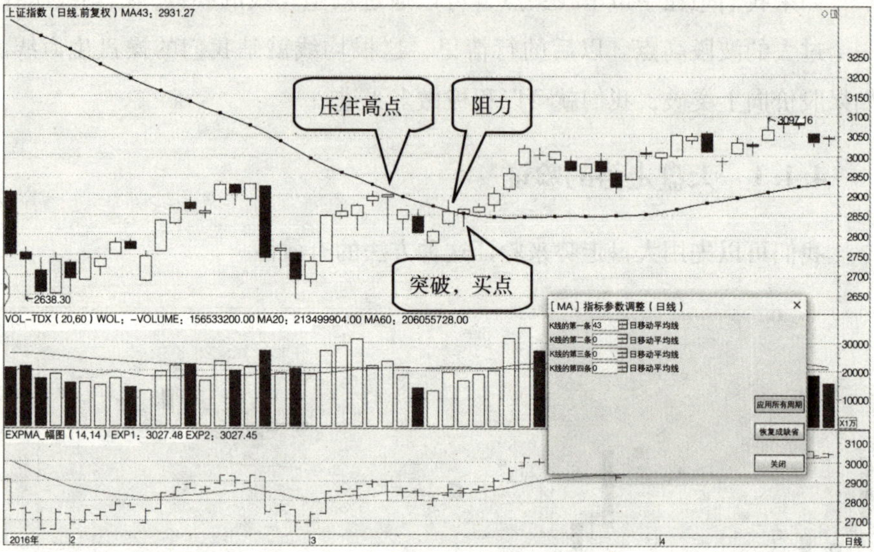

图 4－5　上证指数日 K 线图

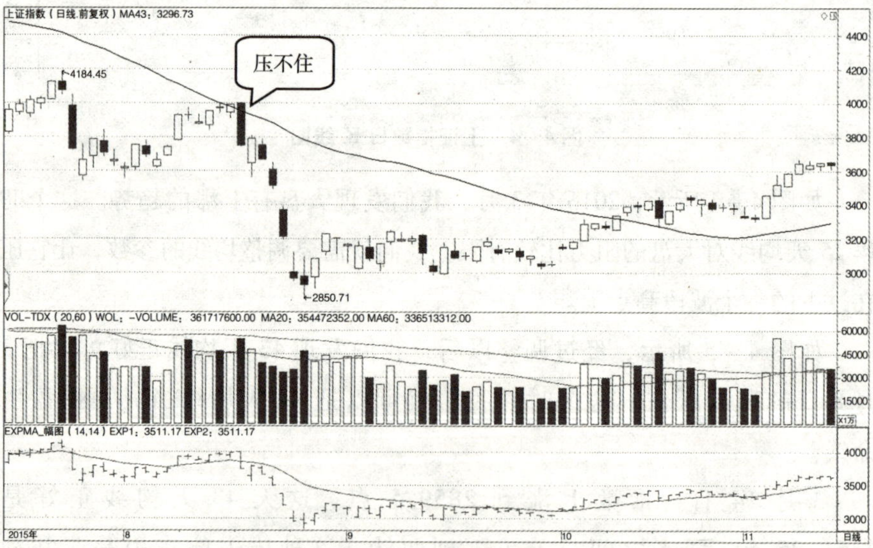

图 4－6　上证指数日 K 线图

如图 4－6 所示，我们看更早一些的行情。2015 年 8 月 17 日，指数上涨形成高点。对这个高点，43 天均线是压不住的。我们需要再调整均线的参数周期。

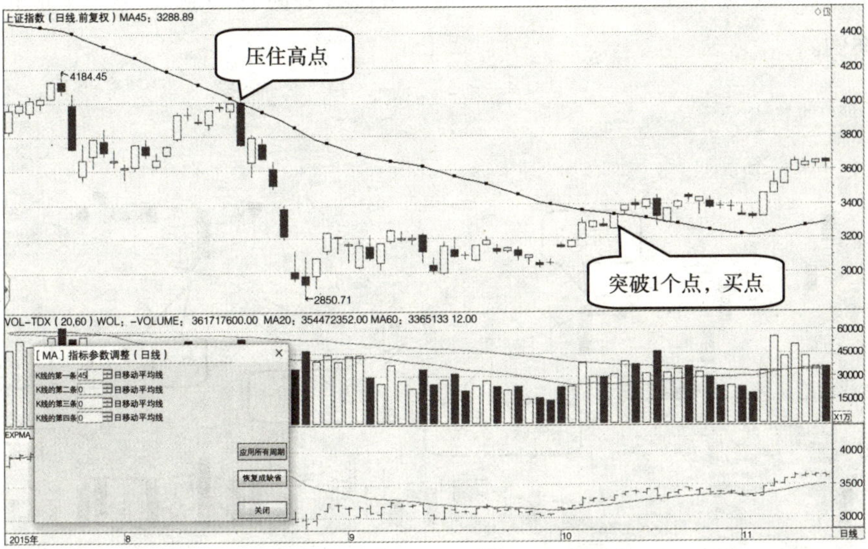

图 4-7　上证指数日 K 线图

如图 4-7 所示，调整参数后我们发现，45 天均线正好能把这个高点压住，所以可以按照这条均线来操作。10 月 16 日，指数收盘 3338.07 点，45 天均线是 3336.957 点，仅仅突破了 1 个点，也说明行情开始走强，这时我们就可以买进了。

这里可以发现，45 天均线正好就是我们之前在找短线暴涨点时，讲到过的一条操盘线。其实在实际交易时，25 天均线和 45 天均线这两条线非常重要，我们经常可以发现压完走势以后，均线周期正好就是这两个参数。

均线的这个应用技术来源于画线分析方法。很多人都是在行情里画直线，这是不标准的。我们应该按照庄家的相反想法来进行操作。庄家的想法也是要按照一种移动平均线的技术来操作。通过这样画均线来进行操作，在实际交易里要更加有效。

4.1.2 压线案例一：金石东方（300434）

每只股票都有不同的均线可以去操盘。下面我们就看一些个股的案例。

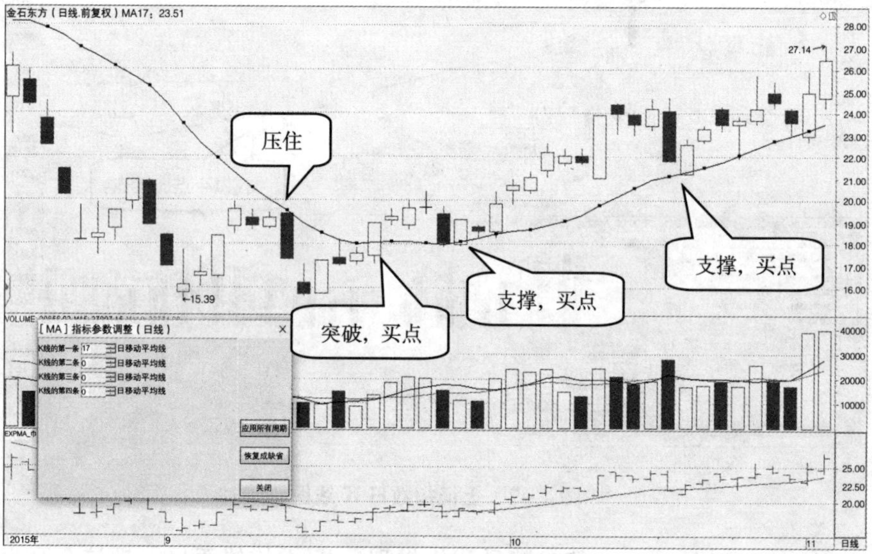

图4-8 金石东方日K线图

图4-8是金石东方2015年的走势图。从图中可以看到，用17天线正好就能把9月14日产生的高点压在下面。

随后到了9月21日，股价突破这根17天均线，这里我们就可以买进了。

随后的行情里，股价多次回落到这条均线上都获得支撑。这些回落的低点都是我们逢低买进股票的机会。

如图4-9所示，9月21日，也就是突破当天上午，金石东方股价一开始上涨到高位后还是遇到了一定的阻力作用。这就是均线的阻力在起作用，不过随后股价就强势向上突破。下午，股价还形成了一个回抽走势，仍然在下方获得支撑上涨。这种回抽就是对于突破形态的确认。当日尾盘前，股价再次冲高，突破的形态已经可以确认。这个时候我们就可以积极买进股票。

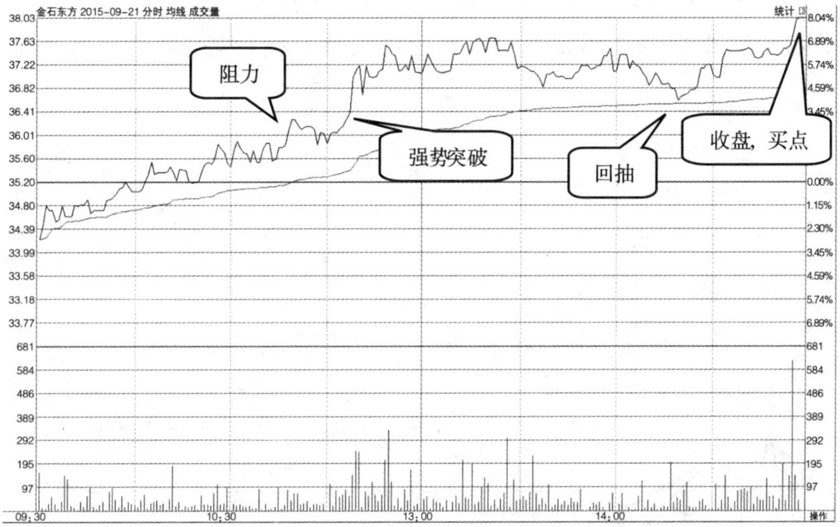

图4-9　金石东方分时走势图

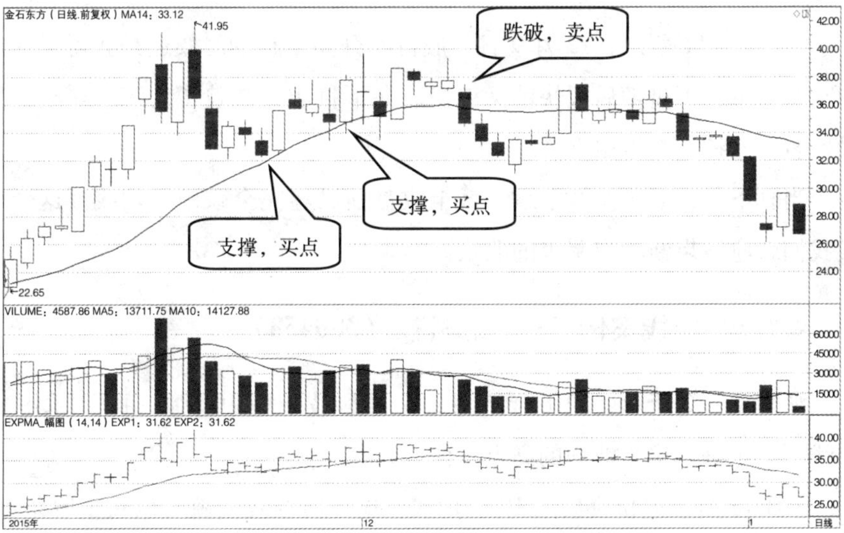

图4-10　金石东方日K线图

如图 4－10 所示，股票沿着 17 天均线一直上涨了一倍多。到了 12 月 9 日，股价跌破 17 天均线。这里行情已经见顶，我们就应该卖出股票结束交易。

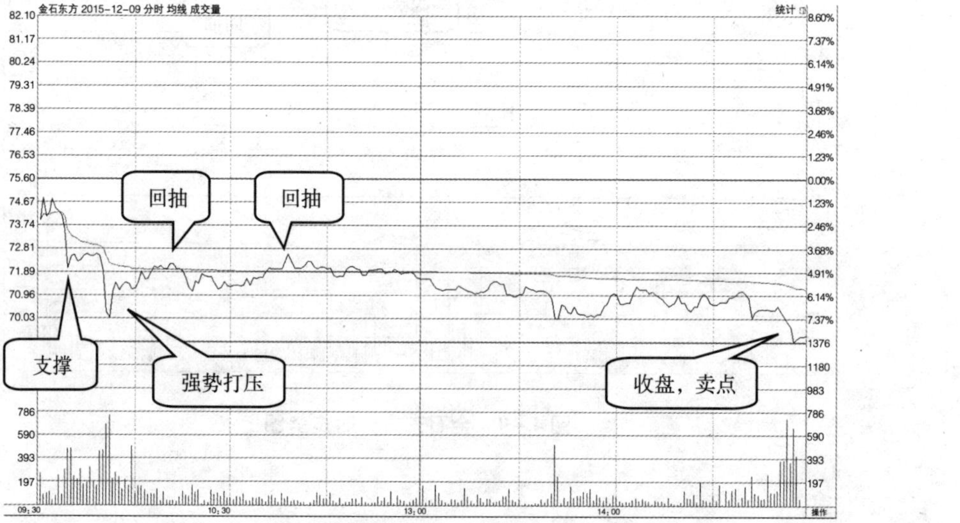

图 4－11　金石东方分时走势图

如图 4－11 所示，12 月 9 日，股价刚开始下跌的时候还是获得了一定的支撑力量，不过随后很快就又被快速向下打压，跌破了均线。跌破之后股价多次回抽，都遇阻下跌。

当日下午，股价持续下跌，截至收盘前已经完全跌破了均线。这个时候我们就应该果断卖出手里的股票。

4.1.3　压线案例二：全志科技（300458）

如图 4－12 所示，2016 年 5 月，全志科技下跌中反弹。我们用 19 天均线可以正好把这个波动的高点压住。

5 月 17 日，股价突破了 19 天均线。这个时候我们就可以买进股票了。随后一天，股票回落，收盘价是 71.4 元，这天 19 天均线是 71.34 元，中间只差了几分钱。

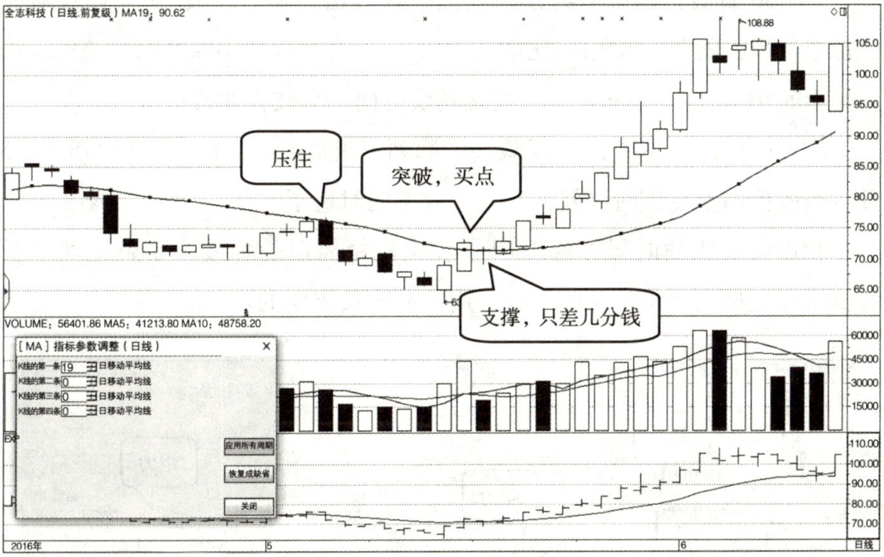

图 4 – 12　全志科技日 K 线图

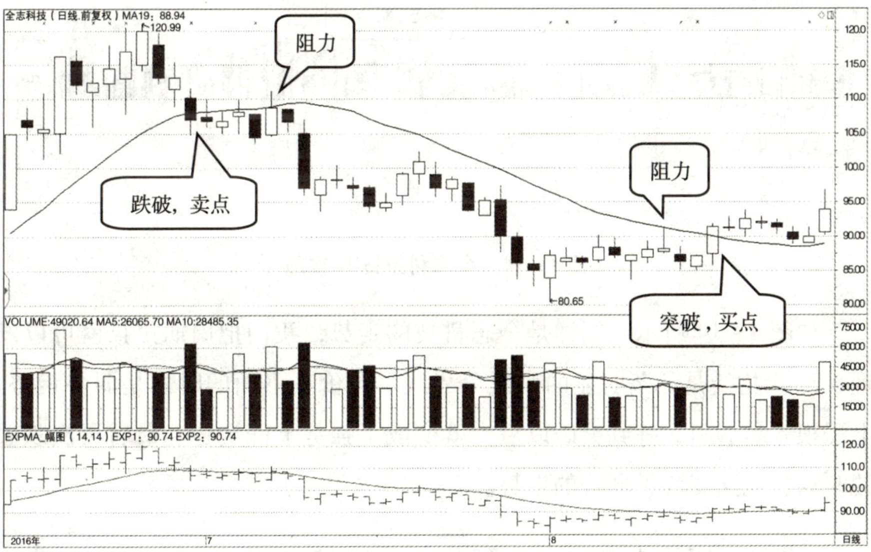

图 4 – 13　全志科技日 K 线图

如图 4 – 13 所示，之后的行情里，19 天均线可以一直当作操盘线来用。

6 月 30 日股价跌破的时候，我们应该卖出。随后几天 19 天均线对股价形成了很强的阻力作用。比如 7 月 7 日，收盘价是 108.80 元，19 天均线是 108.91 元。差别非常小，但是就没有向上突破，非常神奇。

之后行情持续下跌，19 天均线也起到了很强的阻力作用。到了 8 月 15 日，当股价向上突破时，就又是买入股票的时机了。

我们做短线的时候，可以用这些比较短周期的均线。如果是做中长线，可以压过去更早的一些高点，用一些更长周期的均线。

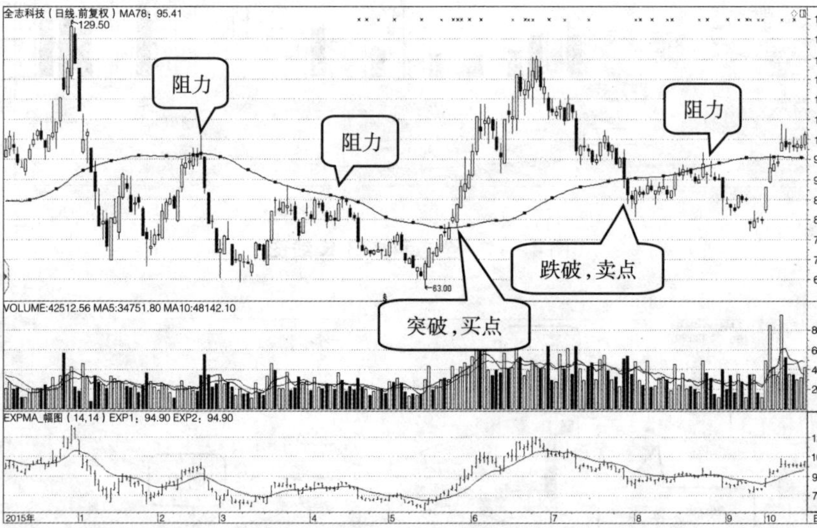

图 4-14　全志科技日 K 线图

如图 4-14 所示，同样是全志科技的走势，我们把周期拉长就可以发现，78 天均线是一条明显的牛熊分界线。股价在下面的时候是弱势走势，上涨很容易遇阻。等到突破以后，就变成了强势上涨走势。最后再次跌破的时候，就又变成了弱势的走势。

4.1.4　压线案例三：中际装备（300308）

如图 4-15 所示，通过 2015 年 7 月初的走势画压线，我们可以发现 83 天均线正好压在走势上面。随后 10 月 23 日，股价突破 83 天均线的时候，我们就可以买入股票。

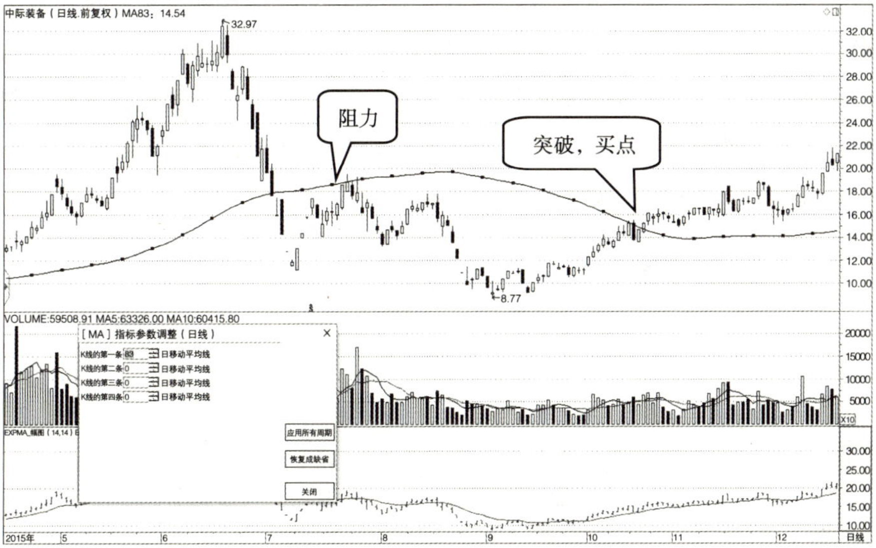

图4－15　中际装备日K线图

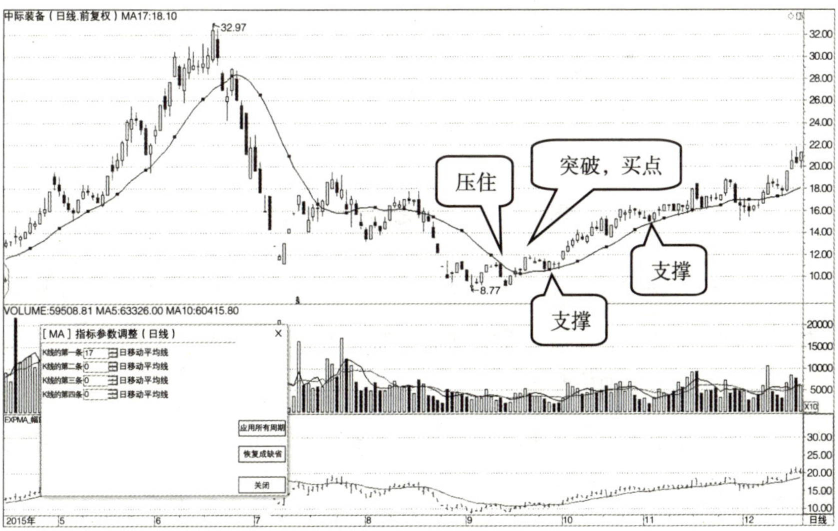

图4－16　中际装备日K线图

如图4－16所示，如果操作周期更短一些，我们就可以不用压上面那个高点，只要压一个短期高点就可以了。17日均线正好可以把9月14日产生的高点压住。随后几天股价突破时，我们就可以买进股票。从之后的走势可以看出，股价多次回落到 17 日均线上都获得了支撑。

通过这个案例我们就可以知道，一条均线确定以后，会在以后很长时间一直对行情有较强的阻力和支撑作用。而且这种阻力或者支撑作用被验证的次数越多，这条线的力量也就越强。

4.1.5 压线案例四：天马股份（002122）

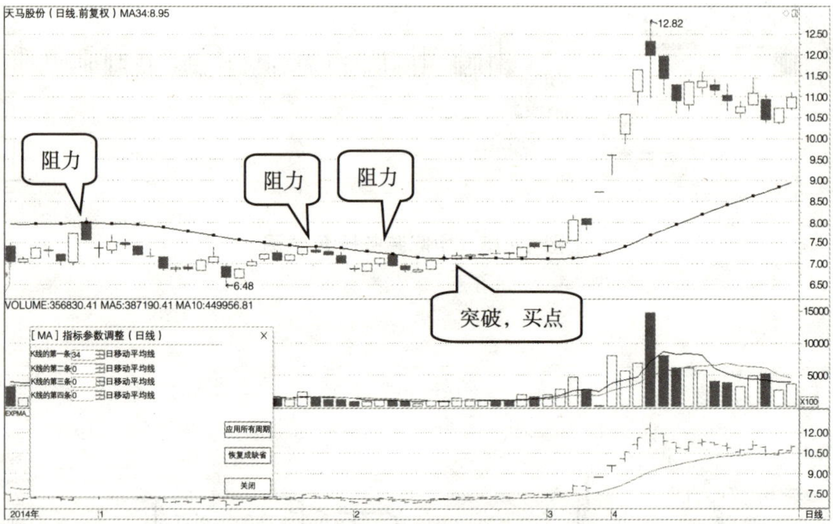

图 4－17 天马股份日 K 线图

如图 4－17 所示，2014 年 12 月到 2015 年 2 月的行情里，我们可以用 34 天均线同时压住行情的三个高点。像是这种能同时压住几个高点的均线，必然是非常强的阻力线。

2 月 11 日，股票的开盘价和收盘价都是 7.11 元，这天的 34 天均线正好是 7.13 元，就差 2 分钱。这进一步验证了均线的压力很强。

2 月 12 日，股票开盘在均线以下，最终收盘时涨到了均线上面，形成突破行情。看到这种突破，我们就可以买进股票。之后股价在 34 天均线以上横盘一段时间，就开始以连续涨停的形态被快速向上拉升。

如图 4－18 所示，股票沿着 34 天均线一直上涨，中间几次回落后获得

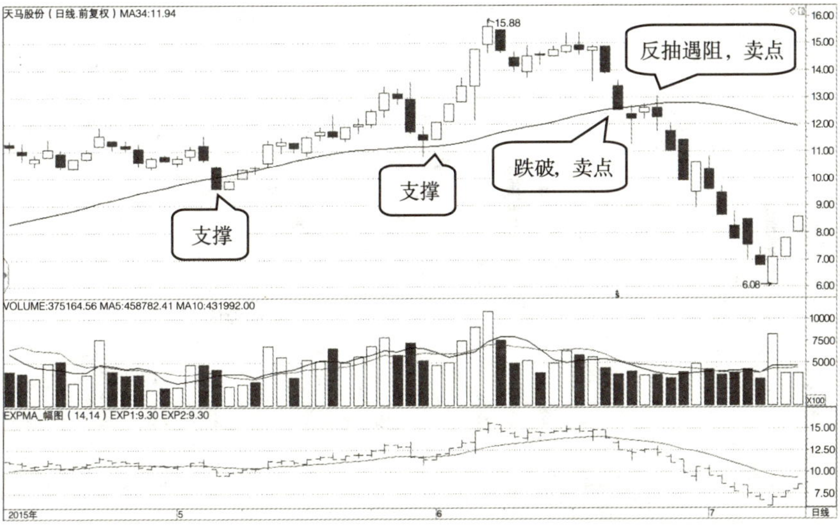

图4－18　天马股份日K线图

支撑。这几次支撑的时候，是我们买入股票的机会。

到最后，6月19日，股价跌破34天均线。这说明行情走弱，是卖出的机会。随后三天，股价持续反弹，但是一直在34天均线上遇到阻力。这个时候是对下跌趋势的进一步验证，同样是我们逢高卖出股票的机会。

4.1.6　压线案例五：中钢天源（002057）

如图4－19所示，2016年2月和3月，中钢天源股价受到了43天均线的压力。3月16日股价高开，开盘价突破均线，随后持续回落。等到收盘的时候，收盘价还是站在43天均线以上。这天的收盘价是11.34元，43天均线是11.33元，差1分钱没有跌破。

随后一天，股价继续站稳均线。这天开盘价是11.34元，43天均线是11.33元，高出来1分钱。看到这天股价站稳均线，我们就可以买进。

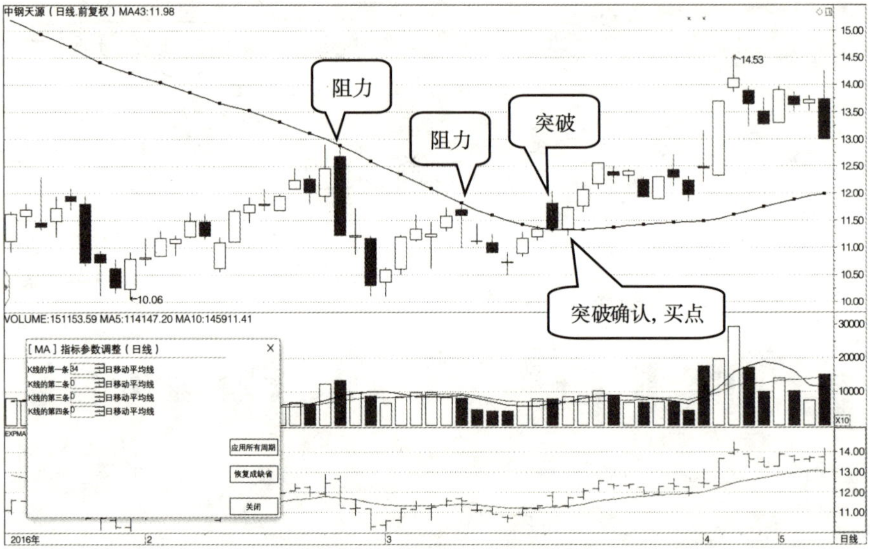

图 4－19　中钢天源日 K 线图

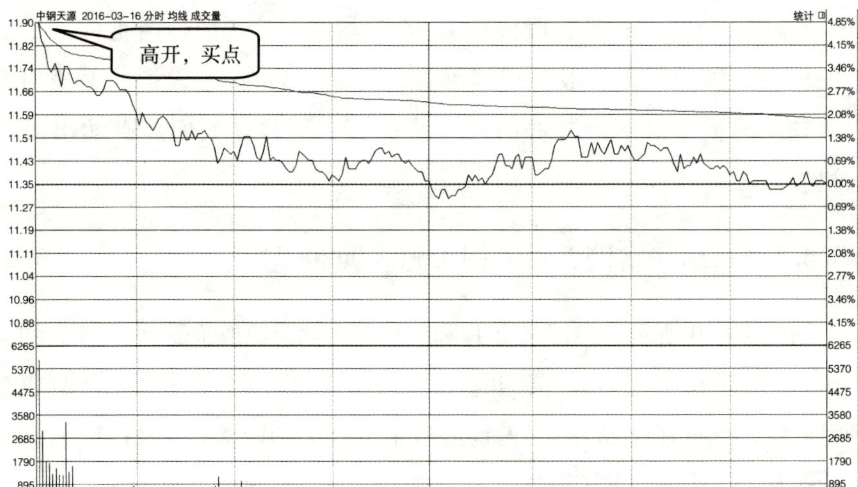

图 4－20　中钢天源分时走势图

如图 4－20 所示，3 月 16 日，股价大幅高开，已经突破了均线。我们可以在这个时候就买进股票。随后股价持续回落，不过不用担心，因为到收盘前股价都没有跌破均线，还差了 1 分钱，突破是有效的。

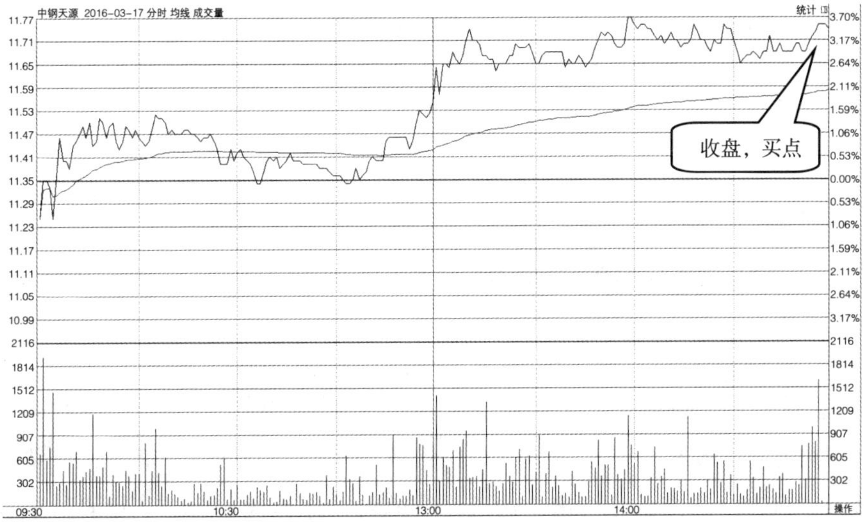

图 4-21　中钢天源分时走势图

如图 4-21 所示，3 月 17 日，股价继续开盘在 43 天均线上方。这是对于突破形态的进一步验证。这一天开盘时，我们可以加仓，如果想要谨慎的话也可以先观望。

当日盘中股价持续上涨，到尾盘时已经稳稳站在了均线上，并且基本收复了前日的跌幅。这个时候我们就可以积极买进股票。

在这个案例中我们可以发现，中钢天源遇阻的 43 天均线，和本节一开始讲到大盘案例中这段时间应用的均线周期是一致的。这就是一种大盘和个股之间的共振效应。很多时候，大盘和个股都是同涨同跌的。个股的庄家会根据大盘走势来做盘，就导致了两者走势的共振效应。一旦这种共振效应出现，我们就可以更加坚定对于均线支撑或者阻力力量的判断。

4.2 熊市垫在波段底部

当我们发现熊市行情开始，想要卖出股票的时候，操作方法是和买入的时候正好相反的。这个时候我们应该找一条合适的均线，能够正好垫在波段的底部。未来的行情里，这条均线就可以作为操盘线。一旦股价跌破了操盘线，我们就应该把手里的股票卖出。

4.2.1 大盘走势的验证

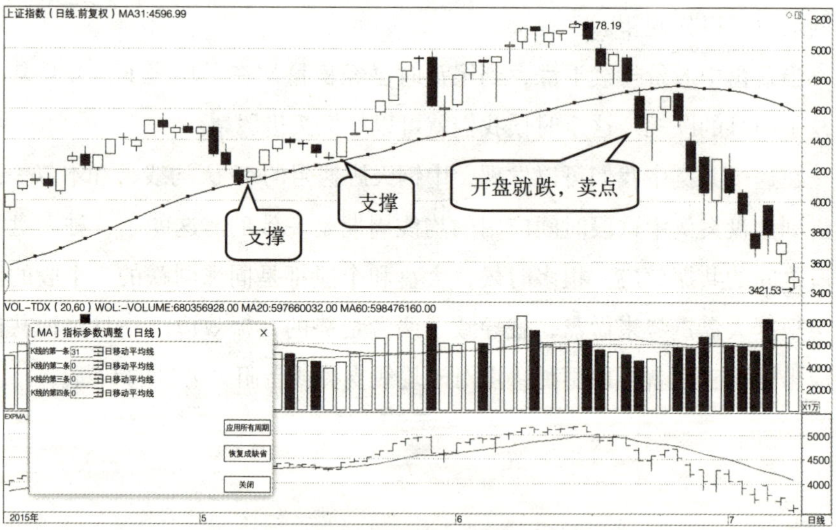

图 4－22　上证指数日 K 线图

如图 4－22 所示，2015 年 5 月，上证指数上涨到高位以后即将见顶的时候，我们可以把 31 天均线正好垫在走势下面。之后的行情里，这条均线又有几次对行情形成了支撑力量。

6月19日，行情见顶时开盘价就跌破了31天均线。这个时候我们应该尽快把手里持有的股票卖出。当天大盘下跌了307点。之后几天股价又有反抽，不过没能突破31天均线就又继续下跌。

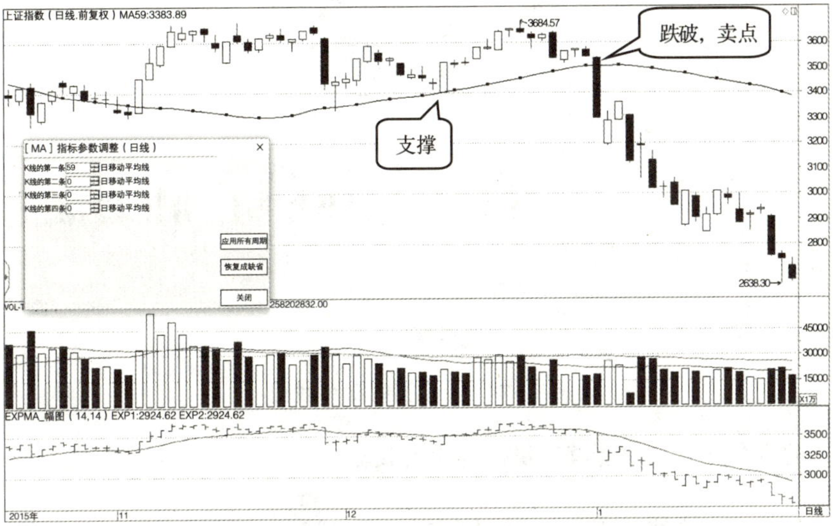

图4-23　上证指数日K线图

如图4-23所示，2015年12月，指数反弹的时候，我们可以把59天均线垫在走势的下面。12月14日开盘是3403.51点，当天的59天均线是3403.75点。这两个点位几乎是一致的。

之后股价持续横盘。到了2016年1月4日，指数在盘中大幅下跌，收盘价跌破59天均线。这个时候我们应该果断卖出股票。此时卖出可能会损失一定的利润，不过可以避免之后行情持续下跌带来的更大损失。

如图4-24所示，这样的操作方法也有一些特例，比如2015年7月和8月，指数在熊市里反弹的时候。我们不管怎么调整参数，都找不到合适的能垫在底下的均线。这个时候行情就不适合操作。

对于炒股来说，碰到一些不适合操作的行情是非常正常的现象。我们不要以为随时都能交易，其实一年里大部分时间都是在等待的。只有等到

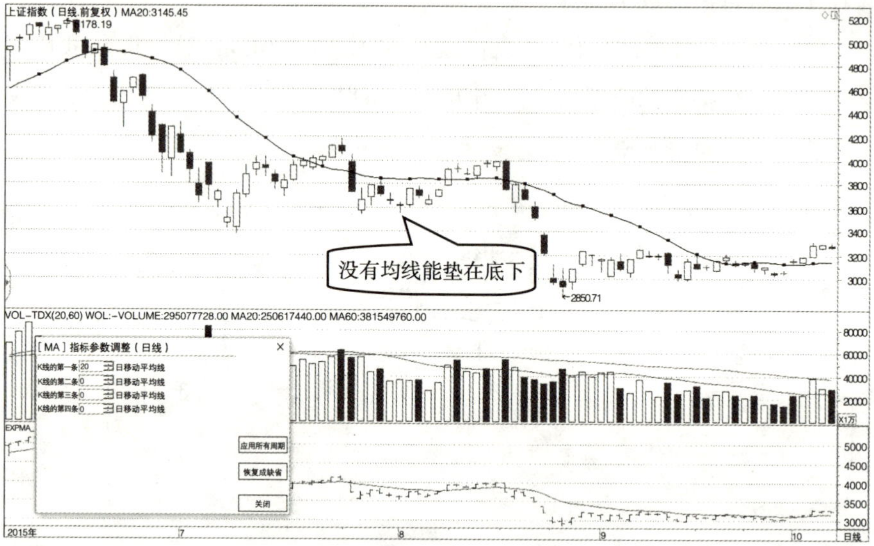

图 4-24　上证指数日 K 线图

合适的机会交易，才能够尽量保证投资收益。

4.2.2　垫线案例一：华仪电气（600290）

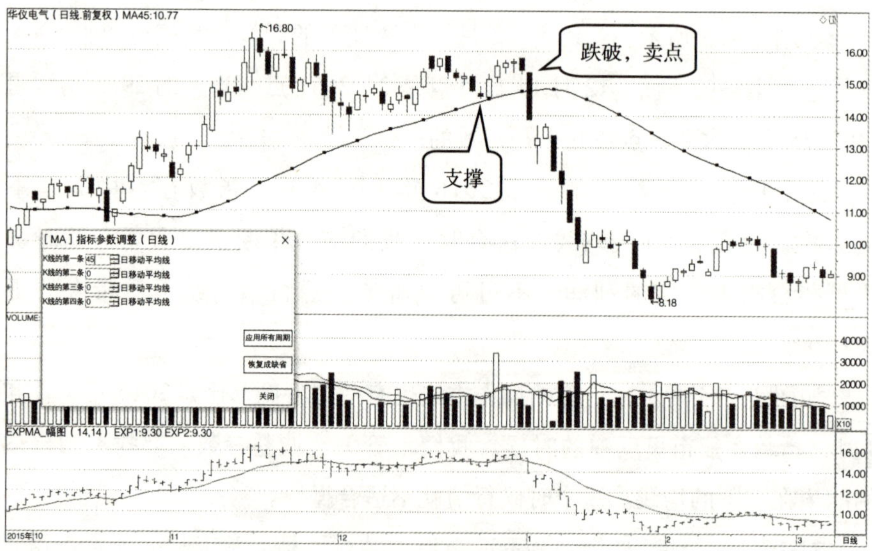

图 4-25　华仪电气日 K 线图

如图4－25所示，2015年11月至12月，华仪电气在高位整理的过程中，我们可以用45天均线垫在走势下面。行情两次下跌到这条线上都获得支撑上涨。

2016年1月4日，股价跌破了45天均线。这是行情开始走弱的标志。看到这个标志，我们应该尽快卖出股票。

这个案例里，我们又用到了45天均线。这说明45天的周期真的非常神奇。我们不仅可以直接用它，在这种调整参数的方法里，也经常能用到它。

4.2.3 垫线案例二：德赛电池（000049）

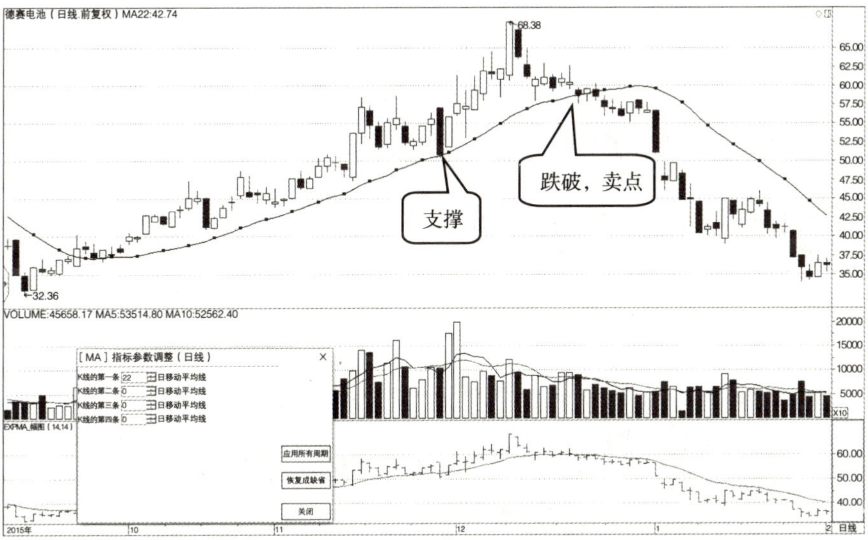

图4－26 德赛电池日K线图

如图4－26所示，2015年11月和12月，在德赛电池震荡上涨的过程中，我们可以把22天均线垫在走势下面。到12月23日，股价跌破22天均线的时候，正是我们卖出股票的时点。

如图4－27所示，其实在这个案例里，最早对走势起到支撑作用的是16天均线。只是到11月27日，股价跌破16天均线，我们卖出股票。随后股价又上涨，我们可以将股票买回。经过这次跌破行情后，我们发现16

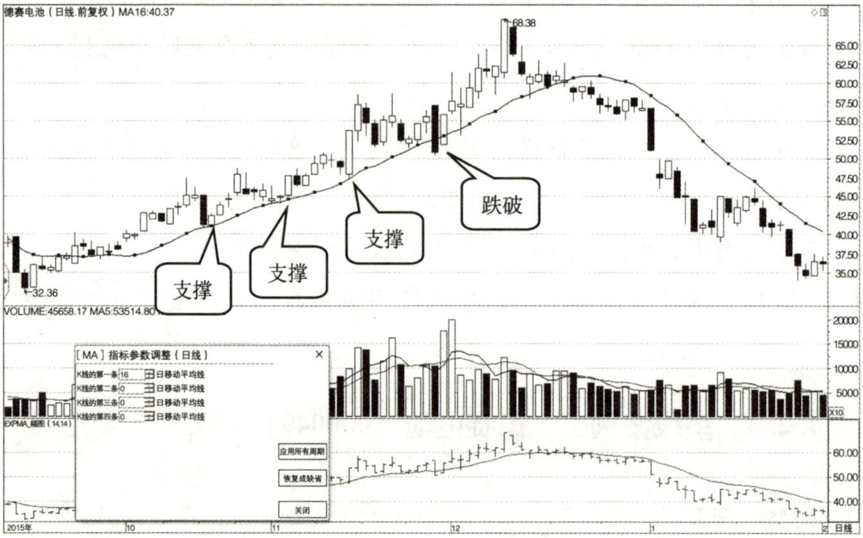

图 4-27　德赛电池日 K 线图

天均线的支撑力量已经失败了，才把周期再次调整，开始用 22 天均线。

4.2.4　垫线案例三：廊坊发展（600149）

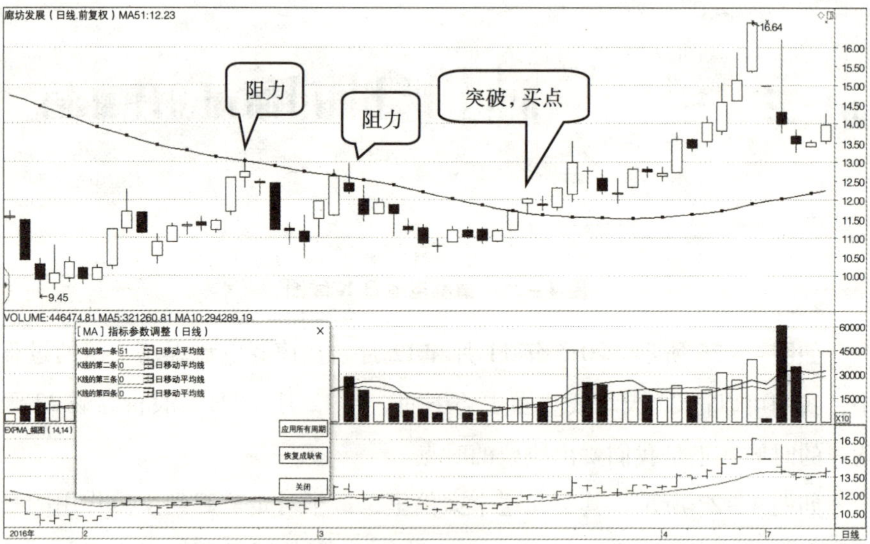

图 4-28　廊坊发展日 K 线图

如图4－28所示，2016年3月，廊坊发展反弹的时候，我们可以把51天均线压在走势上面。3月18日，股价上涨的收盘价正好和51天均线一样，都是11.7元，一分钱都不差。

随后一天，股价跳空高开，开盘价就站在51天均线以上，并且收盘时还小幅上涨。这个时候我们就可以买进股票。

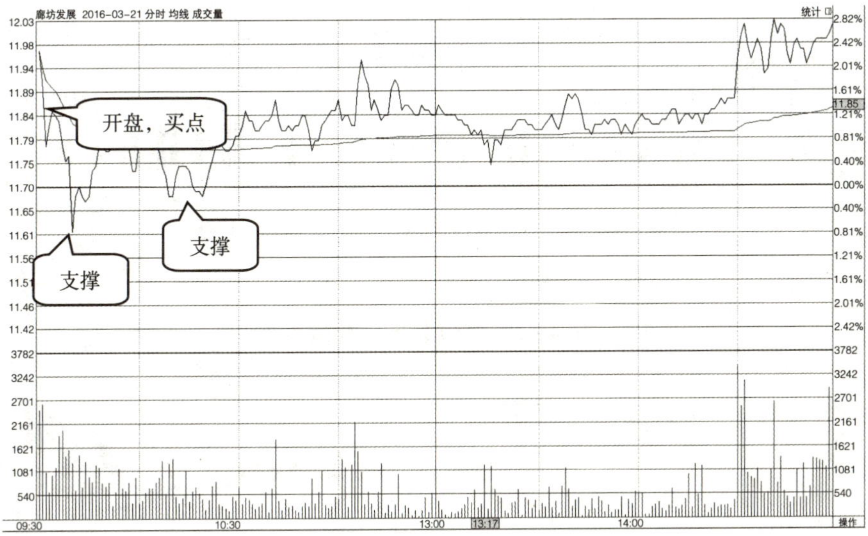

图4－29 廊坊发展分时走势图

如图4－29所示，3月21日，股票的开盘价就开在了51天均线之上。这个时候我们可以积极买进股票。随后该股在盘中持续震荡，几次回落到均线位置都获得支撑。直到尾盘时向上拉升，站稳了均线上方。

如图4－30所示，之后股价在51天均线以上持续上涨。不过上涨的中间有个问题。我们可以发现股价并没有沿着均线上涨，有几次回落都是没到均线的位置就反弹了。这样的形态说明51天均线对行情没什么支撑作用。这时候我们就需要修改均线的参数，把真正有支撑作用的均线垫在走势下面。

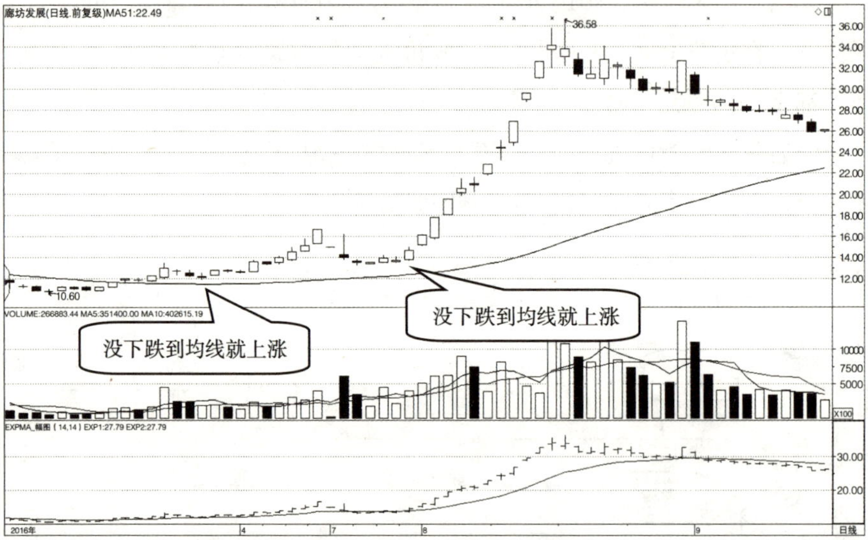

图4-30 廊坊发展日K线图

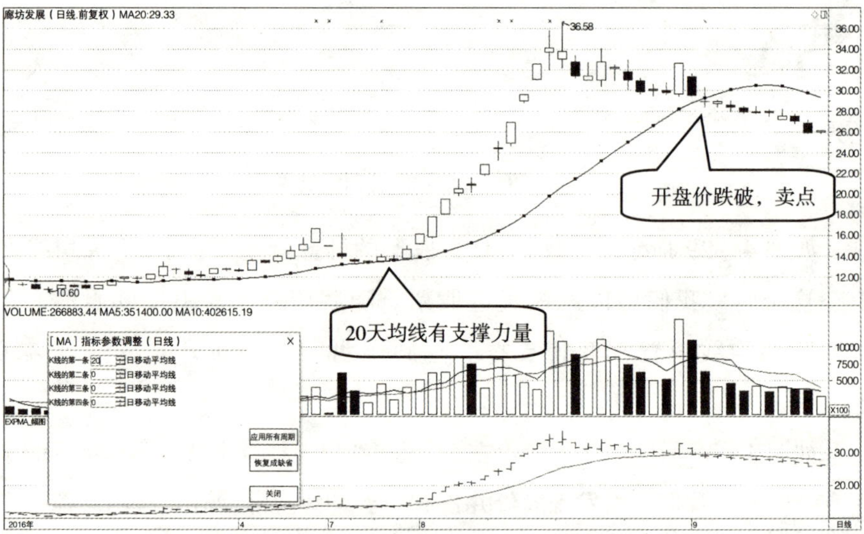

图4-31 廊坊发展日K线图

如图4-31所示，调整参数后我们发现，20天均线可以很好地垫在走势下面。例如，7月26日开盘价是13.40元，20天均线是13.38元。7月28日开盘价是13.60元，20天均线是13.58元。都只差2分钱。这样我们就可以在随后的行情里根据 20 天均线来操作。

9 月 2 日，经过高位横盘后，股价跳空下跌，开盘价就跌破了 20 天均线。这个时候我们就应该卖出手里的股票。

根据以上这些案例我们就能知道，只需要这一条线，我们就可以在股市上赚钱。有了这条线以后，我们可以放弃之前讲到的各种生命线，当然也可以把它们结合起来。我们这本书叫《魔法股市》，意思也就是可以把很多复杂的问题简单化。你看走势的时候，觉得各种上涨和下跌都非常复杂。其实只要用这一条均线，就可以把复杂的问题都简单化。

本章要点

- 一线制胜法是一种化有形为无形的技术方法。我们深入了解均线以后，就不用纠结均线是什么周期了，我们可以随便选一条均线来分析行情。
- 均线的参数值越小，和当前股价的距离越近，波动越频繁，波动中的角度也越尖一些。参数值越大，和当前股价距离越远，波动越缓慢，波动中的角度也就越平缓一些。
- 如果我们想在牛市里找买点，可以通过调整均线的参数，把均线压在一个过去的波段高点上。以后的行情里，这条均线就是我们的操盘生命线。如果股价向上突破，我们就可以积极做多买进。
- 我们做短线的时候，可以用这些比较短周期的均线。如果是做中长线，可以压过去更早的一些高点，用一些更长周期的均线。
- 一条均线确定以后，会在以后很长时间一直对行情有较强的阻力和支撑作用。而且这种阻力或者支撑作用被验证的次数越多，这条线的力量也就越强。
- 很多时候，大盘和个股都是同涨同跌的。个股的庄家会根据大盘走势来做盘，就导致了两者走势的共振效应。一旦这种共振效应出现，我们就可以更加坚定对于均线支撑或者阻力力量的判断。

• 当我们发现熊市行情开始，想要卖出股票的时候，操作方法是和买入的时候正好相反的。这个时候我们应该找一条合适的均线，能够正好垫在波段的底部。未来的行情里，这根均线就可以作为操盘线。一旦股价跌破了操盘线，我们就应该把手里的股票卖出。

• 对于炒股来说，碰到一些不适合操作的行情是非常正常的现象。我们不要以为随时都能交易，其实一年里大部分时间都是在等待的。只有等到合适的机会交易，才能够尽量保证投资收益。

• 45 天的周期真的非常神奇。我们不仅可以直接用它，在这种调整参数的方法里，也经常能用到它。

• 我们这本书叫《魔法股市》，意思也就是可以把很多复杂的问题简单化。你看走势的时候，觉得各种上涨和下跌都非常复杂。其实只要用这一条均线，就可以把复杂的问题都简单化。

第5章

均线优化

——成交量结合均线

股市上所有东西都能作假，包括我们之前说的利好、利空，F10 里的各种数字，但是只有股票交易的成交量是不能作假的，所以利用成交量来配合我们之前讲的均线，是一种很好的操作方法。

5.1 成交量的奥秘

5.1.1 不能作假的成交量

成交量也就是股票一天交易了多少。每天股票成交的数量和资金进出都是明摆着的东西，这是做不了假的东西。

5.1.2 对于放量信号的误解

市场上有一个关于成交量的特别大的误区，即成交量越大越好，这是非常错误的观点。很多股评家喜欢这么说，成交量越大越好，实际上这是非常不负责的说法。

股市上还有一句话是天量见天价，这就是一种很好的说法了。一旦成交量放大到一定的水平上，市场行情就危险了。这个时候，整个股市上散户都活跃起来了。我们之前说达到全民炒股的时候，这个时候往往也是到了整个行情的最高点了。如果我们把一段行情分成鱼头、鱼身、鱼尾的话，那么这个时候也就到了整个行情的鱼尾阶段，整个上涨行情也就差不多了，强弩之末，接近尾声了。

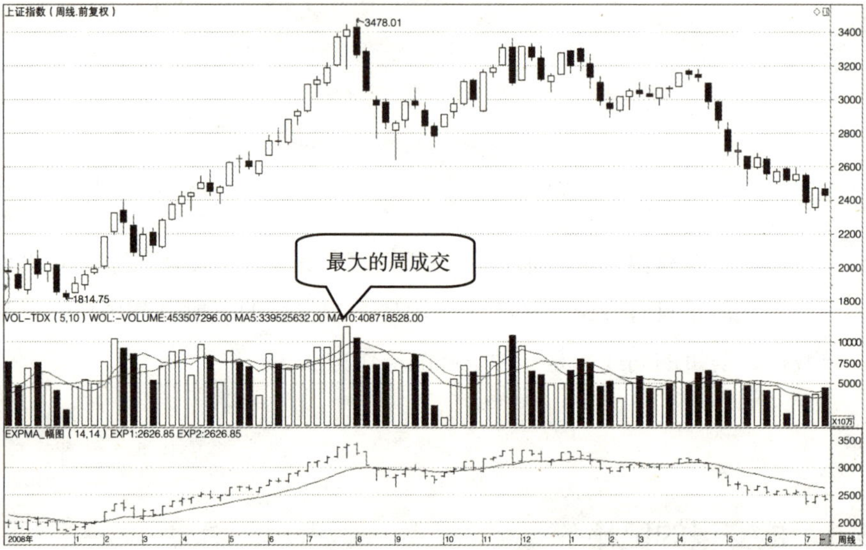

图 5-1　上证指数周 K 线图

如图 5-1 所示，我们看 2009 年 7 月上证指数的周 K 线。7 月 31 日这一周，指数收出了 20 年来最大的一个周成交量。这个时候，很多人都觉得成交量这么大，一定是很多人都在买股票，以后行情可能还能上涨。不过他们忽略了，行情上涨到这么高以后放量，大量散户都进来接盘了，以后市场根本没有继续上涨的空间了。

机构操盘的时候，就会利用散户的这种心理。他们操盘一边在买进，另一边在卖出，而且越卖越多。你感觉买盘把股价拉升，买进去以后，正好就掉进机构的陷阱里了。

如图 5-2 所示，到了 2015 年的牛市里，主力又是这么操作的。整个 4 月和 5 月，成交量都在大幅放大。这段时间又是庄家在高位大量抛出股票的时间段。如果买进的话，就是买在了最高点上。

所以说我们要在没有放量之前就买进去，按照之前讲到的均线操作方法来买进。等到真正放量以后，行情已经非常高了，这个时候再买进就只能买到最后的鱼尾行情上。

到这里我们就能看出，股市的操作方法其实没什么新鲜的东西。过去

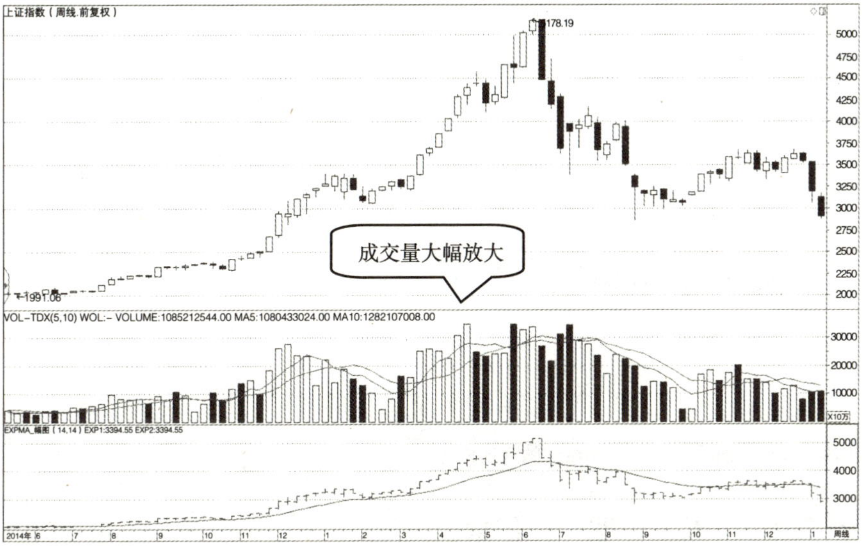

图5-2　上证指数周K线图

行情里发生的事情，以后还会再发生。无论什么时候，大多数散户都是会亏钱的。我们做股票，一定要用和一般人相反的逆向思维，一定要和别人相反操作才可以。

5.2 天量的危险信号

天量是一个危险的信号。看到天量出现的时候，我们应该卖出。在这里首先需要确定一个天量的衡量标准。

5.2.1 天量标准一：倍量

如果一段时间成交量柱线一直比较稳定，那么等到某天的成交量明显放大，达到前段时间成交量柱线两倍以上的时候，就是一个明显的天量形态了。

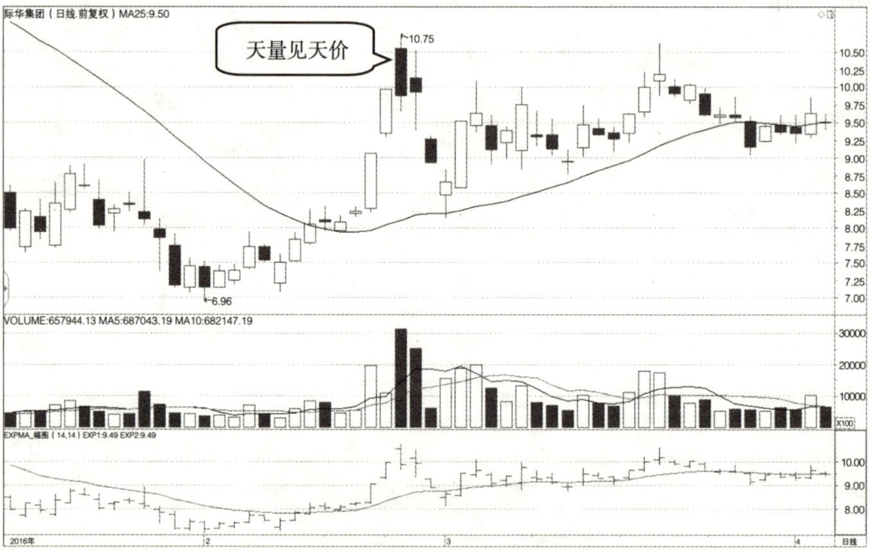

图5-3 际华集团日K线图

如图5-3所示，2016年2月25日，际华集团（601718）股票放出天量，这个时候我们就应该把手里的股票卖掉。之后股价开始见顶回落。

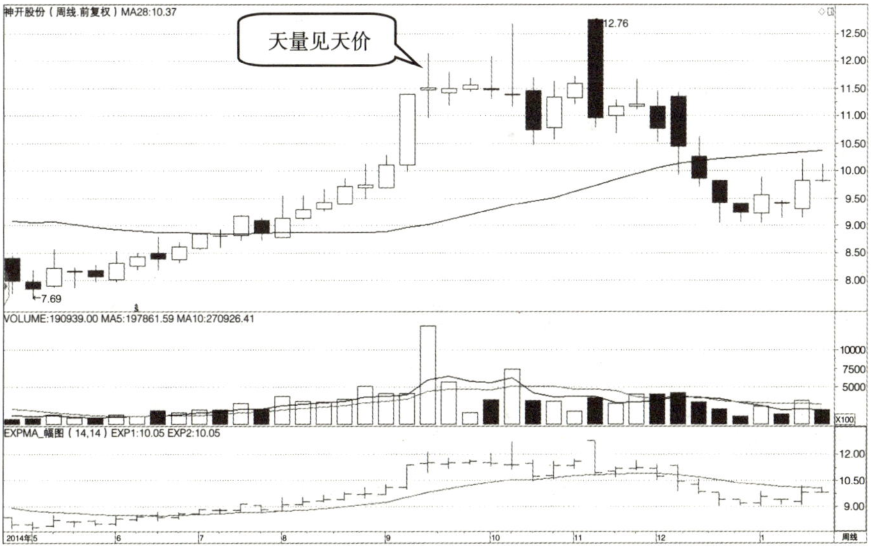

图5-4 神开股份周K线图

如图5-4所示，在周K线图里也是一样。2014年9月19日这一周，神开股份（002278）周K线图里放出天量，明显超过之前成交量的两倍。这个时候我们就应该卖出股票。

5.2.2 天量标准二：换手率

另一个判断天量的方法是看当天的成交量，如果达到当天流通盘的8%~10%，同样是放量信号。成交量与流通盘的比例我们可以用换手率这个指标来看，也就是当天换手率如果能够达到8%~10%甚至更高的水平，那就是天量信号。

如图5-5所示，德展健康（000813，原天山纺织）在2016年7月27日的成交量是30多万手，也就是3000多万股。流通盘总共3.63亿股。两个除下来，得到的比例就是图里的换手率8.27%。这个比例已经达到了天量的标准。这个时候天量见天价，随后行情很快就要调整了。

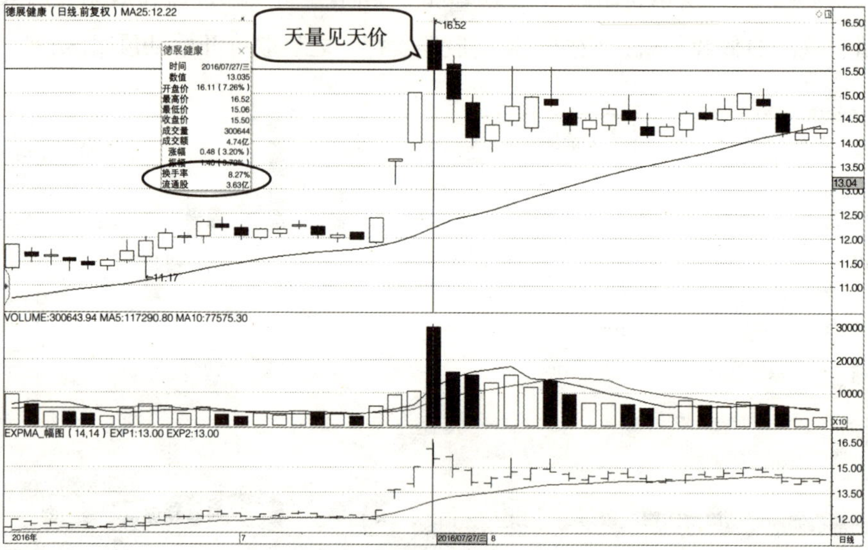

图5-5 德展健康日K线图

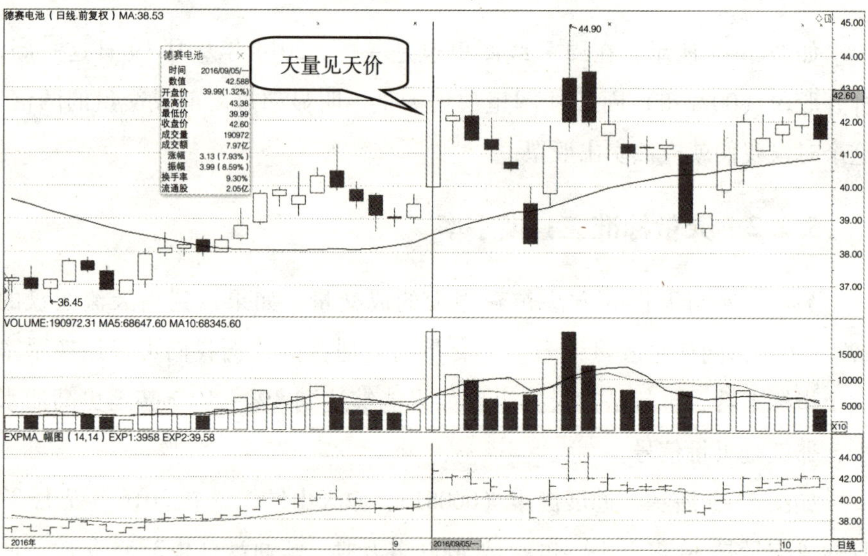

图5-6 德赛电池日K线图

如图5-6所示，德赛电池（000049）也是一样的案例。9月5日的换手率是9.3%，就是天量见天价的时间点。之后9月14日，换手率又到了9.33%，这个时候同样应该卖出股票。

对于以上两个条件，我们在交易的时候可以把它们结合起来。只要成交量柱线明显变长，并且换手率达到8%或者10%以上，我们就应该先把股票卖掉。

下面我们可以通过几个具体的案例来验证天量的卖出操作。

5.2.3 天量见顶案例一：奥马电器（002668）

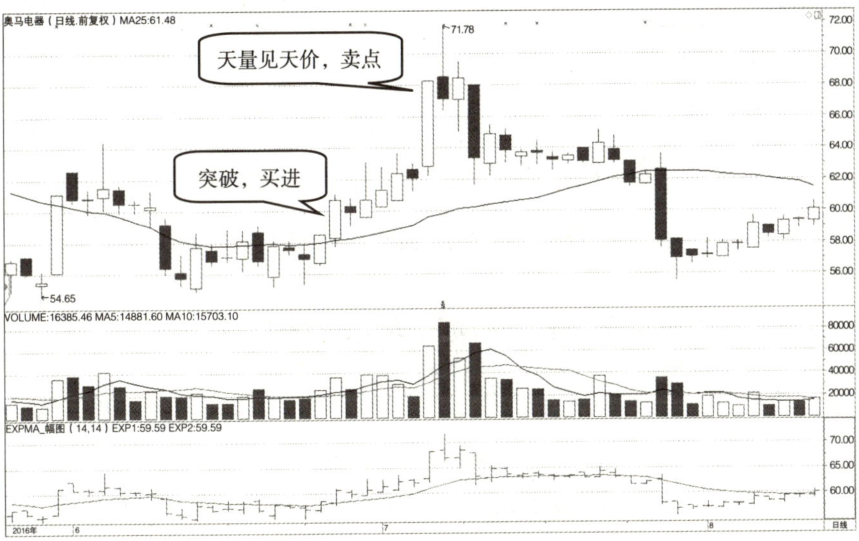

图5-7 奥马电器日K线图

如图5-7所示，2016年6月底，奥马电器股价突破了生命线，也就是25天均线，这个时候我们可以买进。之后股价一路上涨。到7月6日和7日，连续两天都放出来天量。第一天放量以后股价涨停了，我们可以先不用卖出。第二天再放量，股价并没有涨停，这个时候我们就应该卖出股票。从突破到天量卖出的时点，有差不多20个点的收益。

如图5-8所示，7月7日，股票上午冲高回落，同时成交量放出巨量。这个时候当日的成交量水平已经放出天量，我们应该保持警惕。随后等股价在低位整理的时候，我们就应该卖出手里的股票。

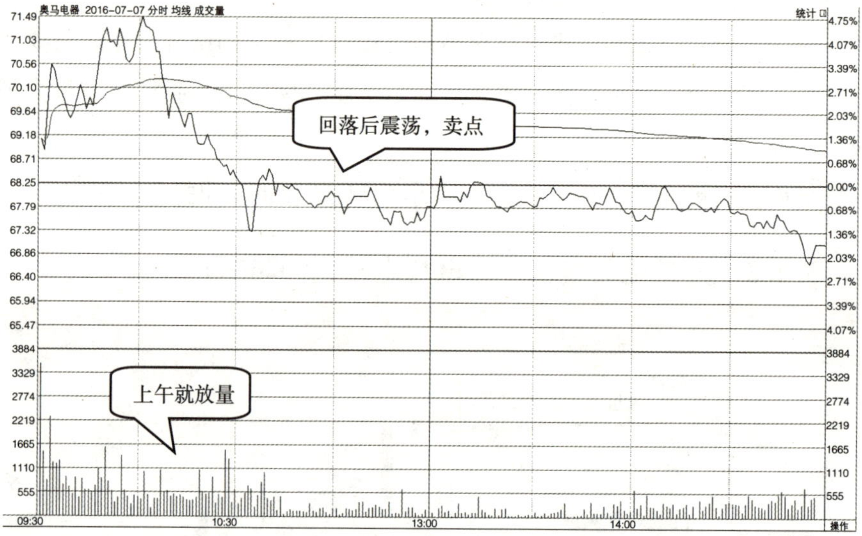

图 5－8 奥马电器分时走势图

5.2.4 天量见顶案例二：苏宁环球（000718）

如图 5－9 所示，2015 年 2 月，苏宁环球股价突破到 25 天均线，也就是短线生命线的上面。这个时候我们可以买进股票。

3 月 25 日，股票第一次放出天量。这个时候我们应该注意风险，卖出股票。之后股价开始横盘整理，当调整到生命线附近的时候，我们可以抄底买进。这时候如果同时观察下面的 EXPMA14 线，也就是一号生命线，我们可以找到更加准确的买点。

4 月 10 日，股价再次冲高，同时放出天量。这个时候我们也应该再次卖出股票。之后股价调整，当调整到一号生命线上的时候，就又是一个新的买点。

4 月 23 日，股价冲高后第三次放出天量。这个时候就又是新的卖点。等到股价回落到一号生命线上获得支撑的时候，我们可以再把股票买回来。

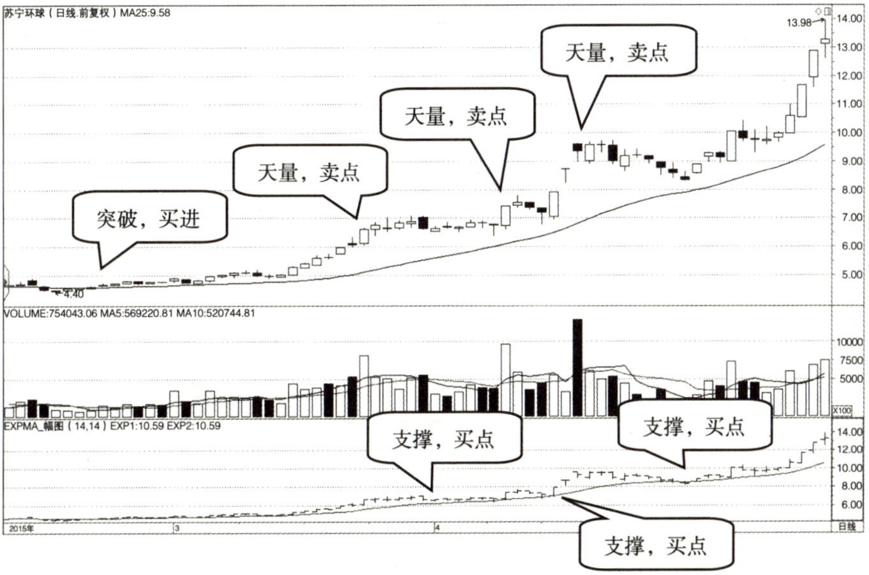

图 5-9　苏宁环球日 K 线图

从这个案例我们就能够知道，天量的时候表示股票要调整，不一定就是阶段顶点，有可能只是一个调整的窗口。结束调整后，股价会继续向上。不过无论如何，当我们看到天量的形态时，还是应该要先卖出股票。如果以后股价能在生命线上获得支撑，再买进来就可以了。如果持续下跌，正好我们就回避了持续的跌幅。

5.2.5　天量见顶案例三：久远银海（002777）

如图 5-10 所示，久远银海是一只 2015 年 12 月 31 日上市的股票。股票上市以后连续涨停。在连续的过程中，成交量一直是萎缩的。直到 2016 年 1 月 26 日，一放量，行情就见顶要调整了。

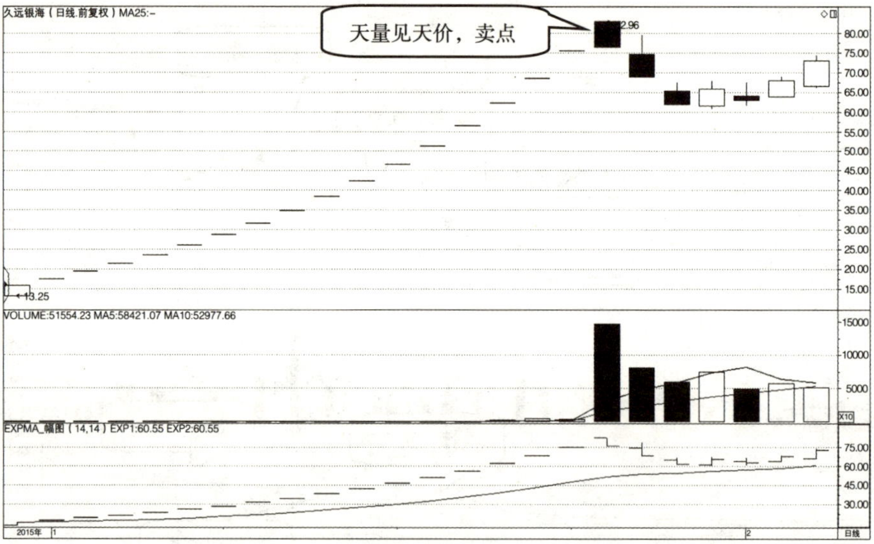

图 5－10 久远银海日 K 线图

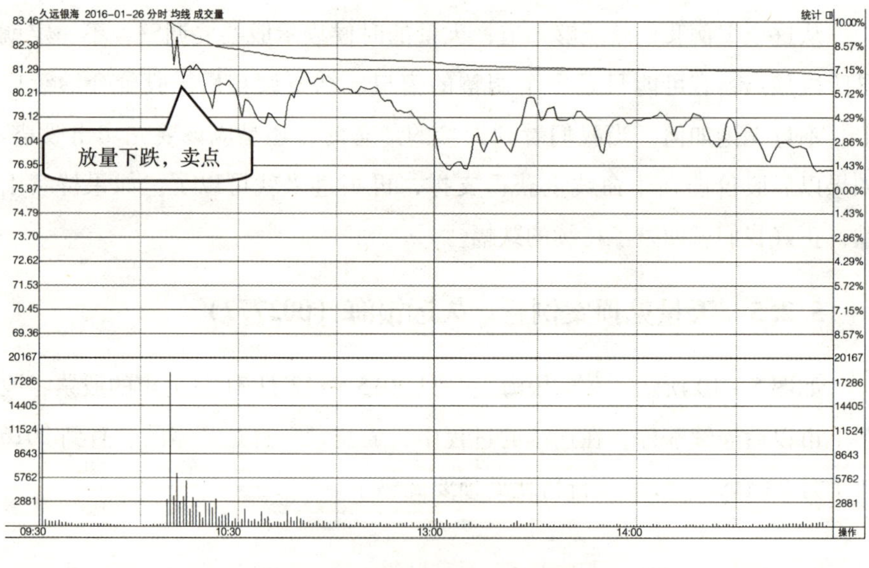

图 5－11 久远银海分时走势图

如图 5－11 所示，1 月 26 日，股价只在涨停板上封了大约 40 分钟，随后就放量打开涨停板。看到股价放量下跌，我们应该赶紧卖出手里的股票。

5.2.6　天量见顶案例四：*ST 宏盛（600817）

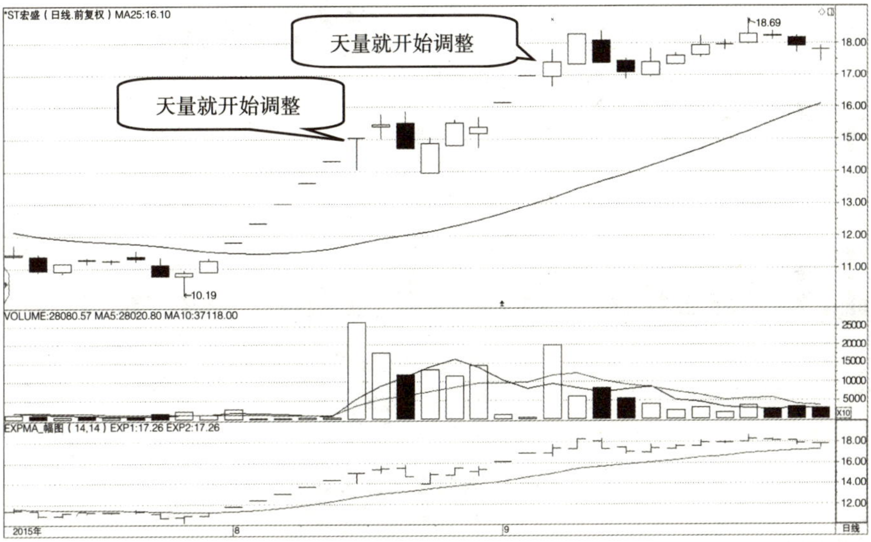

图 5－12　*ST 宏盛日 K 线图

如图 5－12 所示，就算不是次新股，对于涨停的其他股票，也是一样。涨停的时候会缩量，一旦涨停放量就要调整了。*ST 宏盛 2015 年 8 月连续 5 个缩量涨停，第 6 个涨停一放量就是要调整了。调整以后还是一样，连着两个缩量涨停，第三天一放量就要调整了。

5.2.7　天量见顶案例五：英特集团（000411）

如图 5－13 所示，2016 年 6 月 29 日，英特集团开盘价就突破了一号生命线，这个时候我们可以积极买进股票。之后股价沿着一号生命线一直上涨。

7 月 15 日（周五），股价涨停，同时放出天量。这个时候我们应该警惕风险，不过因为股价涨停了，暂时我们可以不用卖掉股票。具体原因后面会有专门的章节来解释。这里我们只要明确，当股价涨停的时候，就算有卖点也可以暂时不用卖出。

之后一天，即 7 月 18 日（周一），股价又在高位横盘，成交量放出了更大的天量。这是对于见顶信号的进一步确认。这个时候我们就应该卖掉

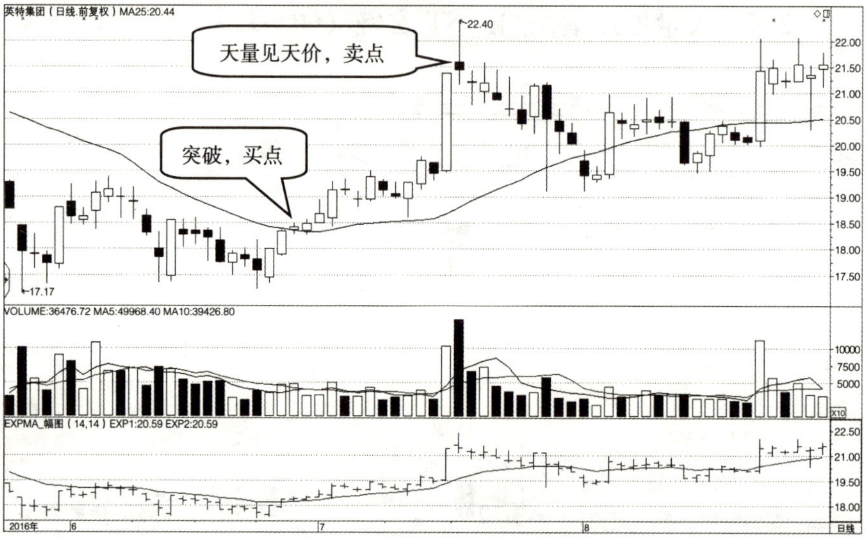

图 5－13　英特集团日 K 线图

手里的股票。

卖掉的时候，利润空间在 17 个点左右。等到最后股票跌破生命线的时候，已经回落了很大的幅度，再卖掉股票，利润就要少很多。

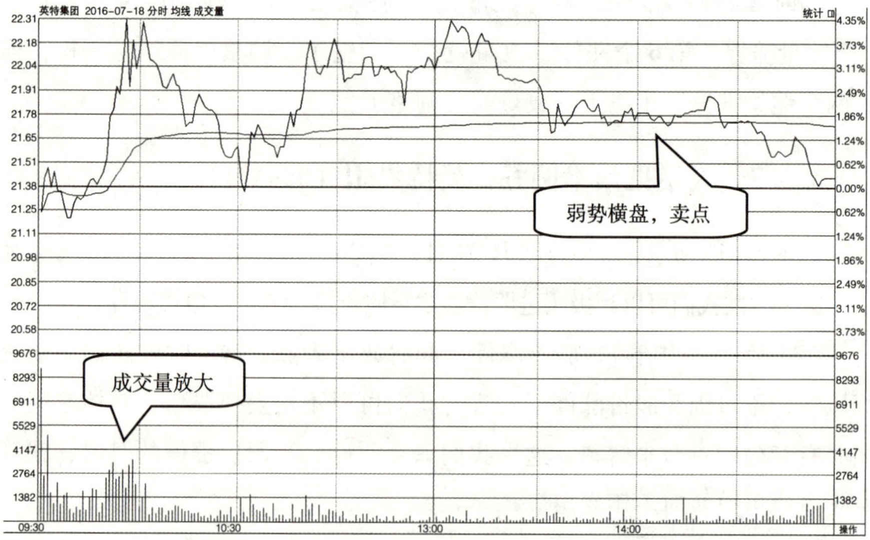

图 5－14　英特集团分时走势图

如图5－14所示，7月15日（周五，图里之前一个交易日），英特集团就已经大幅放量。只是因为当日涨停，我们可以先不用卖出股票。到了7月18日（周一），上午股价再次大幅震荡，成交量放大。下午开盘后，股价回落后在低位弱势震荡。此时当日再次放天量已成定局，并且没有继续涨停的希望。在这个时候，我们就应该卖掉手里的股票，回避风险。

5.2.8 天量见顶案例六：美尔雅（600107）

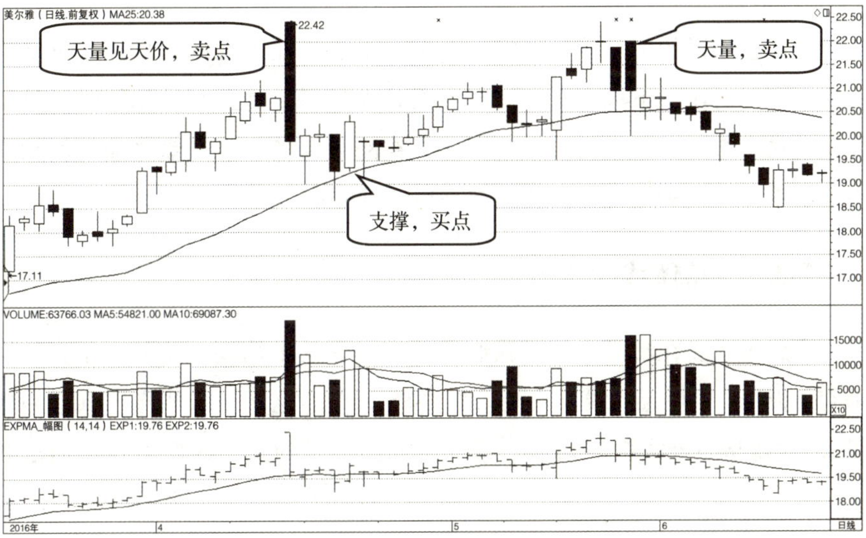

图5－15 美尔雅日K线图

如图5－15所示，2016年4月15日，美尔雅在高位遇阻回落，同时放出了天量。这个时候我们应该卖出股票。

之后的行情里，股票下跌到25天均线附近获得支撑开始上涨。这个时候我们可以将股票买回来。

再之后股票一路上涨。等到5月30日，股价遇阻回落，又一次放出天量。这个时候我们就应该再将手里的股票卖掉。之后股票开始一路下跌，也就没有了继续波段操作的机会。

5.3 江恩的四条箱体线

我们上面讲的天量信号，实际上是一个从后往前看的信号。收盘结束以后，我们对比一下成交量，知道当天是天量了。真正到操作的时候是不能这么马后炮的。我们需要一些方法，在刚开盘甚至没开盘之前，就知道当天是不是要放天量。下面我们就来讲这种方法。

5.3.1 箱体线的压力

要想天量卖在最高点位，我们还是需要移动平均线，总共四条，分别是453天线、610天均线、730天线、888天线。这四条线叫作“江恩箱体线”。这就是一个能提前知道行情即将放出天量的线。这四条线的用法和平常均线的用法也不太一样。只有到放天量的时候，这四条线才是有效的压力线，不放天量我们不用去管它。别的均线应用方法里，都是均线在什么时候都是压力位，到了这里不一样了。只有放天量的时候看它的压力位，不放天量不用管，就当它不存在。

5.3.2 大盘的箱体线

如图5－16所示，我们可以用上证指数的走势来说明这种方法。2016年5月31日，上证指数放出巨量。这个时候指数上涨已经接近了610天均线，我们就应该注意风险。之后几天，行情在610天均线上遇阻回落。

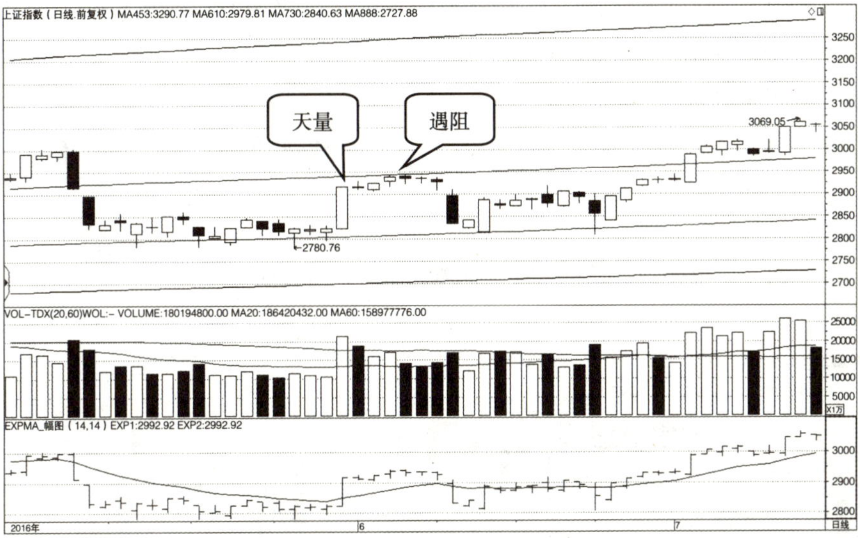

图5－16 上证指数日K线图

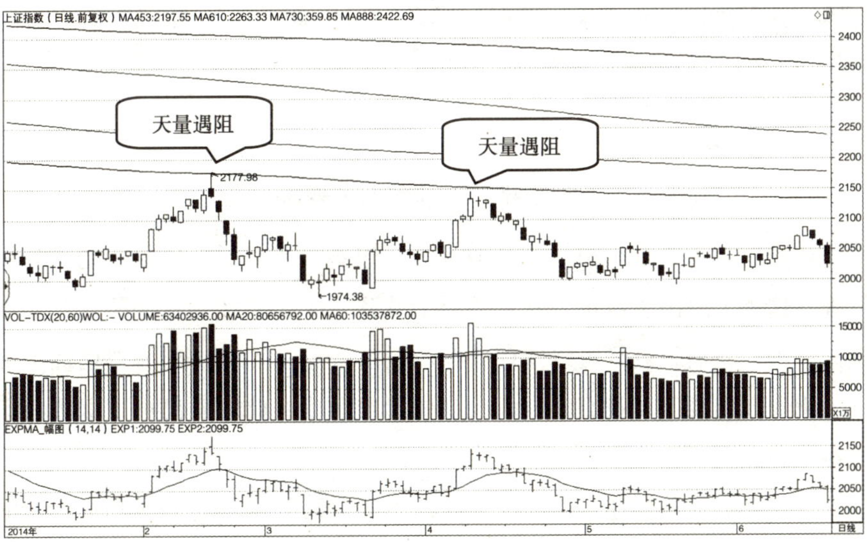

图5－17 上证指数日K线图

如图 5－17 所示，历史上这种情况也是非常多见的，比如 2014 年 2 月和 4 月，上证指数就是连续两次放量上涨后，都上涨到了 453 天均线的位置上遇阻下跌。

下面，我们可以通过四个个股的案例，分别验证这四条线对股价上涨的阻力作用。

5.3.3　箱体线案例一：银鸽投资（600069）

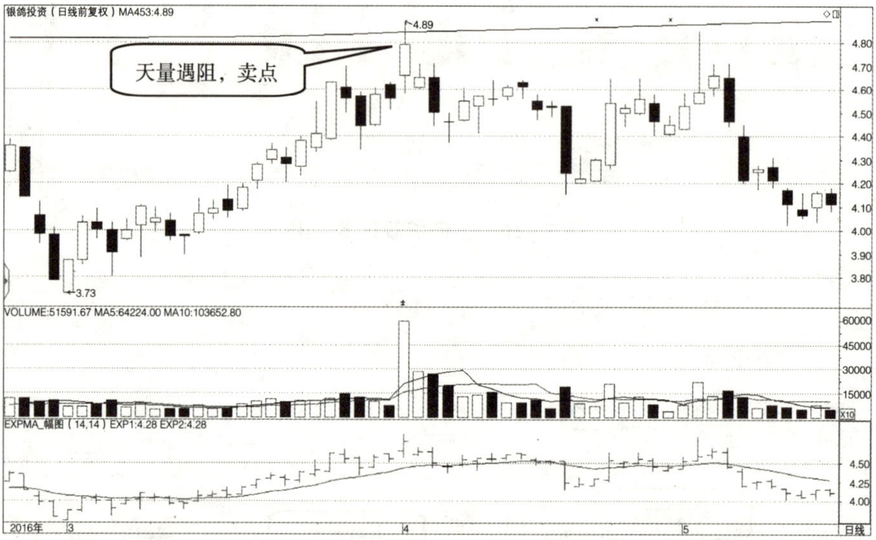

图 5－18　银鸽投资日 K 线图

如图 5－18 所示，2016 年 4 月 5 日，银鸽投资经过一段时间的停牌后复牌。这一天放出了巨量，并且股票上涨到 453 天均线附近遇阻。其实在这天上午，我们就已经可以发现股票放量的迹象，加上这时股票已经上涨到了 463 天均线上，我们就应该在盘中卖出股票。此时卖出可以保证我们卖在最高点上。

从这个案例我们还可以再次验证，炒股只需要依靠对均线和成交量的分析，我们不需要知道股票为什么停牌，也不需要知道为什么复牌。最终股票的走势结果和我们用技术方法分析出来的是完全一致的。

5.3.4 箱体线案例二：粤水电（002060）

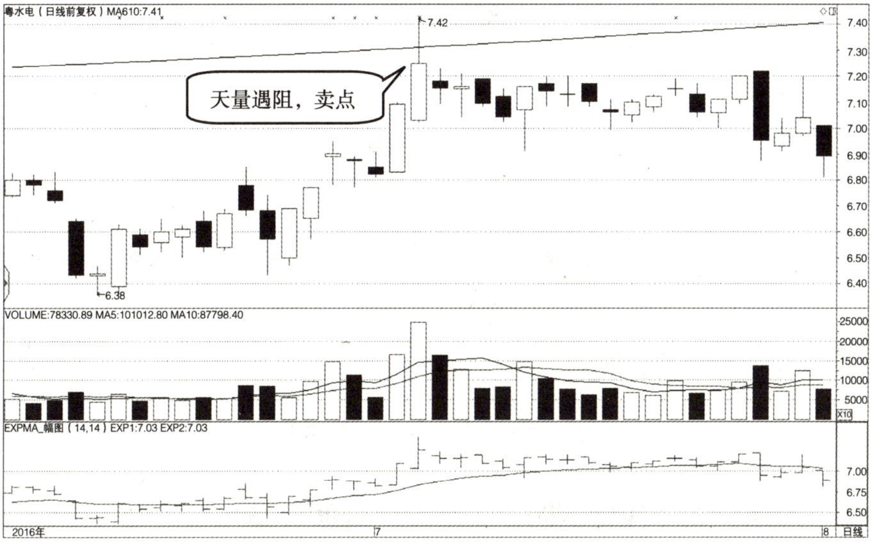

图5-19 粤水电日K线图

如图5-19所示，2016年7月5日，粤水电放出天量，同时股价也上涨到610天均线上以后遇阻回落。这一日的行情说明股价已经见顶。在这天下午，放量遇阻形态已经可以确认，我们应该卖出手中的股票。

随后一天，股价低开低走，开始进入了持续下跌的趋势里。

5.3.5 箱体线案例三：杉杉股份（600884）

如图5-20所示，2013年9月25日，杉杉股份在高位放天量冲高，同时这一日股价正好上涨到730天均线上遇阻。这天的开盘价已经越过了730天均线，但是股价在盘中持续回落，截至收盘时跌破了730天均线。当天的K线正好被均线穿过。截至当日收盘，放量遇阻形态已经可以确认，我们应该卖出手中的股票。

随后一天，该股低开后在下面持续横盘，放出了更大的天量。这根天量线是最后的逃命时机。

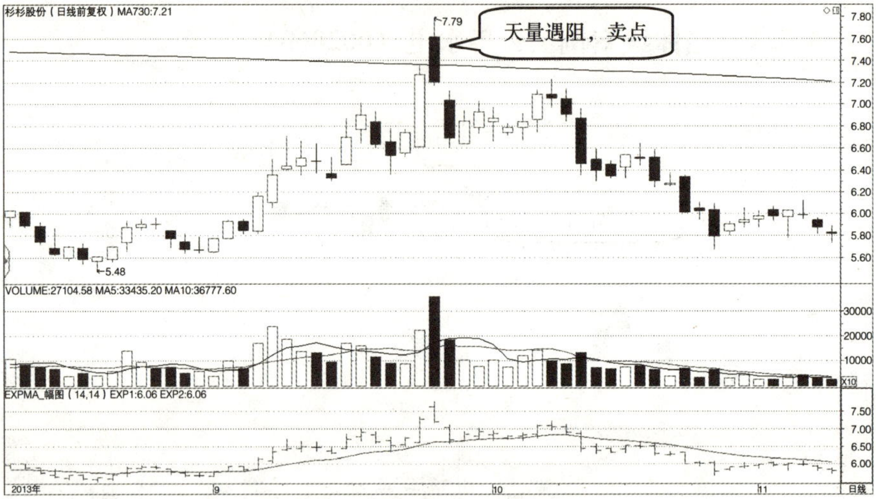

图 5-20　杉杉股份日 K 线图

5.3.6　箱体线案例四：濮耐股份（002225）

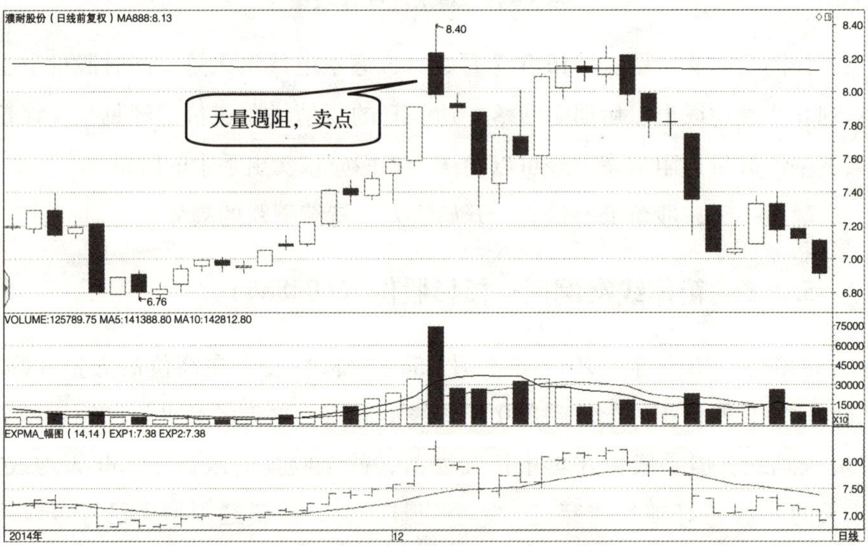

图 5-21　濮耐股份日 K 线图

如图 5-21 所示，2014 年 12 月 3 日，濮耐股份放天量遇阻回落。上方的阻力正好就在 888 天均线附近。看到这样的形态，我们应该警惕行情下跌的风险，尽快卖出手里的股票。之后股价又有了一次反弹，不过还没突破 888 天均线就再次下跌，进入了持续的下跌趋势中。

这里需要注意，以上四条线都是我们在天量的时候用到的操盘线。不是天量的时候，我们就用三条线，即 25 天均线、45 天均线、EXPMA14。这四条均线可以当它不存在，直接不在图里显示都可以。到了天量的时候，例如当天上午，成交量就大幅放大，半天成交量就超过了过去一天的成交水平，这个时候我们可以再把这四条线拿出来用。

5.4 连续涨停的特殊处理

下面，我们要讲的是天量涨停板如何来操作。

5.4.1 涨停和跌停的惯性

我们操作有一个基本原则就是不卖涨停板，不买跌停板。因为股票就像车子一样，一旦走起来它是有惯性作用的。开快了到涨停板了，还是会向上冲，而跌停板会向下冲。

5.4.2 天量涨停后的卖点

我们说天量后应该卖出。如果当天放天量同时涨停的话，我们是不卖出的。因为我们有不卖涨停板的原则。

如果放天量是在连续涨停板的话，即当天涨停了，第二天高开 5 个点以上，或者第二天开盘 15 分钟的时候，已经上涨了 5 个点以上，正在向涨停板冲刺，那么我们也不卖。

一旦一只股票已经有了连续三个涨停板，那么在之后的行情里，一旦股价不能连续涨停，就必然是一个短期的顶部，这个时候我们就应该卖掉了。

5.4.3 涨停卖点一：坚瑞沃能（300116）

如图 5－22 所示，2016 年 6 月 24 日，坚瑞沃能放出天量，股价当天涨停。这个时候虽然见到了天量，但我们是不卖出的。

这次股价连续涨停了四天。到第五天（6 月 29 日）的时候，股价高开

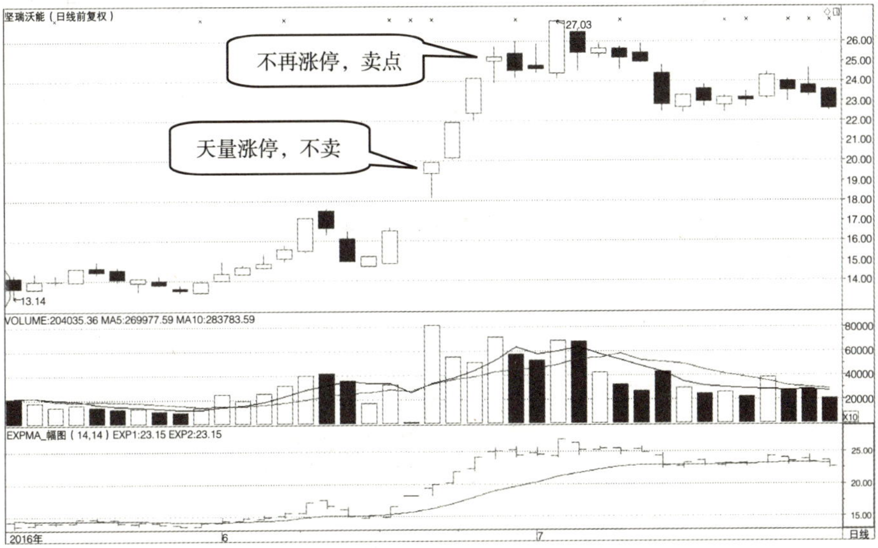

图5－22　坚瑞沃能日K线图

后震荡，没能继续涨停。这个时候我们就应该卖掉手里的股票了。随后股价经过高位横盘一段时间开始回落。

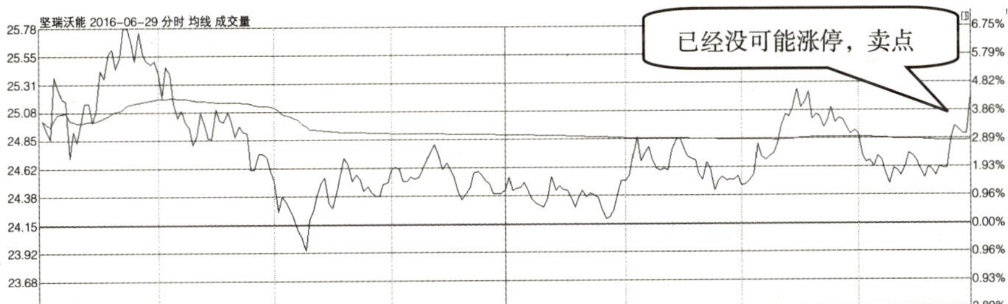

图5－23　坚瑞沃能分时走势图

如图5-23所示，6月29日，坚瑞沃能开盘后快速冲高，不过很快就遇阻回落，并且回落的幅度很深。整个随后的时间段里，股价一直在底部震荡。当日收盘前，股票已经完全没有涨停的可能。这个时候我们就要卖掉手里的股票。

5.4.4 涨停卖点二：大富科技（300134）

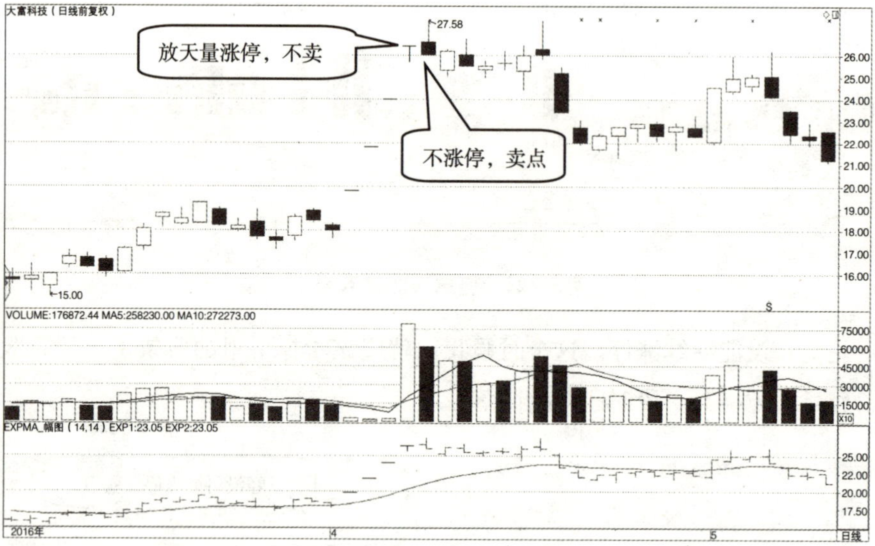

图5-24 大富科技日K线图

如图5-24所示，大富科技也是类似的走势。2016年4月，连续四天涨停。到第四个涨停（4月8日，周五）的时候，成交量已经放出来天量。这一天股价涨停，我们可以不卖出。随后一天（4月11日，周一），股价开始持续震荡，没再能涨停。这个时候我们就应该卖掉手里的股票。

如图5-25所示，4月11日上午，大富科技股价持续震荡上涨，还表现出了一些冲击涨停的可能性。到了中午左右，股价连续上涨遇阻。之后整个下午都持续下跌。临近收盘前，股价已经跌破前日收盘价，完全没有继续涨停的可能。这时我们就应该果断卖掉手里的股票。

我们讲股票的涨停板还有跌停板都是有惯性的。一旦开始涨停就会连

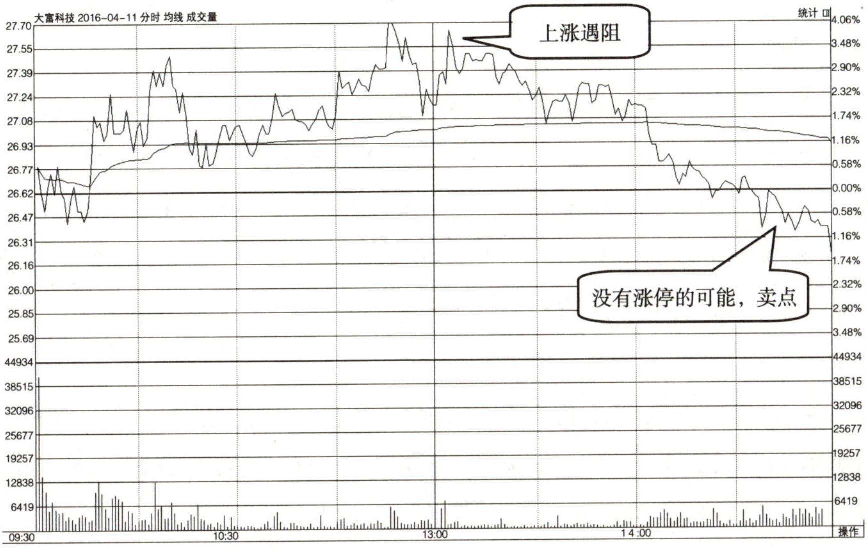

图 5－25　大富科技分时走势图

续上涨，同样一旦开始跌停就会连续下跌。这都是大概率的事件。所以我们有不卖涨停板、不买跌停板的原则。只有连续涨停以后，等到真正不再涨停的时候，我们才卖出。

本章要点

● 股市上所有东西都能作假，包括我们之前说的利好、利空，F10 里的各种数字，但是只有股票交易的成交量是不能作假的。

● 股市上还有一句话是天量见天价，这就是一种很好的说法了。一旦成交量放大到一定的水平上，市场行情就危险了。

● 如果一段时间成交量柱线一直比较稳定，那么等到某天的成交量明显放大，达到前段时间成交量柱线两倍以上的时候，就是一个明显的天量形态了。

● 另一个判断天量的方法是看当天的成交量，如果达到当天流通盘的 8%～10%，同样是放量信号。

● 天量的时候表示股票要调整，不一定就是阶段顶点，有可能只是一个调整的窗口。结束调整后，股价会继续向上。

● 要想天量卖在最高点位，我们还是需要移动平均线，总共四条，分别是453天线、610天线、730天线、888天线。这四条线叫作“江恩箱体线”。这就是一个能提前知道行情即将放出来天量的线。

● 这四条线的用法和平常均线的用法也不太一样。只有到放天量的时候，这四条线才是有效的压力线，不放天量的时候我们不用去管它。

● 以上四条线都是我们在天量的时候用到的操盘线。不是天量的时候我们就用三条线，即25天均线、45天均线、EXPMA14。这四条均线可以当它不存在，直接不在图里显示都可以。

● 我们操作有一个基本原则就是不卖涨停板，不买跌停板。因为股票就像车子一样，一旦走起来它是有惯性作用的。开快了到涨停板了，还是会向上冲，而跌停板会向下冲。

● 一只股票已经有了连续三个涨停板，那么在之后的行情里，一旦股价不能连续涨停，就必然是一个短期的顶部。这个时候我们就应该卖掉了。

第6章

均线超越

——天量后的买点

下面，我们讲怎样根据成交量来找买点的方法。这种方法是对之前讲到的均线技术的一个重要补充。

之前我们已经讲过了，看到了天量就要卖出，因为 90% 的天量都是一个卖点。我们已经通过走势来验证了。90% 的股票见天量以后，都是一个调整的起点。见天量就要开始调整；剩下还有 10% 的股票见天量以后能够继续突破上涨。下面，我们分两节对这两种情况分别进行讨论。

6.1 天量调整后的买点

首先，我们看天量调整下来之后的买点。也就是股票天量见顶，下跌以后，我们在下跌后的底部再买回股票的时机。

6.1.1 用一号生命线捕捉买点

股票放天量回调以后，我们可以用之前讲到的两条生命线，也就是一号生命线 EXPMA14、二号生命线 25 天均线来买入。当天量见顶后，回调到两条生命线上的时候，就是我们买入股票的时机。

这里大家一定要记住，一只股票放天量我们卖出以后，并不是说就不用再管它了。我们一定要操作。成功的操作是我们在高位把股票卖掉以后，很快就能在低位把股票买回来。

成功的操作者可以在一轮行情里永远只操作一只股票。很多人卖出股票以后，股票调整下来了，就觉得自己很成功。但是成功的操作者可以在股票调整完毕之后，在继续上涨之前，再一次买入股票。这样在一只股票上循环操作，赚到足够的利润。

6.1.2 大盘的天量调整买点

首先，我们可以用大盘的走势图说明这种放天量以后操作的方法。

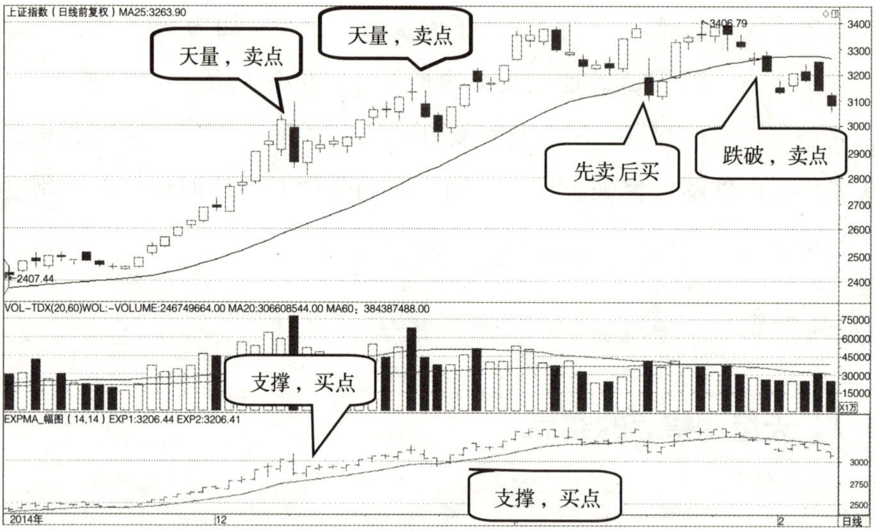

图 6-1 上证指数日 K 线图

如图 6-1 所示，2014 年 12 月 9 日，上证指数在高位放量遇阻。这天我们就应该卖出。之后指数持续调整，在一号生命线上获得了支撑。这个支撑的过程中，我们就可以逢低把股票买回来。

指数又上涨了一段时间以后，到 12 月 22 日，又在高位形成了一个天量。这时我们应该再一次卖出股票。随后指数开始回落。几天后回落到一号生命线上的时候，我们就可以把股票再买回来。

这之后指数有一次跌破生命线后马上又突破的走势，我们可以先卖出股票然后再买入。

等指数继续上涨以后，没有再形成天量。不过在调整的时候连续跌破了两条生命线。这个时候我们就应该把股票卖出。

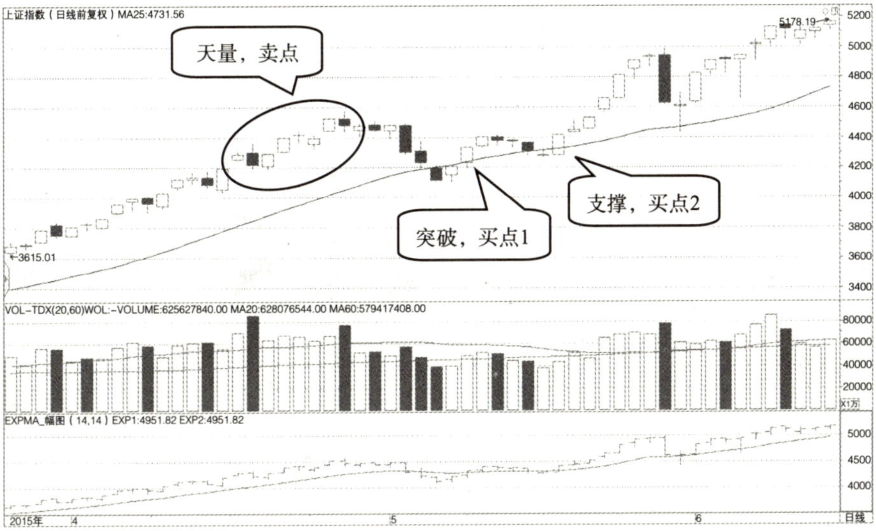

图6－2　上证指数日K线图

如图6－2所示，2015年4月底，指数在高位又连续放量。这个时候我们就应该把手里的股票卖出。之后指数回落的时候，形成了破位，我们可以先不用买入。等到指数突破两条生命线的时候，说明上涨行情继续，我们可以买入股票。

之后指数又一次回落，到生命线上获得支撑。这个支撑点也是我们逢低吸纳的时机。

如图6－3所示，之后指数继续上涨到高位。6月8日，指数在高位放出天量。这时是逢高卖出点。随后指数调整，一路跌破了两条生命线，并且跌破之后没有能再次突破。这种跌破的形态完成后，我们就应该保持空仓观望，不能再买入股票。

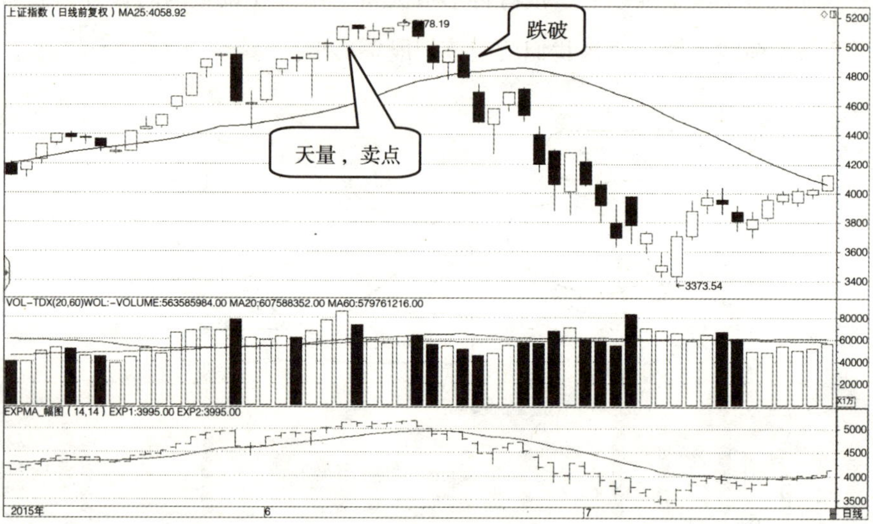

图 6-3　上证指数日 K 线图

6.1.3　天量调整买点一：北部湾旅（603869）

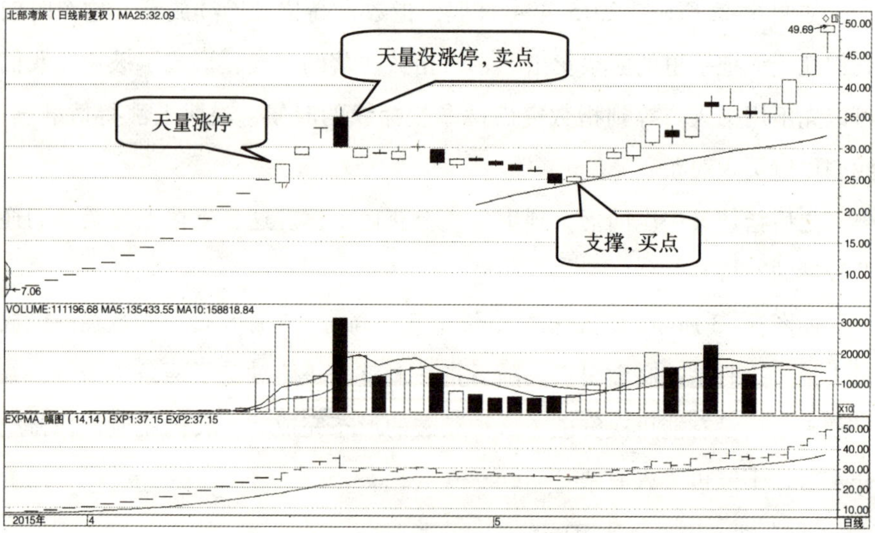

图 6-4　北部湾旅日 K 线图

如图 6-4 所示，北部湾旅是一只刚上市的股票。2015 年 4 月 16 日，股票放出天量，不过这天股价涨停了，我们可以不用卖出。到了4月21日，股票放出天量，我们就应该卖出股票。

放天量以后股价开始回落。到了5月8日，股价回落跌破了一号生命线，不过在二号生命线上获得支撑。这个时候我们就可以买入股票，追求股价反弹的收益。

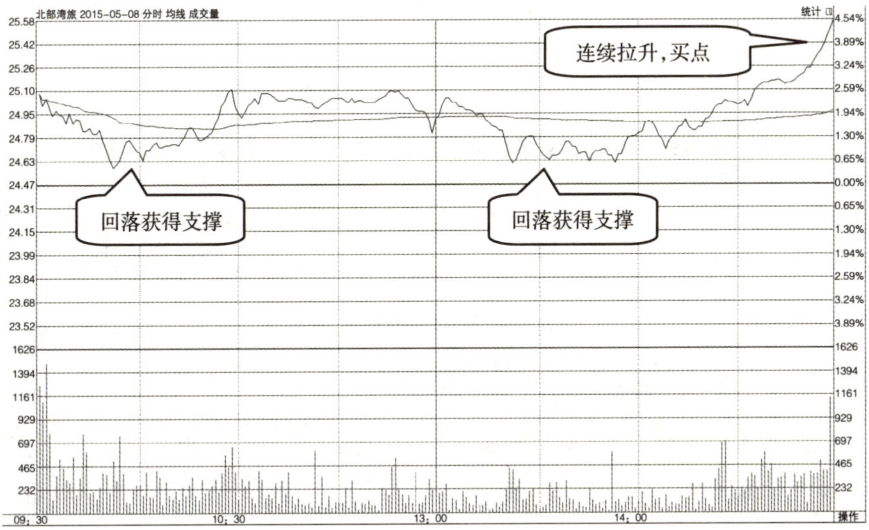

图6-5　北部湾旅日K线图

如图6-5所示，5月8日，股价开盘就在二号生命线以上。之后股价在盘中连续回落，都在二号生命线上获得了支撑。当日尾盘，股价被连续向上拉升。这样的形态验证了行情获得支撑的信号。此时我们可以积极买进股票。

6.1.4　天量调整买点二：玉龙股份（601028）

如图6-6所示，2016年6月15日，玉龙股份放出天量。这时候我们应该逢高卖出股票。随后股价回落，跌破了一号生命线，不过在二号生命线上获得了支撑。这个时候我们可以买进股票。

之后股价快速上涨。7月21日，股票在高位再次放天量。这个时候我们应该再卖出股票。随后股价回落，当回落到一号生命线上的时候，就获

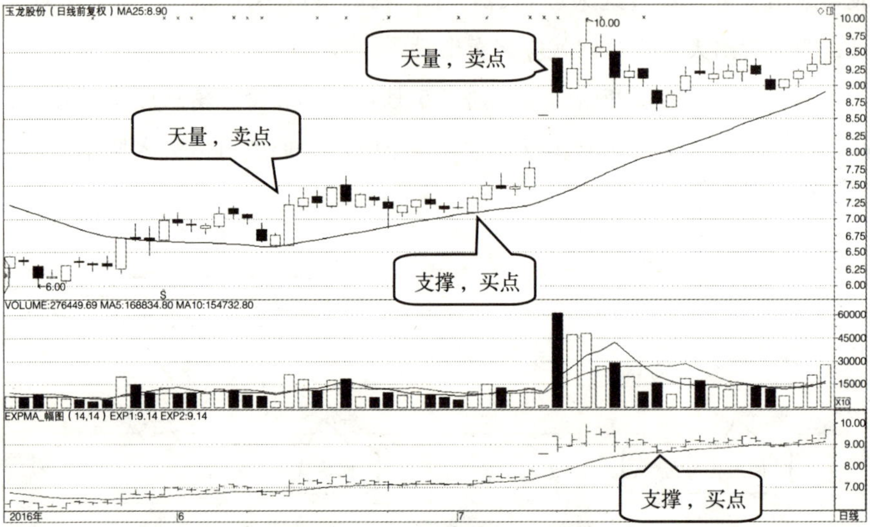

图 6－6　玉龙股份日 K 线图

得了支撑。这个时候我们可以买入股票。

通过这个案例我们可以知道，当股票放天量的时候，必然是在高位的。这时候我们两条生命线，一号生命线的周期是 14，二号生命线的周期是 25，所以一号生命线肯定要比二号生命线更快一些。也就是放天量的时候，一号生命线要比二号生命线离股价更近一些。等股价回调的时候，也是要先回调到一号生命线附近。等回调到一号生命线上获得支撑的时候，我们就已经可以买入股票了，不用等两条生命线的支撑力量都获得确认。因为在很多时候，股票不会回调到二号生命线马上就开始上涨。

当然这并不是说二号生命线就没用。相反，二号生命线代表了比一号生命线更强的一个支撑力量。有时候，股票把一号生命线跌破了，就会在二号生命线上获得很强的支撑力量。

6.1.5　天量调整买点三：上海新阳（300236）

如图 6－7 所示，2015 年 11 月 11 日，上海新阳经过连续涨停以后，在高位放出天量。这个时候我们应该卖出手里的股票。随后股价

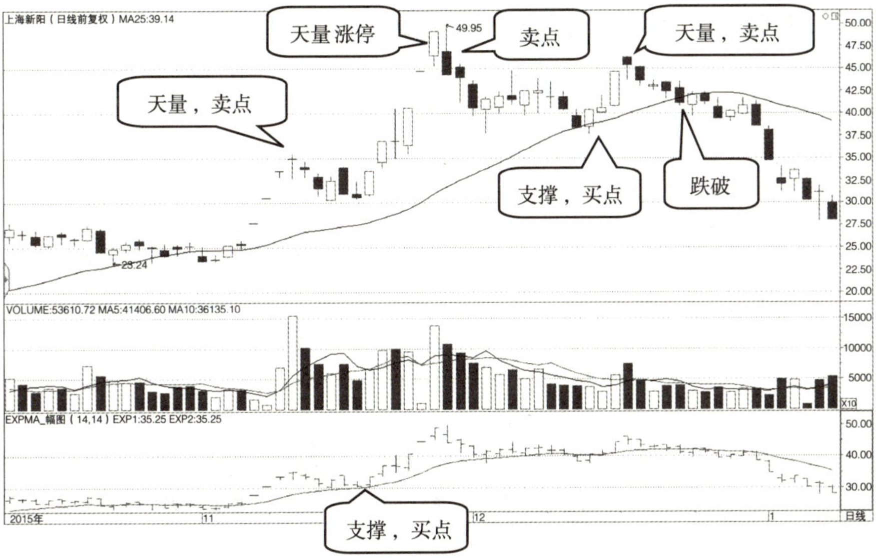

图6-7 上海新阳日K线图

回落，当回落到一号生命线上的时候就获得了支撑。这个时候我们可以买进。

买进后股价再次快速上涨。11月26日，股票在高位又一次放出天量。不过这一日股价最终涨停，我们可以继续持股。随后一日，股价低开，没能涨停。开盘阶段我们就可以把手里的股票卖出。之后股价回落，跌破了一号生命线，不过在二号生命线上获得了支撑。这个时候我们可以买入股票。

几天后，股价冲高又放出天量。这个时候我们可以将手里的股票再次卖出。又过了几个交易日，股价持续下跌，连续跌破两条生命线。这就说明该股的行情已经开始走弱，上涨趋势已经完全结束，之后很难再有操作机会。我们应该保持空仓观望。

通过这个案例我们可以知道，在整个上涨的过程中，我们往往可以通过这种方法反复进出进行波段操作。因为整个操作中几乎获得了所有上涨的涨幅，回避了回落的跌幅，我们最终获得的收益率要远远超过股价实际的上涨幅度。

6.1.6 天量调整买点四：中房地产（000736）

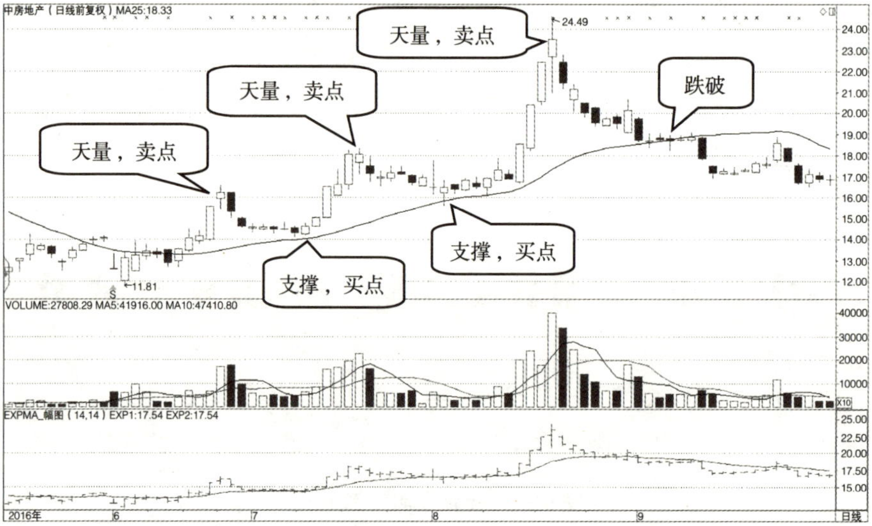

图 6－8 中房地产日 K 线图

如图 6－8 所示，2016 年 6 月至 8 月，中房地产股价连续三次上涨至高位以后放出天量。这三个天量都是我们逢高卖出股票的时机。

前两次放出天量以后，股价回落都是略微跌破一号生命线，很快就在二号生命线上获得了支撑上涨。我们可以在股价获得支撑的时候买回股票。

第三次股价回落后，虽然也在二号生命线上有小幅整理的走势，不过经过整理后又继续下跌，跌破了二号生命线。这个时候我们就应该保持谨慎，不要买入股票。之后股价进入了持续的下跌趋势中。

6.2 天量突破后的买点

我们说股票放天量以后，有90%的可能都要先调整。那么当我们遇到剩下10%的可能，放天量以后不调整怎么办呢？下面我们就来讲这种情况下的操作方法。

6.2.1 突破支撑线的买点

如果股票放天量以后没有调整，在两天之内直接向上突破天量的最高点位，那我们就可以在突破的位置上买入。

在股票放出天量的当天，我们可以在这天K线的最高价位上画一条水平线。这条线会对未来的行情起到很强的阻力作用。在90%的情况下股价都会在这条线下方进入调整行情。如果天量形成后，两天以内股价就突破了这条线，则属于剩下的10%的情况。这个时候就说明行情的上涨走势非常强了，是行情能够继续上涨的信号。

突破完成后三天内，如果股价在之前的阻力线上方站稳，就属于对突破形态的进一步验证。并且在随后的行情里，之前突破的阻力线会变成支撑线。当股价回落时，会在这条线上获得很强的支撑力量。

6.2.2 极短操盘线：EXPMA7

要想操作突破天量的走势，我们可以借助一条超短操盘线。之前的一号生命线是EXPMA14，这是正常短线情况下的操盘线。如果突破天量了，就属于一种超短的操作机会。这个时候我们需要借助更短的操盘线——EXPMA7，也就是14的一半参数。具体的参数设置如图6-9所示。

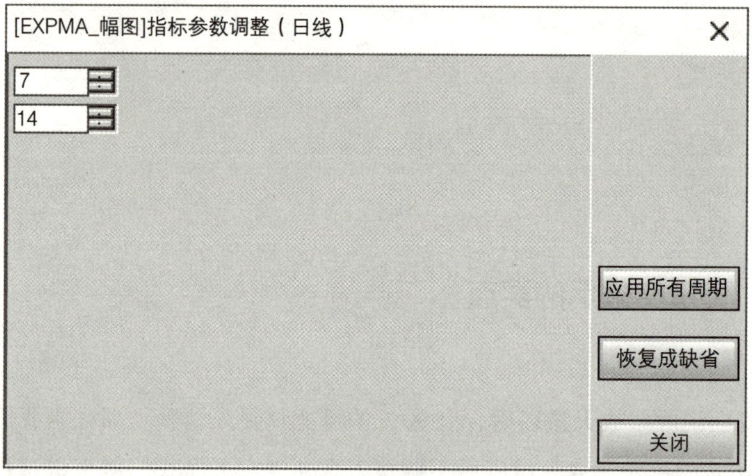

图6-9 设置超短操盘线

当股价创出天量以后，如果两天内对天量高点形成突破，就说明上涨行情非常强。突破完成后，如果股价在天量高点上方站稳三天，就验证了突破的有效性。这之后我们可以开始按照EXPMA线来进行操作。

6.2.3 天量突破买点一：三夫户外（002780）

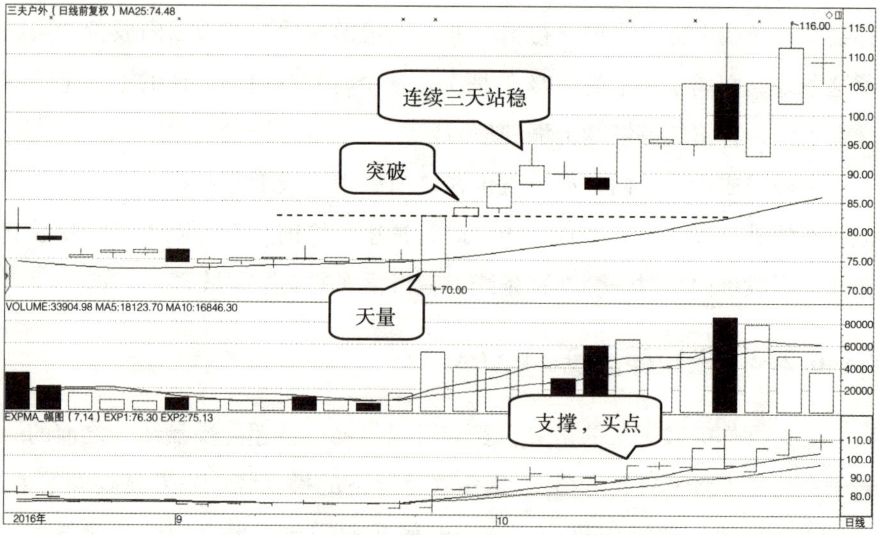

图6-10 三夫户外日K线图

如图6-10所示，2016年9月29日，三夫户外股价形成了一个天量。本来股价应该在这个天量形成后回落。不过这只股票的走势很轻，随后一天就突破了天量的最高点。

突破完成以后，股价又连续三天在天量高点以上站稳。这就验证了走势非常强的信号。经过连续三天的验证以后，我们就可以开始按照EXPMA7这根超短线来操作。之后股价回落到EXPMA7线上获得支撑时，我们可以积极买入股票。

股价对天量形成突破的形态，实际上代表了市场上换庄的过程。原来操纵股票的庄家在天量当日卖出股票，同时新的庄家接盘买入。新的庄家买入后，就会推动股价继续上涨，突破天量的高点。

我们说正常情况下，一只股票放天量是庄家在高位出货的过程，这时候是散户接盘买进的。散户买进以后，庄家出货，股价就会持续回落。等股价下跌到生命线附近的时候，市场抛压减少，才会有新的庄家买入。而对于少数十分强势的股票，只要老庄家卖掉股票，马上就会有新的庄家接盘买入，推动股价持续上涨，中间没有回调的行情。这也就是造成行情持续上涨的原因。

6.2.4 天量突破买点二：亚宝药业（600351）

如图6-11所示，2016年7月1日，亚宝药业上涨时创出天量。随后一日股价就突破天量的收盘价。之后行情一直在高位调整，站稳了天量价位，我们可以开始用超短线EXPMA7来操盘。当股价在EXPMA7上获得支撑时，就可以买入股票。

7月11日，股票开盘价是10.40元，EXPMA值是10.39元，只高出来1分钱。这个支撑的力量非常神奇。这天开盘后股价上涨，我们就可以积极买进股票。

根据EXPMA7来操盘属于一种极短线操作模式。在这种操盘模式中，我们一定要快进快出。一旦获得收益，股价有走弱的迹象，就马上卖出股票，不要等到股价跌破EXPMA7才卖出。

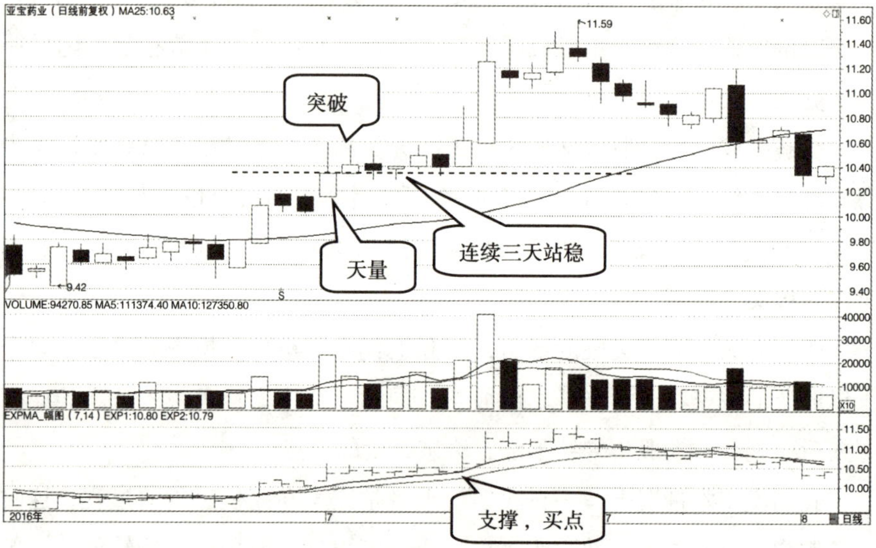

图 6-11 亚宝药业日 K 线图

6.2.5 天量突破买点三：田中精机（300461）

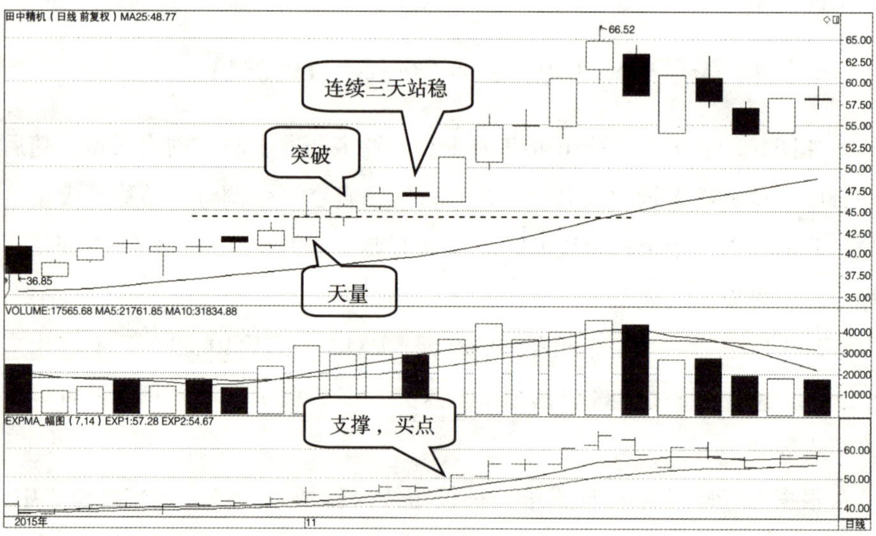

图 6-12 田中精机日 K 线图

如图 6-12 所示，2015 年 11 月 2 日，田中精机股价放出天量。随后一日，股价就突破了天量阳线的收盘价。随后三天，股价在天量收盘价上方站稳，我们可以根据EXPMA7来操作。11月6日，股价的开盘价对EXPMA形成回踩，并且获得支撑。这个时候我们就可以积极买进股票。

讲到这里，我们就知道股票放天量以后该如何操作了。在大概率下，股价回落，我们可以等股票回落到两条生命线上后买进股票。在小概率下，股价直接突破上涨，我们就可以根据超短操盘线EXPMA来进行操作。无论行情怎么变化，我们都有相应的应对方案。

6.3 连续涨停后的卖点和买回点

之前我们说过，天量涨停板的时候是不卖出的。不过等到连续三个涨停板以上，只要不是涨停板了，就是短期的顶部，我们应该卖出股票。我们的交易是要有买有卖的。那么这个时候卖出股票的话，到什么时候应该再买进呢？下面我们就来讲这时的操作策略。

6.3.1 连续涨停后，不涨停时卖出

在通常的情况下，股票一旦连续三个涨停，等到不涨停的时候，就是一个波段的高点。这种波段高点的阻力作用要比天量形成的高点更加强势。看到这种高点出现，我们一定要先卖出手里的股票。

6.3.2 卖出后的买回时机

卖出股票以后，我们也可以和天量随后的操作一样，分成调整和突破两种情况来考虑。

如果股票回落，我们就可以按照下面的两条生命线来买进，也就是一号生命线 EXPMA14 和二号生命线 25 天均线。股价连续三天涨停以后，形成一个波段高点。之后一旦开始不涨停，我们卖出。随后股价有很大概率回落。当回落到两条生命线上获得支撑的时候，我们就可以把股票买回来。

在很小的概率下，股价连续三个涨停后，不涨停了，我们卖出股票。随后股价没有回落，而是突破不涨停这天的高点继续上涨。只要股价能够在不涨停这天的高点上方站稳 1～2 个交易日，我们就可以按照极短操盘线

EXPMA7 开始交易。之前我们讲当天量突破后，需要站稳 3 个交易日以上。因为连续涨停的支撑力量要更强一些，所以在这里只要站稳 1 ~2 个交易日，我们就可以确认形态，开始按照 EXPMA7 线来进行交易。

6.3.3 买回时机案例一：四川双马（000935）

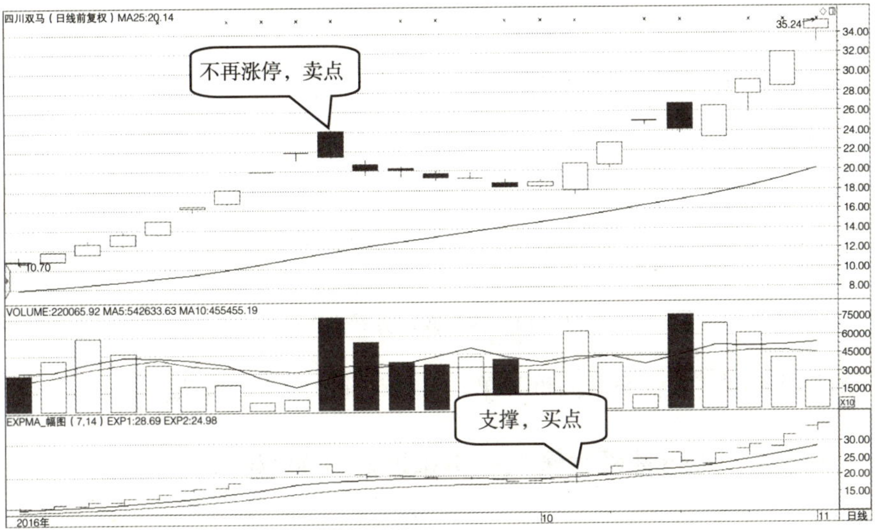

图 6 –13　四川双马日 K 线图

如图 6 –13 所示，2016 年 9 月，四川双马连续涨停上涨。9 月 23 日，股价不再涨停。这天就是我们卖出股票的时机。

之后股价开始回落。回落之后，我们按照两条生命线来操作。从图上可以看到，10 月 17 日，股价正好回落到一号生命线上获得支撑。这天开盘价是 17. 98 元，一号生命线是 18. 06 元，只差了 8 分钱。这天股价获得支撑后上涨，我们就可以买进股票。这之后行情开始再次持续上涨。

如图 6 –14 所示，10 月 17 日开盘，股价就已经站稳在了生命线上。随后股价被连续向上拉升，一路上涨到了涨停板上。在拉升的过程中，支撑力量已经可以确认，我们可以积极买进股票。最终股票涨停后，如果我们没有买入的话，也可以在涨停价位上积极排队等待买入。因为股票的涨

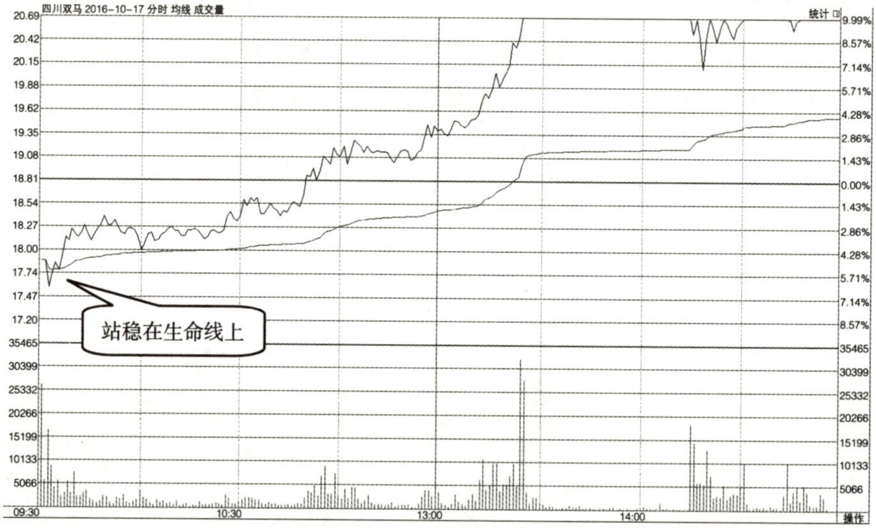

图 6－14　四川双马分时走势图

停封板并不强，我们只要高价挂单，在收盘前总能买进股票。

6.3.4　买回时机案例二：山东地矿（000409）

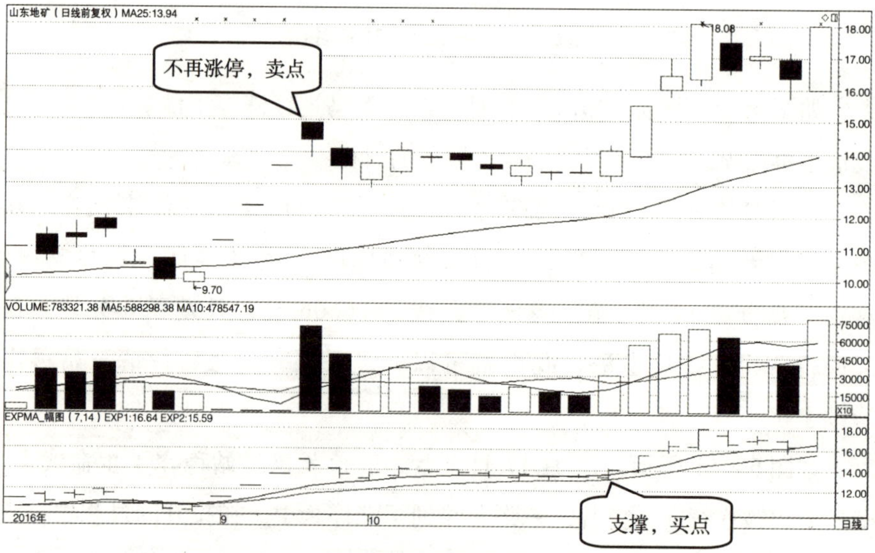

图 6－15　山东地矿日 K 线图

如图6－15所示，2016年9月底，山东地矿也是连续三天涨停上涨到高位。到了9月29日，股价高开，但是随后就回落，没能再继续涨停。这天我们就应该先卖出股票。之后股价开始回落，调整了很长时间。

10月20日，股价回落到一号生命线附近获得支撑。这个时候我们就可以买进股票。这天开盘价是13.31元，一号生命线是13.17元。二者相差也很小。

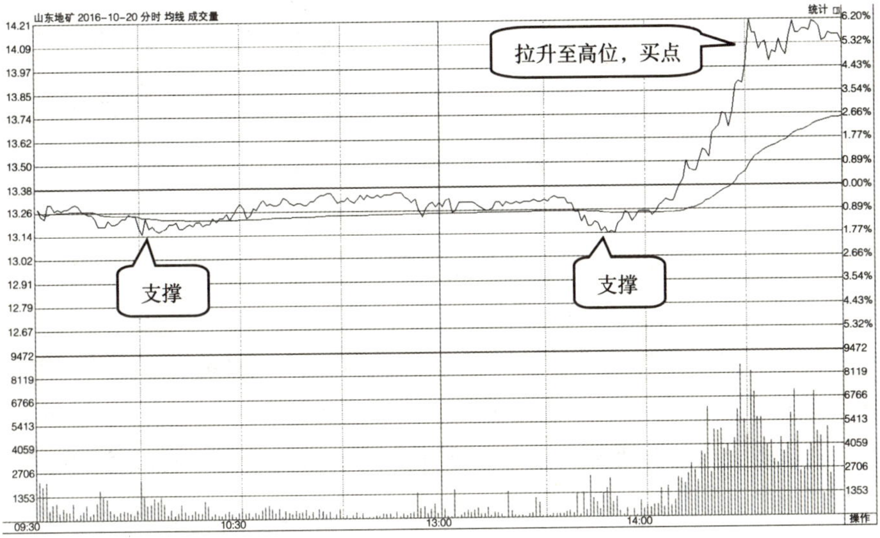

图6－16　山东地矿分时走势图

如图6－16所示，10月20日，山东地矿开盘后持续横盘震荡，多次回落到生命线的价位上都获得支撑。收盘前大约一小时，股价开始被持续向上拉升。这验证了支撑力量有效，看到股价被拉升至高位，我们可以在收盘前积极买进股票。

6.3.5　买回时机案例三：*ST合金（000633）

如图6－17所示，2015年5月13日，*ST合金经过三个连续涨停到高位后，第四天没能再涨停。这天我们应该先卖掉股票。之后股价并没有回落，而是在高位站稳了。这个时候我们可以将EXPMA7当成是极短操

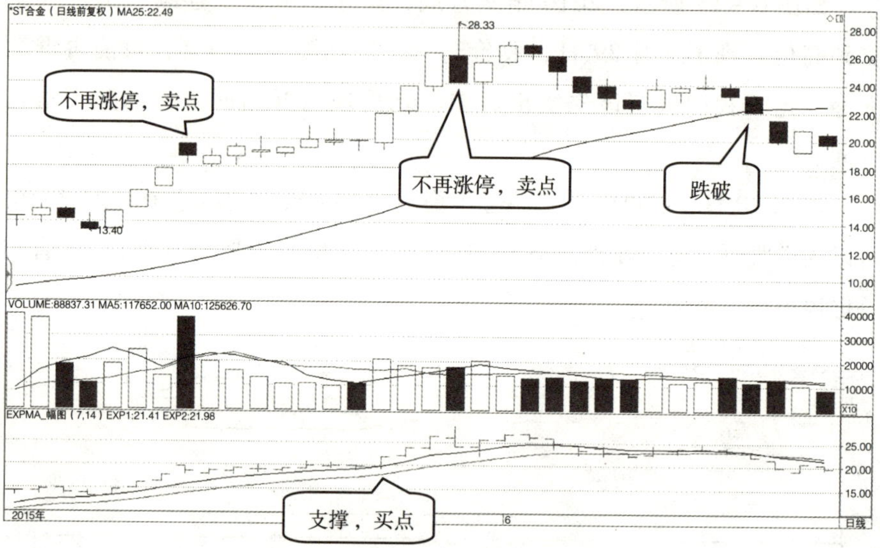

图 6－17　*ST 合金日 K 线图

盘线。

5 月 25 日，股价在 EXPMA7 上获得支撑。这一日的开盘价是 19.73 元，EXPMA7 是 19.83 元。两者只差了 1 毛钱。

这次支撑以后，股价又连续三天涨停。第四天股价没有涨停的时候，又是一个卖点。这次卖出以后，股价持续下跌，连续跌破了两条生命线。之后就不再有操盘的机会了。

股票经过连续涨停后，最后一根不再涨停的线可能要高于最后一日涨停的最高价，也可能要比最后一日涨停的最高价低一些。如果是前一种情况的话，就说明股价的走势更强一些，这样的情况下未来股价调整和继续上涨的行情也就更强。相反，如果股价不再涨停这个交易日无法突破前日涨停的最高价，就说明行情比较弱，这种情况下以后股价能够获得支撑上涨的可能性就会小一些，就算获得支撑后，涨幅也会比较有限。这样的情况下，我们就应该保持谨慎，不要盲目地重仓进行交易。

6.3.6　买回时机案例四：新海股份（002120）

如图 6－18 所示，2016 年 7 月 28 日，新海股份经过连续涨停至高位

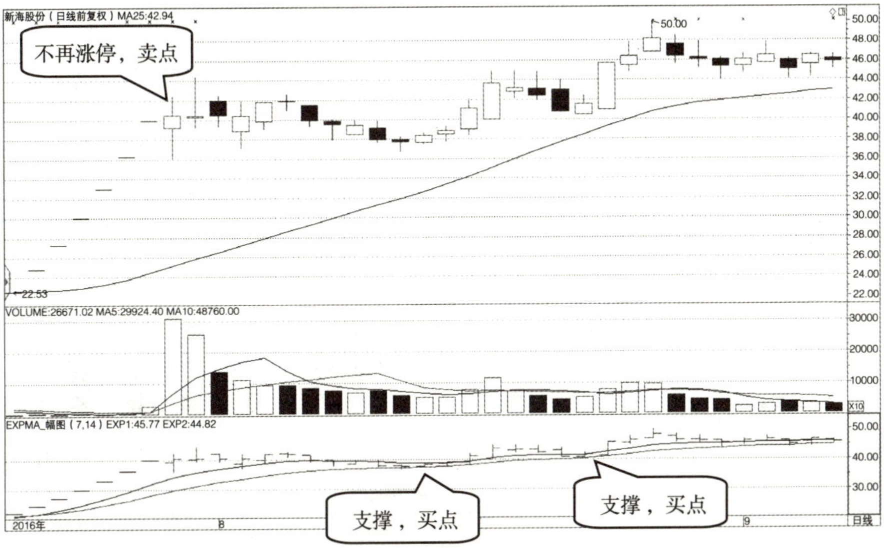

图6－18　新海股份K线图

后，没有再涨停。这一日我们就应该卖出股票。之后股价回落。

8月12日，股价回落到一号生命线上获得支撑。这天的开盘价是37.65元，一号生命线是37.35元，相差很小。这天股价开盘后上涨，我们就可以买进股票。

之后股价震荡上涨的时候，继续在一号生命线上获得支撑。比如8月23日，开盘价是40.51元，一号生命线是40.11元，同样相差很小。

6.3.7　买回时机案例五：中毅达（600610）

如图6－19所示，2016年1月25日，中毅达经过连续涨停上涨至高位以后，没能再涨停。这一日我们应该卖出手里的股票。随后一日股价快速下跌。不过到第二天，股价就开始反弹，并且再次强势涨停。这一日的股价已经在一号生命线上获得了支撑。在这一日强势上涨的行情里，我们可以积极买进股票。

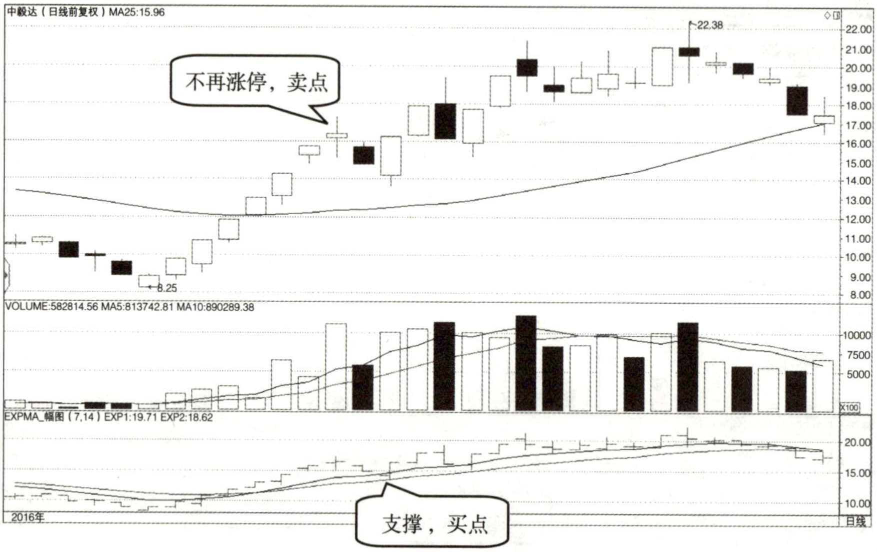

图 6－19　中毅达日 K 线图

以上这种买进方法属于超短线交易。我们短线交易时，只要有获利，那看到行情走弱就应该果断卖出股票，不要等股价跌破生命线以后才卖出。

本章要点

● 看到了天量就要卖出，因为 90% 的天量都是一个卖点。90% 的股票见天量以后，都是一个调整的起点。见天量就要开始调整。剩下还有 10% 的股票见天量以后能够继续突破上涨。

● 股票放天量回调以后，我们可以用之前讲到的两条生命线，也就是一号生命线 EXPMA14、二号生命线 25 天均线来买入。当天量见顶后，回调到两条生命线上的时候，就是我们买入股票的时机。

● 一只股票放天量我们卖出以后，并不是说就不用再管它了。我们一定要操作。成功的操作是我们在高位把股票卖掉以后，很快就能在低位把股票买回来。

● 一号生命线的周期是14，二号生命线的周期是25。所以一号生命线肯定要比二号生命线更快一些。也就是放天量的时候，一号生命线要比二号生命线离股价更近一些。等股价回调的时候，也是要先回调到一号生命线附近。等回调到一号生命线上获得支撑的时候，我们就已经可以买入股票了。不用等两条生命线的支撑力量都获得确认。因为在很多时候，股票不会回调到二号生命线马上就开始上涨。

当然这并不是说二号生命线就没用。相反，二号生命线代表了比一号生命线更强的一个支撑力量。有时候，股票把一号生命线跌破了，就会在二号生命线上获得很强的支撑力量。

● 如果股票放天量以后没有调整，在两天之内直接向上突破天量的最高点位，那我们就可以在突破的位置上买入。

● 要想操作突破天量的走势，我们可以借助一条超短操盘线——EXPMA7。

● 股价对天量形成突破的形态，实际上代表了市场上换庄的过程。原来操纵股票的庄家在天量当日卖出股票，同时新的庄家接盘买入。新的庄家买入后，就会推动股价继续上涨，突破天量的高点。

● 根据EXPMA7来操盘属于一种极短线操作模式。在这种操盘模式中，我们一定要快进快出。一旦获得收益，股价有走弱的迹象，就马上卖出股票，不要等到股价跌破EXPMA才卖出。

● 在通常的情况下，股票一旦连续三个涨停，等到不涨停的时候，就是一个波段的高点。股票回落的时候，我们就可以按照下面的两条生命线来买进，也就是一号生命线EXPMA14和二号生命线25天均线。

● 在很小的概率下，股价连续三个涨停后，不涨停了，我们卖出股票。随后股价没有回落，而是突破不涨停这天的高点继续上涨。只要股价能够在不涨停这天的高点上方站稳1~2个交易日，我们就可以按照极短操盘线EXPMA7开始交易。